猶太人
致富金律

照著做，實現有錢又有意義的人生

THOU SHALL PROSPER
Ten Commandments for Making Money

Rabbi Daniel Lapin

丹尼爾・拉賓——著　劉眞如——譯

C o n t e n t s

C o n t e n t s

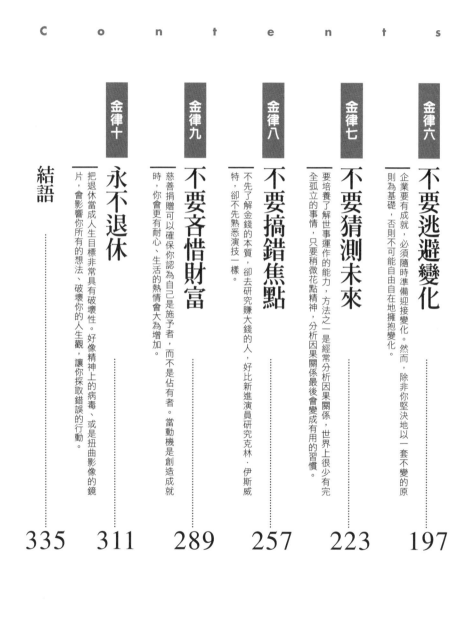

引言

馬克．吐溫（Mark Twain）寫過：「猶太人只佔世界人口百分之一，在正常的情況下，猶太人應該默默無聞，但是猶太人的名聲響亮，而且始終如此。猶太人是成功的企業家，紐約百老匯（Broadway）絕大部分的批發業，掌握在猶太人手中；德國賺錢的大企業有八五％掌握在猶太人手中。猶太人是賺錢高手。」

實際上，猶太人甚至佔不到人類總人口的萬分之一，馬克．吐溫可能嚴重高估猶太人的數目。但是，他說猶太人在企業上的成就高得不成比例，倒是相當正確的。從聲名狼藉的納粹、到猶太哈西德教派（Hassidic）學者，從日本的文化評論家、到從來沒有見過猶太人的猶太陰謀論者；所有檢討過古往今來猶太人狀況的人，都承認一個簡單的事實——猶太人善於經商。

不只在二十一世紀的美國如此，千百年來，很多國家也都是這樣；不論在歐洲、北非、或美國，猶太人總是被人又貶又褒、又愛又恨、不是猜忌、就是嫌棄。對於只佔美國人口二％的猶太人來說，他們在美國眾多領域的影響力高得誇張；大家談論、書寫和詮釋猶太人的次數，遠超過人數相彷的其他族裔。原因之一，當然是猶太人在經濟上的成就。

我希望你不會因此作噁，我不是要肯定猶太人拚命撈錢的刻板印象，反而是要消除反猶太謠言。請記住，猶太教義從來不認為財富是罪行的表徵。事實上，本書要證明，任何宗教雖然都有害群之馬，但猶太教大部分的有錢人都很合群、行為正當、待人也很正直。

身為猶太正統派（Orthodox）教士，我把大部分精神，用在研究分析猶太人善於經商的特質，希望把這些特性變成可以運用的形式，呈現在本書裡讓所有讀者利用。你可能會懷疑：「如果有人知道致富的祕密，為什麼不用這種知識創造財富，卻把祕密寫下來讓別人知道？」問題是當你富有之後，並不代表我會貧窮；長期研究猶太人三千年來的智慧結晶之後，我發現情形正好相反。我身邊的人創造的財富越多，我得到的好處也越多。

你希望更有錢

承認希望更有錢，不必覺得羞恥。想想看，如果你有更多的所得可以自由支配，有更多的財產，你可以做多少好事。我不是要你輕視自己的心靈、引發嚴重的不滿；你可以很滿意自己的生活，感謝生活中諸多好處，同時希望得到更多的東西，這樣並不會讓你變成忘恩負義、愛發牢騷的人。所以，你希望更有錢嗎？只要說：「對！我希望我的錢比現在更多！」

我不但認為你想要更有錢，我還誠摯地盼望你希望更有錢；你越有錢，就越樂意為我和其他無數人工作和生產。我很高興知道有很多人像你一樣渴望富有，也因此渴望替我服務。古代猶太聖人班．索瑪（Ben Zoma）有一次陷在人群裡，身邊大概有人抱怨被人推來擠去，索瑪高興地大笑：「感謝造物主創造了這麼多人為我服務。」接著又大聲地說：「想想看，亞當吃到麵包之前，要經歷多少辛苦？他必須耕田、種地、收成、捆綁、打麥、篩糠、磨麥、和篩粉、然後揉麵和烘焙，最後才吃得到東西。亞當想要穿件衣服，得做多少事情？他得給綿羊剪毛、洗毛、梳毛和編織。每天早上起來時，我會發現所有事都有人替我打點好，所有的工匠都會到我的屋前，供應我所需要的東西。」我像索瑪一樣，認為別人對我的福祉有不可抹滅的貢獻。

然而這一切，唯有在你希望更有錢時，才會成立；如果你以公園的板凳為家，是個靠著行乞過活的遊民，對自己的生活相當滿意，你不太可能受到激勵，為我做事。如果你每個月都很辛苦，總要弄清楚還有什麼欠款沒付，而且還安之若素，那你也不太可能花多少精神，設法了解如何提供每個人想要的東西。或者，如果你覺得你賺的錢夠多，應該把精神放在改善高爾夫球差點，那你對我也沒多少用處。在不同的情況下，各式各樣的人多少都能互相幫助，但有一種人對每一個人都有用，就是很想賺錢的人；如果你是這種人，這本書就是寫給你看的。

致富的祕訣

下次到大書店雜誌架上看看，你會注意到，不管某種範疇多麼狹隘、多麼奇怪，至少都會有兩、三種刊物在探討。想多了解模型火車嗎？每個月先試看兩、三種雜誌，然後上圖書館，研究跟火車有關的所有東西。早晚你會發現自己融入一個新世界，有著自成一格的語言、技術、與同好。你的朋友很快會注意到，你已經融入了一種新的文化。新的東西讓你感興趣，你把時間和金錢花在模型火車的佈置上，放棄過去讓你感興趣的東西。同樣地，如果你希望多了解健美、自行車騎術、或是擁有一輛寶馬（BMW），都會有一個完整的知識範疇和文化等著你去探索。

賺錢跟別的興趣沒有太大的不同，也需要技術和融入新的文化，唯一的差別在於其他興趣只佔生活中一小部分，不會影響生活很多層面。然而，學習賺錢和致富的能力，卻會影響生活中的每一個面向，有時候會讓事情完全顛覆過來。每次我問大學生為什麼念書，答案幾乎都跟提高賺錢能力有關。增加智慧就能增加財富嗎？當然不是，根本不是！增加財富，反而才跟增長智慧有關。

本書讓大家了解和運用猶太人致富的方法，說明猶太人事業成功的一些祕密，證明不管信仰和背景是什麼，所有的人都可以採用這些道理。深入探索，了解造就猶太人驚人財富的文化傳統，你會發現可以運用在人生中的祕訣、工具、和技巧。更好的是，當你這樣做的時候，你會自助助人。

然而，在說明致富的觀念和事業成功的基礎之前，我必須反駁一些錯誤觀念。

四大謬論

有四種常見的謬論，經常被人視為猶太人事業成功的原因，我會揭穿其中的錯誤，表露真相。這四個誤解，跟大部分流傳久遠的謊言一樣，包含少許的核心事實。流言能夠廣為流傳，而且讓大家相信，就是因為其中包含少許真相；但是不打破謊言，卻妨礙我們的研究。這四大謬論分別是：

一、猶太人受反猶太迫害的刺激，在物競天擇中，變為由賺錢天才所組成的種族。

二、猶太人善於欺騙。一九七一年版的牛津英語字典把猶太當成動詞，意思是「猶太商人式的欺瞞或詐騙。」

三、猶太人祕密結社，致力增進彼此的利益。

四、猶太人平均智商較高，因此財務能力較好。

這四種誤解都可以反駁。

謬論一：猶太人在物競天擇的過程中，學到賺錢之道

第一個說法暗示猶太人遭到迫害時，貧窮的猶太人不能靠賄賂買到自由，因而遭到逮捕和殺害，富有的猶太人卻可以買到逃生之路，自由地繁衍後代。為了讓這種說法可信，就必須相信猶太人的DNA中有一種「賺錢基因」，必須相信大致上有一種達爾文式的天擇理論發揮作用，賺錢基因理論表示擁有這種基因的人能夠繁衍後代，在猶太人的基因庫中保留賺錢基因。

這種明顯的種族主義說法唯一的問題是：沒有這種基因。

謬論二：猶太人靠欺騙取勝

第二個謬論指出，猶太人靠著欺騙或高度侵略性的手法，在商業上取得優勢。雖然猶太人偶爾會不誠實，但是世界上每一個種族、宗教、和族裔團體，都有這種情形；口是心非和討人厭根本不是猶太人慣有的特性。雖然早年經常有人沒有見過猶太人，就輕蔑地說

「他用猶太手法騙我」，但是我認為，這種說法反而明確地指出猶太人的文化特質。

猶太人的《摩西五經》（Torah）以聖經為本，是猶太人最完整的律法規範。《摩西五經》中用來規範人們正派經營的律法，是規範高聖飲食的五倍之多；而且，要接受猶太人靠著欺騙發跡的謬論，我們就必須先接受，欺騙或討人厭可以在事業經營上取得優勢。但是不正當和討人厭的行為，只能在很短的期間內獲利；好的名聲，才是關鍵。欺騙、不正當、和討人厭的企業家，遲早會掉客戶。

相形之下，南加州投資人兼健康醫療企業家大衛．何爾德（David Holder）告訴我的故事，才是正常的情形。何爾德十三歲就要養家活口，當時他媽媽遭到遺棄，住在密西西比州的小鎮穆爾黑（Moorhead）；那裡只有一千五百人，這麼小的地方，每個人幾乎都彼此熟識。他媽媽為了養家，在當地餐館裡當女侍。何爾德記得很清楚，他十三歲時，媽媽叫他去找工作，堅持說：「你必須在城裡四個猶太家庭中找到工作，先去問哈利．戴蒙（Harry Diamond）願不願意給你機會。」戴蒙是穆爾黑市議會的議員，經營一家縫紉材料行，是他過世的父親老戴蒙幾十年前創設的。戴蒙雇用了何爾德，變成他的導師、朋友、和老闆。何爾德為他工作到十八歲。一直到今天，何爾德還是認為，戴蒙的教訓和慷慨是他後來經營事業極為成功的主要原因。

我在美國各地商務旅行時，很多人跟我分享同樣美好的回憶，跟猶太人變成親密的朋友和夥伴。這麼久以來，有這麼多人跟猶太人建立長期的夥伴和事業關係，我必須反駁第二種錯誤的說法。

謬論三：所有猶太人都互連為一個祕密的網路

第三種謬論的基礎出自一個奇怪的觀念，認定所有的猶太人都相互友愛，而且想盡辦法幫助彼此。這種說法荒謬的程度，就像你說所有的基督徒、網球員、或禿頭男都互愛互助一樣。任何一個大團體，如果成員間彼此熱心幫忙，一定會發達。身為猶太教士，我得感慨地承認，這種兄弟之情人人歡迎，卻根本不是美國猶太人的普遍情形；猶太人什麼都要爭論，越深入參與猶太教和猶太社區，爭執似乎就越熱切、越激烈。猶太人好爭論極為聞名，已經成為文化中的一種核心現象。

一位年輕學者受邀擔任小小猶太教堂的新教士，他第一次主持安息日禮拜時，會眾為了念十誡時應該站著還是坐著，爆發了激烈的爭論。隔天，這位教士到當地的養老院，拜訪九十八歲的柯茲（Katz）先生。

「柯茲先生，你是我們社區中最年長的成員，我想請教你，」教士問道：「我們教會念十誡時的習慣是什麼？」

「為什麼會這樣問？」

「昨天我們念十誡時，有些人站著，有些人坐著。站著的人開始對坐著的人尖叫，叫他們站起來，坐著的人對站著的人尖叫，叫他們坐下來。」

柯茲先生說：「這就是我們的習慣。」

下面是兩個猶太人的故事，不幸地是，這不是笑話。是猶太人夥伴關係變質後常見的情形，就像任何信仰的人關係生變後的情況一樣。迪士尼（Disney）工作小組組長傑福瑞・柯森柏格（Jeffery Katzenberg）在一九九四年，離開他的老朋友麥可・艾斯納（Michael Eisner），因為身為執行長的艾斯納拒絕讓他升職。柯森柏格憤恨的程度越來越高，大約五年後，終於對簿公堂。他對迪士尼提出民事訴訟，在法庭上一言不發，看著曾是親密戰友的艾斯納，被迫承認很可能說過「我痛恨這個小侏儒！」以影射柯森柏格。

猶太人像所有人一樣，希望跟他們喜歡和信任的人做生意，不論他們的宗教和種族背景如何。

謬論四：猶太人比任何人都精明

第四個錯誤觀念是：整體而言，猶太人的智商超高。這點正不正確並不重要，重要的是，這一點根本無關緊要，跟事業能否成功幾乎沒有關係，天才和白癡同樣妨礙事業上的成就。阿甘（Forrest Gump）變成企業大亨的故事只是電影情節，實際生活中不會發生；智商太低，低到不能正常運作的人可能很有愛心，可能是很好的工人，但是不會成為成功的企業家，在別的領域中也不會成功，智商低的人經營事業時注定會失敗。

你對這一點應該不會驚訝，但是下面這件事會。幾十年來，我密切觀察各行各業成百上千的人，發現智商超高的人經營事業也可能會注定失敗。但是等一下！微軟（Microsoft）的比爾·蓋茲（Bill Gates）不是擁有超高的智商嗎？當然！但是請記住，本書不是要探討如何變成蓋茲。蓋茲是罕見的人物，是某個世代裡，一切都配合完美時，才會出現的一、兩個人物。要成為蓋茲需要很高的智商，但要在事業上極為成功，像沃爾瑪（Wal-Mart）的山姆·華頓（Sam Walton），只需要大致可接受的智商就夠了。

如果猶太人的確擁有超高的智商，他們在事業上能夠成功，與智商無關。聰明絕頂的人可能會是風格獨特的西洋棋士，或者是受到主流大學的青睞而任教職，他們大致上都不適於從商，而且很少變成大亨；他們通常很聰明，卻不太善於運用聰明。要在事業上成功，通曉人情世故遠比聰明重要多了。每出現一個既聰明、又善用才智的湯瑪斯・愛迪生（Thomas Edison），就有很多很有創意的發明家一文不名地死去，其發明卻在往後被普通人拿來利用、行銷、和發財。好消息是，雖然智商很難增加，通曉人情世故卻容易多了。

猶太人成功的真正原因

如果這四種說法都不對，那為何千百年來，猶太人碰到重重困難和歧視，反而始終高居經濟體系的最上層？原因到底是什麼？回答這個問題之前，我應該略為說明你可以從本書得到什麼。雖然美國人認為，每個人都有天賦、都有能力開創自己的天地，但不承認每個人卻都十分無知。

大家喜歡認為人類生而平等。但是，有些人比較幸運，生在自由而繁榮的國家，好比贏得地理位置上的樂透彩；有的人卻沒有這麼幸運。有的人在外表或運動技巧贏得遺傳上的優勢，有的人卻不突出。不管我有多大的轉變，我絕對不可能繼承依莉莎白女王（Queen Elizabeth）的王位，成為英國下一任國君。不管我多麼喜愛音樂，不管我再努力練鋼琴，我都不太可能成為下一屆維也納愛樂交響樂團的指揮。我兒子喜歡運動，但在遺傳上受到高度的限制，他不可能變成空中飛人麥可・喬丹（Michael Jordan）。這些限制不會讓任何人的生活中沒有音樂、運動、和權力，但是每個人的人生開始時，在某些領域中都有優勢，在其他領域中都會受到限制。

我很幸運，生在最重視上帝意旨和《摩西五經》的家庭裡，很多世代以來，我們家努力研究幾千年透過《摩西五經》的口述傳統中，跟猶太人有關的學問。我所學到跟金錢與經濟成就有關的價值，大部分不是來自我個人有限的經驗，主要還是來自於歷史上針對猶太人心理與社會所做的悠久研究。

這種研究有一些根本基礎，具體表現在跟猶太法典和猶太密宗有關的資料裡，這些東西構成我個人信仰體系的基礎，讓我得以尋幽探秘，了解初始，也深深影響我的價值觀和專業觀點。《摩西五經》探討很多財務上的互動，其中很多原則是當初針對猶太人發想，卻普世通行的東西，不管你信不信教。這些觀念構成本書的基礎，不管你的背景如何，你都可以加以運用。

我沒有能力讓你變成巨富，列名《富比世》（Forbes）四百大富豪排行榜中，卻也不能排除這種可能；但是如果我向你保證，可以僅此獲得至高無上的財務成就，那我就是自欺欺人。本書列出來的技巧可以協助你增加成就，然後，你必須靠自己前進。我不相信靠著訓練，就可以讓你變成比爾．蓋茲或華倫．巴菲特（Warren E. Buffett），這些人獨一無二；才能和時機等很多因素以幾近神奇的方式結合在一起，才造就了這樣的人。

我不相信有誰可以承諾哪個後起之秀，會變成下一個米開朗基羅（Michelangelo），或保證你只要遵循某些原則，就會變成美國總統；但是你可以採取一些特殊的步驟，協助你成為更優秀的藝術家，或是超越大家預期，成為比較成功的政治家。同樣地，你可以採用某些方法，創造比較高的財務成就。想想看，每年《富比世》排行榜中，猶太人多得不成比例，看來猶太人的確了解各種創造財富的方法。猶太人大約只佔美國人口的二．三%，這點表示，《富比世》的富豪排行榜中，照比例應該只有約九個猶太人。實際上，這份富豪排行榜每年雖然不同，但其中總有六十到一百個猶太人。比較一般性的資料也顯示，年所得超過五萬美元的猶太人家庭，是非猶太人家庭的兩倍。我會告訴你創造這種成就必須採取的步驟，遵循這些步驟可能不會讓你受到《富比世》的注意，卻可以協助你賺到遠比預期多很多的錢。

猶太人的人情世故

有一些人情世故的基本原則，從亞伯拉罕（Abraham）以來，就深深烙印在猶太人的腦海裡。多少個世代以來，即使有很多猶太人放棄精神寄託，拋棄宗教習俗，這些鮮明的原則卻揮之不去，成為影響大家的重要因素。

我舉一個例子。猶太人在世界各地都以「愛書人」聞名，這本書原來指的是聖經，但是猶太教總是期望每一個猶太人都認識字，看得懂「聖書」，這點帶來一種良好的副作用：猶太人的識字率和對教育的尊重高得不成比例。星巴克（Starbucks）咖啡王國的執行長兼董事長霍華．蕭茲（Howard Schultz）說，他父母親節衣縮食，希望送他上大學。他寫道：「四年之後，我成為家族裡第一個大學畢業生，對家父、家母來說，我獲得的重大成就，就是大學文憑，但是我沒有方向，沒有人協助我看出這些知識的價值，後來我常開玩笑說，如果有人指引我、告訴我方向，我可能變成另一種人。」事實上蕭茲不了解的是，的確有人提供他指引和方向，那就是節衣縮食、送他上大學的父母親。他們把猶太人傳統的方向和指引，灌輸在蕭茲的腦海裡，他們灌輸他兩個觀念：第一是為了未來的福祉，犧牲眼前的歡樂；第二是尊重教育的價值。他的父母親極為成功。我怎麼知道這點的？很容易，身為企管顧問，我研究過星巴克的領導風格，知道他常犧牲眼前的歡樂，追求公司的長遠利益，我也知道蕭茲多重視教育，捐獻多少錢在教育用途上。是的！我敢說蕭茲猶太裔的父母親，對他的成就貢獻良多。

書架和書是猶太家庭裡非常明顯的特徵。有個朋友告訴我一個故事，說她有一天看著客廳裡成堆的書籍，十分厭煩，希望整理一下，就把所有的書搬到其他地方，希望家人有一個乾淨的房間。有個年輕人愛上她女兒，第一次登門拜訪，大家歡迎、並請他到剛整理乾淨的客廳喝茶。後來他們結婚後，這個年輕人告訴懊惱的岳母，說他第一天晚上拜訪，看到客廳裡連一本書都沒有，幾乎要打退堂鼓。他當初的結論是：跟這種完全沒有書的奇怪家庭，不可能會有什麼共同的地方。

除了愛書是猶太家庭的特徵一樣，還有很多其他的特徵，深深融入猶太人的腦海裡。每一個追求成功的人都應該模仿這些特徵，變成第二天性。

猶太傳統教導大家，持續嘗試一件新的事情一陣子之後，會覺得自己變成不一樣的人。有一個例子大家很可能都經歷過，就是開始運動和幾個月的健身之後，感覺會大大不同，開始時是難以忍受的每日負擔；久而久之，痛苦逐漸消失了，成為日常愉快生活中不可少或缺一部分。每天運動開始讓你覺得舒服，你不但覺得健身讓你感覺不同，你的肌肉、肌腱、組織、心臟、和肺，都改變了。用一種相當精確的方式看這種事情，就是你變成不一樣的人了。

你很可能已經知道，要賺更多的錢，不但要學習新事物，也要學習新的直覺與因應各種狀況的新方法。認為自己變成完全不同的人，基本上是重大成長階段不可缺少的一部分。這種看法很正確，如果你真正成長了，你就會真正地改變。事情就是這麼簡單。很多熱心的宗教信徒說自己在精神上的精進是重生，會這樣說讓人毫不意外。要變成完全不同的人，其實沒有聽起來那麼可怕。

成功需要學習和練習

假設你需要精通防身術，一開始，你可能會看好幾本跟武術有關的書。但是天黑後，你就能夠毫不擔心地走在暗巷裡嗎？當然不能！想像有一隻惡毒的手，從後面勒住你的脖子，用一樣又硬又冷的東西抵住你的肋骨，你勇敢地把手伸向後口袋，拿出已經翻爛了的防身寶典，一面喘著大氣，一面飛快地翻書。你還記得第七章是應付背後攻擊的防禦方法，不幸地是，這次遭遇的悲慘結局已經很難改變，即使你記得書中的內容，對你也不會有多少幫助。走在暗巷裡，要提高信心唯一有效的方法，是定期去上課，不斷練習，直到各種動作成為你的另一種本能為止。這樣你受到攻擊時，身體會在一剎那自動反應，你會即刻作出強力而有效的反擊，因為你已經繞過腦海中緩慢的邏輯中樞。讓攻擊者大驚失色的是，你變成完全不同的人，你跟去年他從後面勒住脖子、擔心受怕的受害者已經大不相同。

當你回憶一些談判場合，想到幾十種高明、有創意的出擊和反擊時，會看出防身術的例子跟這有關。這裡唯一的問題是，你的會議早已結束，是在開車回家時才想到這些高明的手段。在實際交易時，你忙著維護自己的立場，沒有機會讓天份發揮，如果你比較有經驗，結果顯然會比較好。

如何改善談判技巧？大致上跟改善柔道、煎蛋、和寫詩技巧相同。有三階段的方法：包括一、學習；二、了解；三、練習。第一步是學習技巧，第二步是了解技巧背後的原則，了解怎麼運用；了解運用之道後，會讓你相信這些技巧有用，對這些技巧有信心很重要，因為這樣會幫助你進入第三階段；堅定不移地練習，不但精通這些技巧，也變成不一樣的人。

這本書的由來

一九七八年，我很榮幸在洛杉磯參與創設一個猶太教會，一服務就服務了十五年。一般說來，接受現有教會職位的猶太教士必須自行調整，並適應原有的型態和習慣，以免觸怒歷史悠久的教友，我身為太平洋猶太中心教會（Pacific Jewish Center）的創始教士，很幸運地能夠制定習慣和型態，塑造這個教會的未來。

我希望模仿猶太人古老的傳統，希望像歷史上的社區領袖和教士一樣，也能夠賺錢維生，因此我拒絕接受教會的薪水。回顧往事，有時候我會認為我可能做錯了，但是我當時決定不領薪水，要在企業界找份工作；我替很多家公司服務過，包括美林證券（Merrill Lynch）。我一面養家活口，一面得到企業經營的經驗，後來還設立了自己的房地產融資公司。

我清楚記得家父一而再、再而三告訴我的一個故事，他談到十八世紀立陶宛杜布諾（Dubno）著名的雅各・柯蘭茲（Jacob Kranz）教士，柯蘭茲在某一年聖潔日（high holy days）前夕，到維爾納（Vilna）去拜訪他的朋友兼同事，與他同樣有名、號稱「維爾納天才」的愛利亞（Elijah）教士。艾利亞要求他所信任的柯蘭茲教士，協助他在即將來臨的贖罪日（Yom Kippur）中，探索他自己在道德上的缺點。柯蘭茲想了一會兒，問道：「你真的要我批評嗎？」艾利亞回答說，他在自己的家鄉維爾納，因為地位極為崇高，沒有人敢幫他，他因此不能自我改進。

柯蘭茲仍然很擔心，但是安心了點，就遵照艾利亞的意思批評：「你身為維爾納地區備受尊敬的教士和待遇優厚的領袖，很幸運可以整天研究教義、祈禱、和回答問題。你除了參加附近教會的禮拜儀式之外，幾乎從不離家。顯然每個人都認為你是聖人，但你為什麼不可以不是聖人呢？你真的有碰到什麼挑戰嗎？你完全不知道一般人怎麼過活，每天怎麼在市集上努力奮鬥、賺錢維生。他們每天都有上百個機會，可以幹不正當、沒禮貌的行為，卻仍然坦蕩做事，在未來十天的懺悔期間，你甚至比不上會眾中賺錢維生、養家活口、和為社區謀福利的人。」

家父每次講到故事中深刻的片段時，臉上總會浮現深沈的哀傷表情，看起來很像我想像中兩百年前艾利亞，聽到尖銳批評時的表情一樣。家父會這樣結尾：「維爾納的這位天才崩潰了，哭得極為傷心。」身為兒子，我總覺得家父一生從事猶太法學博士的生涯，認為自己也應該得到同樣的責難。顯然在某種下意識層次中，這樣的背景促使我下定決心，身兼二職；一方面當教會的教士，一方面在洛杉磯當個專業的企業人士。

內人蘇珊和我由於是會眾的朋友，不是他們聘雇的人，得到很大的好處；教士的地位也讓我獲得一些其他寶貴的好處。我能夠規定誰可以參加我每周七次的《摩西五經》研究會，因為我不是教會員工，我決定只歡迎能夠刺激我、能夠增進會眾智慧的人。因此每次參加聚會的六、七十個會眾當中，大部分的成就都比我高。有些人是貝爾斯登（Bear Stearns）和德瑞索（Drexel Burnham）投資銀行的董事；也有些人是本地標準精密公司（TRW）和休斯公司（Hughes）的科學家；有些人則是好萊塢的名人。我很快地發現，哈尼納（Hanina）教士的一句格言蘊含真理，他說：「我跟老師學到很多，跟同學學到更多，但是跟學生學到的最多。」

我還進一步發揮教士財務獨立的原則，也許我做得太過分了也說不定；我拒絕接受一種我認為相當難看的作法，也就是拒絕教士主持婚禮或喪禮之後，接受支票的作法。我注意到，在這種人生大事的場合中，我的同僚們深感不安，驕傲的新郎或傷心的親屬會把一個信封塞到教士的手裡，教士會祕密地把信封塞到上衣口袋裡之後再看。在我看來，這像小費；我覺得以我的時間價值來看，這些錢根本不足以補償我，卻剛好足夠剝奪我施予的感覺。別人好心把信封塞給我時，我會很難為地拒絕；希望這可以充分解釋，為什麼有時候別人認為我很難纏。

後來我才了解，大部分的教士與其他非常多的人，都對錢感到不安，覺得錢會貶抑他們，無法因為滿足了別人的需要而感覺自豪。猶太人享受買來的美食後，經常會朗誦一段著名的祈禱文，古代的文字感謝上帝創造人類，又讓他不足與需要，這段祈禱文提醒猶太人，供應別人的需要，滿足別人的不足，是正當的謀生方法。你供應客戶、顧客、老闆、教士、甚至會眾的需要後收到報酬，這種錢證明了你滿足了別人的需要。

我知道自己雖然擁有一些與金錢、企業、財務、和經濟相關的理論知識，卻完全不能把這些東西內化，成為我價值觀的一環，我在美國各地跟企業人士討論時，發現不是只有我這樣。像他們一樣，我在事業上的表現，遠遠不如跟我能夠吸收、應用、並創造財務成就時的所有精神規範相比。我在事業上承受的失敗，跟忽略本書的原則直接相關，我在理論上知道這些誡律規條，也知道寫這本書會幫助我吸收這些原則，成為日常生活的一部分。這本書對你會有同樣的幫助。

《摩西五經》包含六百一十三條原則，是我致富知識的基礎，我把這些原則分成十大項，稱為「致富金律」，每一條誡律都包含很多不同的原則，你只要遵守，一定會致富。

金律一

不要瞧不起財富

傳統猶太文化中，認為致富只有一種方法，就是勤奮地滿足別人的需要。同時以高貴、可靠的方式經營。

如果你內心深處，認為賺錢在道德上應該受到譴責，那你要賺錢一定難多了。

如果說猶太人在事業上比別人成功，只有一個直接的原因：「個人追求利潤和財富，在本質上合乎道德。」人的個性和其謀生方式密不可分，如果你選擇不道德的工作，還奢望為世界奉獻，順帶滿足自己的需要和期望，你一定做不下去，這種工作最後會污染你一整個人。如果你的人生分成兩個領域，一個是工作，另一個是私生活，從不交會，甚至在你心裡也不交會，這就是你應該最先著手的修補工作。增加所得第一步，是開始接納兩個相關的觀念：一、你從事商業行為；二、從商合乎道德，高貴、而且有價值。

但大家對商業的看法並非如此。一般說來，美國媒體、娛樂事業、和公共教育，都貶抑企業體，通常認為政府和非營利組織造福窮人的程度，勝過民間的企業部門；企業人士必須受到限制，以免企業在一心一意追求利潤時犯罪。美國很多大型團體也相信這點，這種宣傳極為普遍，以至於每個人或多或少都相信這種事：賺錢是自私的活動，會降低大家的成功機會。

心安理得，追求財富

大多數的人都知道，行為正當時的成就會比較大。在軍事衝突中，大多數軍事專家認為，防守的一方佔有高達五比一的優勢。這表示防守的一方相信自己正確；因為大家覺得保衛家園理所當然，而攻擊方通常會懷疑行動的正確性。如果你深信企業合乎道德，你的企業力量會大為增加。

人是一個整體，身心協調時，身體運作最為順暢。想一想現代醫藥中安慰劑的角色，醫生被迫違反理性原則，承認安慰劑有一些效果；醫療上，藥是重要的因素，病人的心理是第二重要的因素。安慰劑會引發爭議，表示有很多可靠的醫生相信安慰劑有效，如果所有的醫生都同意安慰劑沒有價值，爭議就會結束。為什麼安慰劑有療效？人的腦海和心理協調時，身體的運作會比較好，這就是大部分人選擇醫生時，是根據對醫生的信心決定。病人的復原程度如何，跟病人對醫生的信心高低相關，就像身體知道你心裡的想法，會跟著反應一樣。認識和相信你做的事業正當、高貴、而且有價值，會讓你增加力量、加倍努力。

如果你確實覺得自己做的是正當事業，你會對事業發揮熱情，影響旁邊的人，會樂於說明事業生涯中有趣的小故事，你的故事會啟發別人，別人會熱烈反應。如果你在公共場合中，能夠發揮自然而積極的個性，一定是因為你熱愛工作、覺得自豪。

要提高賺錢能力，不光了解技術而已，也不能只知道要投資什麼，或是寫寫履歷表而已。增加口袋裡可以花用的錢，跟口袋裡有一支筆或打火機不同。財富大為增加之後，會讓你改變，你會變得略為不同，別人會注意到這種變化。如果錢增加會讓你變成全新的人，可想而知，人要煥然一新，第一步是要有更多的錢。

我們可以用下面的公式來說明：

舊我＋財富＝新我

增加移項後，就變成下面的公式：

財富＝新我－舊我

換句話說，要賺到更多的錢，你要做的事不只是學習新技術，你必須設法改變自己。

也許不容易，但是一定可以做到，而且一定有用。

如果熱愛工作而且自豪，會幫助我熱心談論我的工作，那麼熱心談論工作也會增加我的熱愛和自豪。這就是為什麼古代的猶太人堅持，朋友的讚美對我們的事業成就是很重要的支持。同樣地，朋友的讚美能夠刺激和鼓勵我們，更重要的是，可以幫助我們熱愛我們的工作。

相反地，如果你的事業讓你難堪，你一定會失敗。業務員覺得推銷的產品或服務差勁或是價格過高，很少能夠全力推銷。如果你在道德上猶豫不定，會妨礙你全面發揮，也會引發羞恥的反應。如果你得不到重視的人的讚美，認為他們擺明了不贊成你的事業，那麼你會畏縮，而且會覺得抱歉和難堪，這樣根本不會帶來成功。你會避免談論工作，因而在正常的社交場合中，失去常有的宣傳機會。

認為自己做的事情合乎道德，是一項重大優勢，也是猶太人從遠古流傳下來的傳統。如果你內心深處相信企業合乎道德與尊嚴，你會為自己的事業增加龐大的力量。如果認為賺錢不道德，賺錢就難很多了。和自認深陷不當行為的人相比，認為自己合乎倫理道德的人，違法的機會也小多了。

你有沒有節食半途而廢的經驗？我有。我記得第二次到冰箱找東西吃，感覺比第一次容易多了，我也記得三個小時前內心一直掙扎，自忖「我怎麼能破壞一周來的努力？」但是我很想吃巧克力奶油派，也知道如果我向誘惑投降，過去七天的辛苦會化為流水。這想法支持了一會兒，緊接著巧克力奶油派的美味，配合我的肚子開始作怪，讓我拚命想像這種美味。良心雖然不安，抵抗力卻越來越小。很遺憾我放棄了。我發現，帶點苦澀的失敗，讓美味減少了幾分。

然而三小時之後，我發現自己又想再吃一塊。良心的抵抗變得弱多了，反正這次我不會再破壞良好的節食紀錄，三小時前，我已經把節食計劃破壞了，再吃一塊又有什麼關係？真的沒有什麼關係，再吃一塊會有什麼影響，自己早已逾越了本分。

企業界也是一樣，每個人都有很多機會多吃一點最好別吃的東西，每個人都很有機會超過本分，多爭取一點。有些企業家因為職業的關係，認為自己是壞人，是貪心的企業人士，靠著巧取豪奪獲利。在這種情況下，再多爭奪一些東西，應該沒有多少問題。

但你不是壞人，實際上你是高貴的人，你用美好的方式滿足別人，你的好心讓你得到好報。看到這些話，你可能會覺得好笑，然而一旦你克服了懷疑，你在收入方面，就前進了一大步。

金錢是神聖的

事實上，克服對金錢本質的懷疑，似乎是遠古猶太人安排的敬神計劃中，密不可分的一環，這一點反映在猶太人的一些節日上。

有一個猶太節日似乎跟錢的關係特別密切。幾乎每個人都知道，猶太人在為期八天的光明節（Chanukah）時，每天晚上都會點蠟燭。但知道下面兩個細節的人就不多了。一、光明節的規矩之一，是這些蠟燭沒有任何實用目的；因此，通常是在有光線的房間裡點蠟燭，這種情況使蠟燭只有象徵意義。有人可能會問：「房間已經很亮了，為什麼還要點蠟燭？」也可能會問：「可不可以把電燈關掉，這樣可以更清楚地看到蠟燭？」二、光明節有拿錢給小孩的習俗，猶太人像其他民族一樣，喜歡在各種節日送各式各樣的禮物，而光明節是唯一送錢不但不讓人討厭，還被認為是很正當的節日；尤其是送錢給小孩。

這兩個奇怪的作法都有原因，聖地的約瑟夫．柯羅（Joseph Karo）教士在一五六三年編撰的《猶太法典》（Code of Jewish Law）中強調，你絕對不能從光明節的燭光中，得到任何好處。法典宣稱，在光明節的蠟燭底下，連數錢都不可以。」怎麼回事？我還以為猶太人在所有的節慶中，點亮慶典蠟燭後，第一件事情就是算自己的錢呢！根本不是這樣，光明節的意義是你對錢應該極為敏感，尤其要感激它。這一點是光明節極為重要的意義。如果你因此認為，在光明節的燭光下算錢，可以加強光明節和錢之間的關係，別人也可以原諒你。不過《猶太法典》警告你，不可以在光明節的燭光下算錢。過光明節時，你的確應該算錢，只是不能在這些特殊的燭光下算，因為這些燭光具有特別的象徵意義，跟錢有關，只是比較崇高一點。這種燭光對人有什麼意義？如果你不清楚，看看週日版的漫畫，了解一下主角頭上出現一個電燈泡是什麼意思。

實際上，光明節的蠟燭只有一個目的，就是象徵教育與了解，甚至在希伯來文裡，光明節的名字也出自希伯來文的「教育」這個詞，教育這個詞由五個希伯來文字母構成，前四個字母就是希伯來文的光明節。教育跟金錢關係密切，但是誰不知道呢？美國就有很多人不知道。

把蠟燭和金錢結合在一起，就可以看出在光明節的每一天，根據小孩的學習成就，拿錢給小孩的真正原因。錢是獎勵他們過去一年獲得的「光明」，用這種方式，在小孩成長期間，灌輸他們錢不是壞東西的觀念，反而可能是經常自我改善的結果。

猶太人為了幫助別人，才變成銀行家

在西方文化中，「債權人」變成一種侮辱和控訴。如果你認為放款、銀行、或融資是差勁的行業、沒有價值，你不可能從事、更不可能靠著這種行業發跡。相形之下，猶太人總認為把錢拿來冒險，讓別人可以賺錢很光榮，是謀生和幫助別人的好方法。猶太人認為，慈善的層次中，把錢借給別人做生意，比純粹送錢給人還高級，送錢使收受者變成乞丐，沒有足夠的自尊。然而借錢給有需要的人，可以讓收受者升級為獨立商人，維持尊嚴，在心理層面上，保持成功經營所需要的自尊。

大家普遍有一種錯誤觀念，認為中世紀歐洲猶太人被迫投入銀行業，是因為猶太人遭到壓迫，本地人的反猶太情緒讓猶太人不能加入各種同業工會，也不能從事農業等比較受歡迎的行業，被迫投入銀行業。實際上，這不是猶太人變成銀行家的原因，同一時間裡，很多開化的伊斯蘭國家對猶太人的行業沒有設限，猶太人也投入銀行與金融業。猶太人不是無路可走，不是因為反猶太主義才投入金融業，而是一開始就選擇這一行。不過猶太銀行家和反猶太主義之間，的確有一種微妙的關係，溫斯頓．邱吉爾（Winston Churchill）曾經描述過十三世紀末英國的狀況：

當年連最強盛的王儲，現金都極為短缺，英國已經發生過一次輕微的信用泡沫，猶太人在這種狂暴的時代，悄無聲息地在社會結構中站定腳跟……他們偶爾會對迫切需要資金的人提供最大的協助，這種情形導致土地透過直接買賣、或比較常見的透過抵押，流入猶太人手中。不滿的情緒出現，怒火不斷升高，小地主因為抵押的關係受到欺壓，揮霍無度的貴族苦於先前差勁的交易，兩種人的不滿結合起來……英王愛德華（King Edward）認為，可以藉由簡單且常用的反猶太主義，安撫強而有力的臣民，擺脫可怕的債務……猶太人成為公憤的目標，遭到搶劫、虐待，最後被逐出英國……一直到四世紀之後，奧利佛．克倫威爾（Oliver Cromwell）才偷偷跟富有的猶太人簽約，重新開放英國海岸，接納猶太企業。

債務人找到輕鬆而簡單的躲債方法：驅逐猶太人。猶太人一走，難堪的債務也就消失了。一九二五年，希特勒在《我的奮鬥》（Mein Kampt）中寫下這些話，可能不是巧合：「了解猶太人最好的方法，是研究他們所走的路，猶太人以商人的身分出現，靠著千年歷史的商業手法，很快地在金融與經濟中活躍起來，成為獨佔力量。」

兩次世界大戰間的德國威瑪共和時期，的確有猶太人主宰了銀行與金融業，這點可能是猶太人血染德國的原因。然而，早在威瑪共和很久之前，猶太人在銀行界就享有融洽的關係，歐洲最著名的猶太銀行業者是羅斯柴家族（Rothschild），這個家族成功的原因，在黑森卡賽爾（Hesse-Cassel）威廉王子（Prince William）的故事中，說得最清楚。威廉王子在十九世紀初，用隱姓埋名的方式，借一大筆錢給丹麥王子，利用梅爾．羅斯柴（Mayer Amschel Rothschild）作為中間人，以便保密。丹麥定期支付利息給羅斯柴，由羅斯柴轉交給威廉王子。幾年後，拿破侖宣佈黑森卡賽爾王室不復存在，這表示所有積欠威廉王子的錢，都要繳交給法國財政部，法國人不知道誰跟王子借過錢，懷疑羅斯柴知情，就向羅斯柴建議，讓羅斯柴從轉交的帳款中，抽取四分之一的佣金，老羅斯柴卻規規矩矩地忠於王子，跟兩個兒子到德國各地，收取所有的欠款。羅斯柴能夠變成富有的銀行家，不是因為反猶太主義，而是由於他建立了極為可靠的名聲。

你可以從歷史上，看出反猶太主義可能是結果，不是原因；如果猶太人投身銀行業，不是因為反猶太主義鎮壓的結果，那原因是什麼？主要的原因，是投身金融業的猶太人十分可靠，而且相信自己滿足了社會中的一個重要需要。威尼斯商人把一筆錢交給本地猶太銀行時，確信他在阿姆斯特丹的供應商，可以從荷蘭另一家猶太銀行手中收到等額的錢。最重要的是，兩個猶太銀行家彼此信任，這種無形的信任體系助長了商業與財富創造。但還有另一個原因。

聖經禁止大家收取利息。基督徒與穆斯林接受了不知變通的解釋，這種絕對主義的觀點，使得信徒不能從事銀行業。猶太人根據口傳的《摩西五經》，對聖經有另一番了解，口傳《摩西五經》在宗教上的權威跟文書版的《摩西五經》完全相同；猶太人相信，摩西在西奈山頂停留的四十天期間，上帝把《摩西五經》傳給了摩西。猶太人根據口傳《摩西五經》，正確理解在什麼情況下，准許借錢並收受利息，也正確了解應該要訂定借貸的合約。

因此，猶太人對於透過經手和放款謀生，不會良心不安，反而覺得自己提供有價值的服務。銀行業跟任何行業一樣，會在道德上碰到挑戰，有些金融家因為重利盤剝，變得聲名狼藉，但是猶太教義明白禁止剝削不幸的人民；有些人違反了規條，但這只代表這些人有罪，這個行業本身並沒有罪。幾世紀以來，銀行業讓很多的猶太銀行家獲得驚人利潤，主要的原因是猶太人認為這種行業很高貴、能夠幫助社會，他們不但樂於成為銀行家，也覺得熱衷而驕傲。

■上帝說黃金是好的

猶太教傳播從商道德的觀念，等於是把財富傳給信徒。你可以從《摩西五經》開頭就找到這個觀念的根源。幾乎每一個重視教養的猶太家庭的小孩，在十歲生日之前，都會學習聖經的前幾個章節，這些章節中的訊息深深印在猶太人的心裡。

在上帝創造萬物的七天裡，上帝對創造出來的東西深表滿意，一共用了七次「好」來形容。讓人驚訝的是，第八次用「好」這個字眼，是用在貨幣的永恒象徵——黃金上。在等同猶太憲法的這部經書第四十三節裡，上帝用「好」這個字眼，形容黃金這種終極交易媒介的貨幣化金屬。

你可以想像，這些文字不但讓猶太人安心地從事珠寶買賣，也在猶太人集體下意識中，建立了黃金「好」的觀念。雖然幾世紀以來，猶太人經歷的貧困超過應有的程度，抵達新的國度時，經常是身無分文的難民，在新月前夕固定朗誦的每月禱詞中，猶太人要求上帝不但要賜與健康與和平，也要求上帝賜與富裕，這樣祈禱時，是覺得相當安心的。

要求上帝賜與金錢十分聖潔，如果你對這種祈禱覺得安心，就在祈禱時加上要求富裕的禱詞。其實，你要求的是為人類服務的機會。猶太法典建議希望財富增加的信徒，在耶路撒冷神廟祈禱時，要面對南方、面對放著祭典麵包的供桌方向，因為麵包跟金錢有一種神祕的關係。十三世紀神祕主義大師納赫曼尼底斯（Nachmanides）針對神桌和祭典麵包寫道：「從神桌上的祭典麵包中，傳達出對所有以色列人的物資庇護與經濟繁榮。」他把麵包當成經濟上的一種起點（奇怪的是，到了今天，金錢跟麵包還有關係，我們說話時，常把金錢叫做麵包。）。

傳統猶太文化中，有一種根深蒂固的信念，認為要真正致富只有一種方法，就是勤奮地滿足別人的需要，同時以高貴、可靠的方式經營。猶太人在每個安息日為小孩祈禱時，都會坦然地說：「希望上帝讓你像以法蓮（Ephraim）和梅納西（Menasseh）一樣。」口傳《摩西五經》解釋說，以法蓮代表精神上的堅定，梅納西代表經濟上的創意，兩者合而為一，是猶太人希望子女在兩方面都有表現。

安息日祝禱接著會為小孩祈禱：「願主保佑、庇佑你。」權威的專家拉西（Rashi）與十九世紀德國猶太人領袖參森．赫西（Samson Raphael Hirsch）教士，再度根據口傳《摩西五經》解釋說這種祝禱是為了物質上的財富。讓猶太人驚異的是，上帝希望人類富裕，是因為富裕之後，會有很多正直的行為，這點正是上帝對子民最後的期望。

就像賣牛奶的泰偉亞（Tevye）在「在屋頂上的提琴手」（Fiddler on the Roof）中說的一

樣，「我知道窮並不可恥，但也沒光榮到哪裡去。」事實上，聖經中強調猶太人很多族長的財富，而且在聖經的時代中，富有跟其他條件一樣，是被選為先知的必要條件。例如，《摩西五經》中記載，摩西本人擁有驚人的財富，後來以色列大部分的先知也一樣；尤漢南（Yochanan）教士在《摩西五經》中說：「上帝只在強壯、富有、聰明、和謙卑的人之前顯聖。」聰明的所羅門王（King Solomon）說過：「財富是智者的皇冠」；猶太人知道，這句話表示上帝對明智的行為感到滿意，用財富酬報這種行為。

古代的以色列起源於埃及，每一個逾越節（Passover）晚上，猶太人都要朗誦《出埃及記》來慶祝逾越節，吃的是沒有發酵的無酵餅，強調他們匆匆離開奴役他們的土地，沒有時間讓麵包發起來。但是在匆匆忙忙之間，顯然古代的以色列人有很多的時間照顧自己的事業。他們可能沒有時間讓麵包發起來，卻有時間做比麵包發酵還重要的事，遵照主對摩西的指示，向埃及人要銀器和金器：「以色列人照著摩西的話行，向埃及人要銀器金器、和衣裳。……以致埃及人給他們所要的，他們就把埃及人的財物奪去了。」（編註：出埃及記第十二章第三五、三六節。）

古代的以色列人被埃及人奴役幾百年後，逃離了埃及，帶著很多金器銀器逃進沙漠，後來建立很多猶太神殿，建立自己的應許之地。把救贖和財富結合在一起，在猶太文化中不斷地出現，金錢不是一切，卻也不能夠低估。事實上，金錢是任何神聖救贖中合法的一部分，難怪猶太人在經營企業時，不會被金錢的道德問題妨礙。

猶太人擁有這種深厚的文化遺產，肯定經營企業的道德性，這點不見得對你有幫助，你可能認為，《摩西五經》的規定跟現代企業沒有關係，與非猶太人更沒有關係。但我的目的只是要說明，猶太人深信企業是光榮的行業，從這種信念中獲得效率與經濟力量，進而創造出一番成就。

我的目的是要指出，你可以遵循同樣的信念；我在引言中說過，你不能只看這本書，你必須積極參與自己的「救贖」，你必須走上自己的信念之路，走在這條路上的第一件事情，是看清今天的文化力量妨礙你的目標，這樣你才能夠設法克服這些力量。

普遍的錯誤觀念：慈善是好事，企業很自私

身為企管顧問，我有很多時間待在決定大企業命運的場所；在客戶的高級主管辦公室裡，我幾乎都會看看牆上的感謝狀和獎牌。我發現有本地扶輪社的獎牌、接受捐款的醫院剪影、以及補助貧窮學子上課的感謝狀。我總是找出至少一件讓我感興趣的事蹟去深入研

究、詢問內情，了解背後的善行。這些企業家對自己的慈善活動深感自傲，也很容易受到引誘，極為熱情地滔滔不絕於自己的小小善行。

不過我注意到，你可以很容易地說服企業家，討論他們在公司以外的善行；但要請他們談論企業為社會帶來的重大貢獻時，就難得多了。極為成功的沃爾瑪連鎖百貨高階主管約翰．華頓（John Walton）就是個例子；約翰．華頓是已故創辦人山姆．華頓的兒子，在《富比世》美國四百大富豪排行榜中高高在上。他跟另一位大亨，傅斯曼李德投資銀行（Fortsmann Little）的共同創辦人西奧多．傅斯曼（Theodore J. Fortsmann），聯手創設了兒童獎學金，針對希望把子女送到私立學校、或在家自行教育的低收入家庭，提供部分學費，獎助對象從幼稚園到高三。這個獎學金目前在美國四十七個州，大約協助了三萬四千個貧窮家庭的子女上私立學校。約翰．華頓和傅斯曼對自己的成就深感自豪，不但打算大大增加基金的金額，提供更多獎學金，也積極鼓勵別人這樣做。

華頓、傅斯曼、和成千上萬較不出名的慈善家，對他們日常所積的功德，是否同樣自傲呢？數十萬人因為有了沃爾瑪的好工作能夠養家活口，何況還有千百萬個美國家庭，用合理而且便宜的價格，買到日常生活所需的物品。

灣流航太（Gulfstream Aerospace Co.）在傅斯曼的領導下，發展出超長程的新商務客機灣流五號，不但讓大家可以更快速的旅行，創造更多成就，也提供數萬名員工的工作和保障。我希望他對經營灣流航太的成就，像創設兒童獎學金的成就一樣自豪，這些成就都值得讚揚。但更重要的是，絕大多數美國人是否了解和感激企業帶給他們的福祉？你是否像從事公益與慈善活動一樣，對經營企業創造的功德，同樣覺得自豪？

滿足不了別人，你無法坦蕩賺錢過生活

下面還有一個例子，我認識一位藥廠的女性業務代表，她賺的錢可以讓自己和女兒過相當舒服的生活。她的工作要拜訪醫院，向醫生介紹公司新藥，她經常告訴我，每次踏進業務區的醫師辦公室就覺得害怕。

有一天我去拜訪她，聽到她講電話的聲音很嚴厲；先是懇求，接著又發出威脅，她顯然不能夠接受別人的拒絕。幾分鐘後，她掛上電話，露出勝利的笑容洋洋得意地說：「他捐出了一千美元。」原來她在籌募乳癌研究的基金；問她為什麼威脅藥商捐錢，比遊說醫師買藥舒服多了？她驚訝地回答：「這樣是做好事啊！」

如果覺得自己的職業在道德上有所虧欠，很少人能夠把本行由衷地做得很好；這位女

性認為，為醫學研究募款是有價值的好事，賣藥是自私的行為。這讓她覺得不安。問她從事哪一行，她會支吾其詞，但她卻經常談到她為慈善活動募了多少錢。為什麼她從來沒有考慮吹噓自己上一個月賺到多少佣金？我告訴她，她每個月的佣金，代表她幫了醫師、病人、公司、和公司幾百位靠她銷售的員工多少的忙。她深感震驚。在她內心深處，她一定覺得賣藥對任何人都沒有好處，她甚至懷疑，自己幫公司賺電視上常說的黑心錢，她不相信自己賺錢的方法比早年賣假藥的人還有道德，她內心深處不相信自己是在幫醫師與病人的忙，同時造福自己。

不管你選擇什麼事業，要真正成功，你必須了解和徹底相信一個絕對正確的觀念，就是你的業務活動合乎道德。而先決條件，當然是你推展業務時，採用誠實而光榮的方法。徹頭徹尾相信這一點，你就可以克服財富創造之路的一個重大障礙。

你必須尊重企業的尊嚴與道德本質，這是千百年來，猶太人能夠享受經濟果實最重要的原因之一，不管你的背景是什麼，你也可以利用這一點。你只需看出自己謀生方法中的功德與高貴本質；這樣不只認定自己是誠實的好人，你也必須了解自己日常推動業務時，創造了功德，也帶給別人好處。不管你從事哪一行，不管你生產產品還是開一家小花店，你都必須了解你每天工作中的高貴本質。

我們是怎麼被說服的？

如果你到現在，還不知道有人會覺得賺錢不道德；我告訴你，每個人都悄悄地受身邊文化的環境影響，這種文化針對企業與企業人士，發出越來越負面的看法。越來越多美國人認為，財富不合乎道德，不是冒險、創新、和努力的合法報酬；而是不公不義、在道德上值得懷疑的結果。這種訊息極為普遍，幾乎沒有一個人能完全免於這種訊息的惡劣影響，而且這種訊息普遍從教育、媒體、甚至企業人士本身傳達出來。

每個人似乎都被從商不道德的觀念左右。在中學裡，老師要求班上每個學生，說說自己將來的志向和其原因。有個男孩站起來說：「我希望當環保顧問，讓所有的人享受乾淨的空氣和水。」每個人都拍手歡呼。接著一位學生告訴班上，他希望變成醫學研究人員，以便找出愛滋病的治療方法，每個人也拚命鼓掌。另一個學生說他希望當老師，「這樣我可以協助貧窮的小孩實現夢想。」每個人都讚歎這位未來教育家的理想主義。最後，老師問唯一還沒有說話的女同學，她皺皺眉頭，然後清楚而緩慢的說：「我希望變成極為成功的企業經理人，這樣我可以讓世界變得更好，讓很多人的生活改善。」我想在大部分的學校裡，這種相當合理的說法會遭遇大家刺耳的譏笑。

這不是假想的教訓，從一九九〇到一九九五年間，德國喪失了將近五十萬個就業機會，雖然在這段期間裡，德國經濟是出現了一些困難，可能是負擔東西德統一的成本造成的；但是德國《經濟周刊》（Wirtschaftswoche）卻提出不同的解釋，聲稱曾經創造「經濟奇蹟」的德國經濟表現差勁，因為過去三十年來，德國教育體系教導小孩金錢是不好的東西。

《經濟周刊》調查全德國之後，發現四成德國人認為企業家是「剝削者」，比一九六五年上一次調查增加十七%。《經濟周刊》發現，十六到十九歲這些理當開始冒險的年輕人中，大部分人對創業敬謝不敏。年紀較大、在三十多年前受教育、沒有受過反企業思潮教育的年齡層，對企業活動就熱衷多了。組織、國家、或企業認為賺錢缺乏社會價值，看到經濟出現衰退時，不應該覺得驚訝，個人也一樣。

影視節目想讓你變窮

我的老友麥可．麥德威（Michael Medved）在《好萊塢與美國》（Hollywood vs. America）這本書中提到，一九六五年以前，電視節目中把企業家說成好人的次數，是壞人的兩倍，這種比率在一九七〇年代逆轉，說成壞人的次數是好人的兩倍。麥德威指出，在一九三〇和四〇年代好萊塢黃金世代中，企業家在電影上，經常表現得極有同情心，今天這種形象已經變成不可思議，大企業變成媒體最喜歡的壞人。

財經作家丹尼爾‧賽里曼（Daniel Seligman）在《富比世》上寫了一篇文章叫做「湯姆‧克魯斯對抗企業惡靈」（Tom Cruise Versus Corporate Evil）。賽里曼寫到，二〇〇〇年夏季在二十五個國家中最賣座的電影「不可能的任務二」（Mission Impossible 2），是新的「典型反企業電影」，片中的惡徒精心規劃陰謀詭計，要靠股票選擇權致富，當時賽里曼寫道，「我們知道我們面對的是終極的惡靈。」

社會學家李希特（Lichter）夫婦和史丹利‧羅斯曼（Stanley Rothman）針對黃金時段的電視節目做深入分析，斷定：「電視上的企業都為非作歹，實事上，這是電視上唯一涉及犯罪、比例高得不像話的職業團體。」連電視節目中的兒童企業家都是這樣。

新聞記者馬克‧根特（Marc Gunther）這樣描寫：「熱衷權力的媒體大亨勒索國會議員，大型農業企業在印地安保留地下毒，著名的德州執行長雇用殺手，殺害前任女友，這一切代表一種明顯的趨勢，黃金時段電視節目中企業為非作歹的例子繼續增加。」

在電影「華爾街」（Wall Street）中，專門惡意併購的大亨戈登‧傑柯（Gordon Gekko）

說過：「貪婪是好事。」這是好萊塢版的企業家，不管是在大銀幕或是小銀幕，接受傑柯人生觀的企業家經常明槍暗劍、下毒勒索、以威脅抹黑，爬到頂端。雖然「華爾街」描寫的是狂熱的一九八〇年代，是一部舊片，好萊塢卻繼續配合文化中反企業的情緒，繼續抹黑企業人士。「搶錢大作戰」（Boiler Room）、「明日帝國」（Tomorrow Never Die）、和二〇〇二年夏季的賣座電影「蜘蛛人」，都把企業大亨描繪成惡棍。很難想到有什麼電影或電視節目，把企業家描寫成英雄人物，連用客觀態度，說明他們在道德上不好也不壞的影視節目都很少。

或許你會說，「誰管螢幕上演什麼？每個人都知道節目是虛構的。」

但我們會忍不住相信大家說的話

現在告訴你一個聖經裡的故事，出自撒母耳記（Samuel）下冊，你可能沒有聽過，但是這個故事唯一的目的，是要告訴讀者一個簡單而且無法逃避的事實：你不可能不相信別人告訴你的話。

很久很久以前在遙遠的國度裡，有一個偉大的好國王叫做大衛，他把作戰或振興經濟以外的時間，拿來創作美妙的音樂，撰寫詩篇。早在大衛當上國王很多年以前，就與掃羅王（King Saul）的太子約拿單（Jonathan）成為朋友。掃羅王知道大衛是他兒子繼承王位的大敵，多次要取大衛的性命，雖然如此，大衛對約拿單的友情從來沒有動搖，雖然約拿單知道自己在父親死後絕不可能稱王，他卻毫不在意，熱愛他的老友。難怪約拿單和大衛成為真正友誼的代名詞。

掃羅王的王朝崩潰後，大衛王不但沒有採用當時一貫的作法把過去的敵人處死，反而十分用心，用尊敬和寬宏大量的態度，對待所有失勢的掃羅王臣屬。

大衛問說：「掃羅家還有剩下的人沒有？我要因約拿單的緣故向他施恩。」掃羅家有一個僕人，名叫喜巴（Ziva），告訴大衛約拿單有一個瘸腿的兒子還健在。大衛王把這個可憐的瘸子米非波設（Mephibosher）叫來，說：「你不要懼怕，我必因你父親約拿單的緣故施恩予你，將你祖父掃羅的一切田地都歸還你，你也可以常常與我同席吃飯。」你可以想像到，米非波設多麼安心、多麼感激，宣誓要永遠忠於新王。

大衛成為以色列國王不久，他兒子押沙龍（Absalom）反叛，有人向大衛報告說：「以色列人的心都歸向押沙龍了！」大衛就對耶路撒冷跟隨他的臣僕說：「我們要起身逃走，不然都逃不了了。」

大衛王並不知道，米非波設為了表示忠誠，想要陪著國王一起逃走，卻因為殘疾的滯礙難行，於是派遣僕人喜巴向國王表達忠誠。兩天後，大衛王在逃亡途中，看到這位精明的前朝舊臣，就叫他來問話，想知道他的主人米非波設在做什麼。

邪惡的喜巴回答，「王啊，我帶這些禮物給你，米非波設留在耶路撒冷，希望利用亂局重新登上屬於他祖父的王位，他是叛亂陰謀的一部分。」

「是這樣嗎！」憤怒的大衛王吼道，「從今天起，米非波設所有的財產都歸你了。」喜巴對自己的陰謀這麼成功，幾乎掩不住快樂。

叛亂結束後，大衛王回到耶路撒冷，米非波設一跳一跳地走進宮廷來拜見國王。

「我逃離押沙龍時，你為什麼沒有跟著我？你有沒有加入我死去的兒子押沙龍？」大衛王哀傷地指責他老友的兒子。

「我主我王，當然沒有，」米非波設說：「戰亂當時，喜巴因為我身體殘疾的緣故，建議我留在家裡，他會去加入你的陣營，代表我支持你。無奈這個狡猾的僕人在你面前抵毀我，說我背叛了你，加入了叛軍。天哪！我絕不會做這種事情，我對我主我王的所作所為深深感恩，請不要相信這種事！」

大衛扶著他的手說：「不要說了，親愛的米非波設，我相信你忠誠，不如你和喜巴平分你已故祖父的財產。」

絕望的米非波設回答說：「就任憑喜巴取了也可以。」

猶太傳統花了很多篇章，解釋這個故事的意外結果。大衛王為什麼不把財產從邪惡的喜巴手中拿回來，懲罰他的欺騙，把全部財產歸還給應有的主人米非波設？大衛王為什麼讓這個惡徒保留一半的不當利益，把一半財產還給善良而忠誠的米非波設？《摩西五經》認為，這是大衛王的重大過失，後來上帝因為大衛的錯誤判斷，懲罰他在他孫子羅波安（Rehoboam）的時候，把他的王國一分為二，但是大衛王為什麼會判斷錯誤，仍然是個問題。大衛是精明能幹的君主，像他這麼了解人性的人，怎麼可能會對忠誠的米非波設說：「你何不與喜巴平分土地？」

《摩西五經》提供了一個讓人害怕的答案，讓人了解人性：你一旦接受謊言或誹謗，就絕不可能完全擺脫影響。你可能認為你已經從記憶中，消除了這種資訊，但是影響將永遠留在你身上。大衛在理性上，知道喜巴用惡毒的誹謗，誤導了他，但是在感性上，當初他聽到約拿單的兒子背叛他時的怒火，繼續留在他腦海裡。雖然他知道真正的情況，心裡的判斷卻受過去的誹謗影響。這一點是這個故事的教訓，也是詳細記錄在聖經裡的主要原因，你可能認為你不會受影響，其實不是這樣。

企業天生惡質？

如果大衛王的故事，還不能讓你相信電視會深深影響所有的觀眾，或許廣告主花的幾十億美元可以讓你相信。精明的企業主管如果不相信廣告會影響大家的想法，不可能投下讓人無法想像的金額，在電視上大做廣告。

懷疑文化能夠貶抑企業價值的人，可以看看美國《商業周刊》（Business Week）一篇「企業力量太大嗎？」的報導；裡頭用調查數字，把美國人對企業的態度量化：

＊七二％的美國人認為：「企業在美國生活中的太多層面，擁有太多的權力。」

＊只有四七％的人認為：「對企業好的事情，大致上對大多數的美國人也好。」（低於一九九六年的七一％。）

＊六六％的人認為：「對企業而言，龐大的利潤比開發安全、可靠的高品質產品重要。」

＊只有二七％的人認為：「跟利潤相比，企業的訂價公平、合理。」

很多美國人受到影響，不相信企業合乎道德，每次有大企業被懲誡時，幾乎都可以聽到大家拍手叫好。很多人不了解複雜的反托辣斯法，卻熱烈贊成針對極為成功的企業，推動反托辣斯調查。其中有些可以視為嫉妒所造成的報復行為，但是大部分起源於大家普遍認為，企業與個人只有犧牲無形的受害者才能夠發跡，企業受到大家不熟悉的政府法規處罰時，一定是罪有應得。

連擁護企業、應該為企業制度辯護的人，都不敢堅持企業具有合乎道德的良善本質，反而根據完全錯誤的觀點，承認企業代表貪心，大膽地宣稱貪心是好事。《工業標準雜誌》（Industry Standard）曾經刊出一篇文章叫做「貪心的福音」，指出美國人日漸承認把自私變成美德的觀點。

把企業貶抑為貪心的表現有一個重大的問題；貪心令人厭惡，卻也協助一些幸運而沒有價值的人。大部分正直、勤奮的美國人認為貪心和自私不是美德，而是重大缺點，因此，試圖承認企業代表貪心，以便為企業辯護，注定會失敗，絕對無法贏得大家的熱烈擁護。愚蠢地宣稱企業代表貪心，只是證實文化中日漸增強的信念，認定企業根本不道德；即使對健全的經濟而言，企業可能有必要，卻是必要之惡。暢銷作家迪尼希・狄蘇沙（Dinesh D'Souza）簡單地說明這種觀念：「資本主義贏得了經濟戰爭，卻沒有贏得道德的戰爭。」

■通俗文化的雙重標準

我覺得最奇怪的是，美國文化鼓勵大家對企業及金錢，採取更嚴厲、更有批判性的態度。你可能沒看過《時人雜誌》（People's），但是不能完全忽視任何發行量這麼大的雜誌，這本雜誌的確反映了大部分美國人的價值觀。奇怪的是，《時人雜誌》為了慶祝一九九六年情人節，刊出一篇封面故事叫做「本世紀最偉大的愛情故事」，描述二十世紀一些傳奇性的愛情男女，比如李察．波頓（Richard Burton）與……伊麗莎白．泰勒（Elizabeth Taylor）；英王愛德華八世（King Edward Ⅷ）與……辛普森夫人（Wallis Simpson）。沒錯！《時人雜誌》認為「本世紀最偉大愛情故事」的其他男女，包括法蘭克．辛納屈（Frank Sinatra）與愛娃．嘉娜（Ava Gardner）、克拉克．蓋博（Clark Gable）與卡洛．龍巴德（Carole Lombard）以及史賓塞．屈賽（Spencer Tracy）與凱瑟琳．赫本（Katharine Hepburn）。

有趣的是，《時人雜誌》提到李察．波頓跟伊麗莎白．泰勒的熱戀時，沒有提到他已經跟希貝兒（Sybil）結婚，還生了兩個小女兒。雜誌上也沒有指出，辛普森夫人遇到她的王子時，已經嫁給恩斯特．辛普森（Ernest Simpson）。文章也沒有提到法蘭克．辛納屈跟愛娃．嘉娜發生姦情時，已經有太太和三個小孩。提到克拉克．蓋博偉大的愛情故事時，也沒有指出他當時的妻子是麗雅．蓋博（Ria Gable），而不是卡洛龍．巴德。同樣地，史賓塞．屈賽不是跟妻子路易絲．屈賽（Louise Tracy），而跟凱瑟琳．赫本發生偉大的愛情故事。事實上，這篇絕妙封面故事中提到的愛情男女，超過一半都犯了傳統的通姦罪。我還需要強調這些親密關係不但沒有受到譴責，反而被人當成羅曼蒂克的故事嗎？

兩周後，另一本雜誌刊出一篇截然不同的封面故事；不是討論愛情、羅曼史、與性，而是探討企業與金錢。《新聞周刊》（Newsweek）這篇封面故事並不客觀，叫做「企業殺手」，文中刊出一些企業領袖的照片，如 IBM 董事長路易斯．葛斯納（Louis Gerstner）與美國電話電報公司（AT&T）董事長羅伯．艾倫（Robert Allen）；這些照片經過處理，看來像是警察拍的嫌疑犯照片。這篇報導跟裁員有關：「你失去了工作，而你過去任職的公司股價上漲，執行長大幅加薪，華爾街的股價不斷上漲，大街上卻堆滿大公司拋棄的勞工屍體，這樣根本不對。」

記者詹姆斯．葛拉斯曼（James Glassman）指出，雖然這篇報導有很多小故事與觀點，卻沒有一個跟就業有關的統計。難怪！從一九九一到一九九五年間，新受雇的美國人成長了七百二十萬人。換句話說，雖然有些企業裁員，卻有其他企業雇用員工，新雇用的人數遠遠超過遭到裁員的人。《新聞周刊》說，這篇報導中談到公司裁掉了十三萬七千人，認為這些企業殺手應該負責，但是《新聞周刊》沒有提到，在這段期間裡，美國經濟每三周就創造十三萬七千個新的就業機會！

你可能認為《新聞周刊》提到的這些企業殺手的確邪惡，也可能覺得他們為所應為，以確保公司繼續生存，以免公司倒閉，喪失更多的就業機會。不管你怎麼想，《新聞周刊》顯然只報導片面之詞，只報導執行長是邪惡的人物，也相信自己不會遭到抗議；事實上，也很少人抗議這篇報導。

兩種男人都造成痛苦，一種是裁員的企業領導人，另一種是犯通姦罪的有婦之夫，誰造成的痛苦比較大？誰造成的傷害比較無法彌補？誰傷害了比較多的人？難道遭到背叛的配偶會比遭到裁員的人好過嗎？失業的人豈不是比較容易找到同樣好或更好的新工作？遭到背叛的配偶卻比較難以恢復幸福的婚姻？大部分情況下，一個人因為婚外情摧毀了一段婚姻，傷害的人豈不是比失業時傷害的人還多嗎？在我看來，具有同情心的文化應該更嚴厲地批判通姦的人，不應該這麼嚴厲批判裁員的部門主管。

但是《新聞周刊》與《工業標準》的報導都清楚指出，情形正好相反。通姦、背叛、破碎的婚姻只是偉大愛情故事裡毫不相關的附帶損害；但是在每喪失一個就業機會，就會創造幾千個新工作的環境中，裁員卻是企業主管被批判為企業殺手的原因。這種文化傳播出來的訊息是：如果你在追求性愛歡愉，造成別人無法承受的痛苦，會獲得諒解與同情；然而，如果你是企業家，在追求利潤與財富的過程中，即使造成別人最輕微的痛苦，都會立刻無條件地被人譴責為不道德。

實際情形更糟糕，連耶魯大學歷史教授大衛．華斯翠奇（David Waldstreicher）這樣的學者也認為獲利完全不對；他說：「資本主義就是榨取別人的利潤，所以通常會引發倫理道德問題。」你怎麼可能榨取別人的利潤，卻不因盜竊罪入獄？誰也沒有榨取別人的利潤。在正常情況下，你訂出希望銷售的產品價格，顧客決定買或不買，如果顧客買了，你就賺到利潤，如果顧客唾棄你的東西，你就無法獲利，那裡有榨取這種事，既然沒有，這位教授用榨取這個字眼，洩露了他對企業真正的看法。

這是很奇怪的雙重標準，絲毫不能忍受財務錯誤，卻無限同情性愛方面的錯誤。你可以看出美國文化幾乎包容一切性愛的追求，卻很不能容忍追逐金錢。猶太企業家用大不相同的方式看待這兩件事情；了解其中的差別，對猶太企業家一向有幫助。

記者麥可．金斯里（Michael Kinsley）寫道，「一九九八年在政治上最重要的事情，不是總統跟二十二歲的白宮實習生口交，而是大多數公民認為這種事情不要緊。」同一個時間裡，各地的記者卻認為，微軟驚人的利潤是違反反托辣斯法的初步證據。

人類不只是「精明的動物」

把古代猶太人的智慧原則用在這種雙重標準的課題上，可以得出下列解釋。在下意識的層次裡，人把自己視為非上帝創造的特別生物，只是很精明的動物；這樣很方便，因為這樣可以使人從複雜的道德問題上解脫，因為任何動物都不會貶抑自己；就科學所知，動物從來不覺得羞恥，如果人只是把自己看成精明的動物，對自己的行為就不會覺得不安，就絕對不會考慮某些想法是否有價值。如果人是複雜的動物，卻仍然是動物，所作所為都是基因決定的，在道德上應該就可以少負一點責任。

猶太教認為，如果大家都覺得在道德上不必負責，就很難維持舒適安全生活所需要的社會，社會根本不可能會有足夠的警察，即使有，也不會有足夠的警察來監督警察。因此，人類的本性不可能是獸性，應該更進步。猶太人認為，通姦確實可能受遺傳影響，男性尤其如此。有一句古諺說：女性通常找一個男性來滿足很多需要；男性卻找很多女性，以滿足唯一的需求。這句話可能有一些道理。但是，男性即便受遺傳影響，猶太教卻堅持男性不應該像動物一樣，不見得需要根據本能行動。克服本能是猶太信仰的基本因素，在猶太司法體系中，「天性」不是不道德行為的藉口。

猶太人認為，上帝把人創造成與所有野獸相異的獨特生物，這一點不但是猶太信仰的基本因素，也是社會結構、信任、商業、與創造財富的基本因素。就是這種把人當成實體性靈的神聖看法，讓猶太人認為，從事與獸性完全無關的財富累積是好事，創造財富是人表現性靈的一種活動，代表人類的獨一無二和性靈起源，任何動物都沒有發展出貨幣制度。動物只求生存，人卻創造生存，創造財富。誰會想到事業要成功，跟人性的哲學辯論有關？你可能會說：「別跟我談崇高的思想，我只想發財。」猶太古老的教訓指出這樣根本行不通，一切都是因果關係。猶太人相信人類是上帝創造獨一無二的性靈動物，這是猶太人在經濟上創造驚人成就的原因之一。

亞歷桑納州立大學商學院院長說，就連很多企管所的學生都認為，資本主義是罪惡的工具。他一位學生最近寫道：「資本主義是所有貧窮的起因。」我可以了解，為什麼這位學生痛恨商業與自由市場。畢竟，猶太學者認為貧窮跟死亡一樣，不值得羨慕。亞歷桑納州立大學商學院一位法律與倫理學教授說：「我的學生當中，很多人對於經理人的高薪與認股權深感不滿，他們也認為，企業對於同性戀權利的看法，是公司是否合乎道德的試金石，他們認為，企業造就了無家可歸的遊民，也認為企業的欺騙行為，是理所當然的事。」

我希望你不覺得我在誇大這種現象，但是文化的影響力幾乎不可小覷，國稅局把利息、股利、和資本利得叫做非勞力所得，從大家輕易接受這種說法就可以看出來，這樣貶抑了冒險與投資的崇高生產過程。社會就是靠著控制語言，才能逐漸改變觀念；把投資所得稱做非勞力所得，與靠投資賺錢不健全，兩者之間只有一步之差、與大家不應該靠著投資賺錢的觀念，差距更短。因為這種錢不是真正掙到的錢。我對公共政策不感興趣，比較感興趣的是，這種文化影響怎麼妨礙你真正發達的能力。

每次著名的慈善家公開捐贈時，你一定會聽到一句「回饋社會」；別人也會說，他終於對社會有所回饋，真是好事。把慈善捐贈當成「回饋社會」，難道不是暗示，從一開始，創造財富的獲利行為是「取自社會」嗎？

全美最大的電子零組件經銷商之一、洛杉磯的貝爾工業公司（Bell Industries, Inc.）董事長兼執行長西奧多．威廉斯（Theodore Williams）說過：「自私自利有其道理，但是我們現在已經走向極端，我們有一些人擁有驚人的財富；比爾．蓋茲就是其中一個，但是你看，他們的慈善捐款只佔很小一部分。」威廉斯沒有想到，蓋茲在捐出大筆資金、設立龐大的慈善基金會之前，已經為這個世界做了很多好事。畢竟，創造成千上萬的就業機會，供應絕佳的軟體，讓千百萬人順利的工作、彼此溝通，本身就是很大的貢獻。威廉斯也沒有質疑擁有驚人財富、在慈善事業上一毛不拔的娛樂與運動巨星；這種批評顯然是針對經商獲利的人。

看星巴克每天做的好事

不幸地是，連企業領袖有時都看不出用回饋這種字眼，可能暗暗傷害大家對企業的尊敬。星巴克最近出版一本十二頁、名叫《回饋》（Giving Back）的小冊子，並沒有強調公司每天為極多的人帶來益處。這本彩色小冊子在每家店裡分發，大標題底下，驕傲地宣稱：「這是星巴克在社區中的指引」。我無意指責這家令我欣賞的好公司，無數企業公開貶抑追求利潤的活動。我可以告訴你，星巴克是希望你知道他們如何「回饋社區」。

＊花很多時間在本地非營利組織做義工：陪愛滋病人散步、發放餐點給遊民等。
＊提供慈善機構多餘的糕點。
＊針對識字運動、愛滋病蔓延、環境意識、與藝術活動，捐贈善款。

＊設有綠色小組，持續評估環保回收方法。

＊在某些咖啡豆生產國，溢價購買咖啡豆，資助當地教育與健康計劃。

這一切都很值得讚揚，但我寧可看到這本小冊子叫《行善》，而不是《回饋》，我希望星巴克在小冊子中，說明因為星巴克的成功，讓成千上萬人得到好的工作和很多福利，我也樂於看到星巴克點出因為公司優異的財務成就，讓擁有星巴克股票的退休美國人，享受更好的老年生活。為什麼不提很多分店成為小小的社區集會所？因為這家公司的慷慨，使得這些店面像溫暖的綠州，不會把客人從舒服的位置趕走，以迎接下一波的客人。我相信星巴克的公關人員可以從每天的營業中，找到星巴克做的更多好事。閱讀這種東西應該會很愉快。

我不反對企業購買原料時多付一點錢、選擇資源回收、或是捐贈，我甚至不管公司有沒有吹噓這些崇高的行為。但是我擔心大家從這種出版品中，吸收了一些基本訊息。這些出版品的說法太清楚了，好像只有政府和其他非營利組織做好事，凡是跟利潤有關的東西，都會遭到污染，而且進一步污染跟企業有關的一切。星巴克的小冊子幾乎有一種道德上的贖罪味道，似乎是說：「看吧，我們對自己這麼成功、規模這麼大、成為多國公司，而且利潤很高，覺得很抱歉！但是請注意，我們不完全是壞的，你看這本小冊子，會發現我們做了多少好事，彌補我們賺取鉅額利潤的事實。」

調職做好事

另一家企業也傳達出一種訊息，表示從事營利活動基本上不是做好事。美國著名的策略顧問業者貝恩公司（Bain & Company）創設了一個部門，為美國非營利慈善機構，提供低價的顧問服務，而這個非營利部門工作的經理人，薪水必須比正常薪資減少二十%到八十%，因為貝恩公司向非營利團體客戶收取的費用，通常只有一般客戶的二十%左右。貝恩公司從中獲得什麼？提出這個點子的全球總經理湯瑪斯．狄爾尼（Thomas J. Tierney）對《紐約時報》（New York Times）解釋，貝恩有些經理人覺得自己做的事沒有價值，只是替香料廠商從工廠中榨出更多的利潤而已，現在他們可以不必離開公司，卻可以暫時離開現職，為非營利的新部門服務。顯然這家一流的企管顧問公司中，有超過八百個人認為，協助香料廠商欣欣向榮沒有價值，又不道德，如果連這麼精明的專家都可能受這種可悲的錯誤影響，我必須假定，在某種層次上，每一個人都受到微妙的影響。

絕大多數的人都從業經商，這一點錯也沒有！我希望你了解，大家對自己賺錢維生的方法遭到無情的負面攻擊，會受到多大的影響，也希望你了解為什麼這點對大家很重要。你可能認為，你和大企業執行長賺錢維生的方式沒有什麼關係；其實除了少數人以外，大多數人都是靠著生產或供應產品給別人，賺錢討生活。這就叫做企業。除非你是最高法院法官、終身職教授、或是訂了終身契的猶太教士，否則你可能都在為企業服務，你很可能是員工，只是你像獨立的專業人士一樣，可以找新顧客，也就是說，你可以自由自在的尋找更好的工作。你就像獨立的企業主一樣，可以找額外的顧客——你可以找第二份工作，或是在家兼營事業，毫無疑問地，你有很多可以改善大家生活的產品或服務，不管你做什麼，你都很可能在企業界中服務。如果你內心深處，不尊敬企業的尊嚴與道德性，要成功就難多了，如果財星五百大企業領袖被人當成不道德的剝削者，那你也一樣，其中只有程度的差別而已。

你很容易想像，如果企業人士身心靈都確信從商是最好的、最合乎道德的事情，他們可以從中獲得多大的競爭優勢。除非你清楚了解自己選擇的職業受到這麼多人詆毀、及其詆毀的程度，否則你不會有機會消除心中潛藏的自怨自艾。我再一次跟你保證，如果你心裡在道德上，對企業存有一絲一毫的懷疑，你最好找別的事業。

下一步，是找出企業良善與合乎道德的地方。

致富之道

◎開始接受兩種相關的觀念：一、你從事商業行為，二、商業行為合乎道德，高貴、又有價值。要在你選擇的企業中真正成功，你必須了解而且徹底相信正確的觀念：你從事的企業活動既良善又有道德。先決條件，當然是以誠實而有尊嚴的方式，執行業務。

◎在報紙上寫短文，直率地宣稱企業高貴又合乎道德，並且說明原因。有機會時，要針對企業的道德與崇高性質，發表演講。

◎定期看親近企業的讀物，置身於親商的氛圍中。

◎看電視或電影時，注意攻擊企業尊嚴與道德的題材，找出這種侮辱，有助於在下意識層次中，協助你對抗這種東西的影響。

金律二

不要獨來獨往

在希伯來文裡，朋友的意義是恩惠或義務；實際給人恩惠，可以凝聚與維持友誼，只要替別人做點事情，你就走上了建立關係的道路。

多結交經濟水準比你高或低一兩層的人，協助他們達成願望，你會發現合夥力量的秘訣。

元月某個冰冷的晚上，我走出白宮附近的華盛頓旅館，天氣冷到我只能舉起手招一部經過的計程車。我準備到全國記者俱樂部，發表我的首篇演說；我不知道俱樂部就在轉角，坐進溫暖而舒服柔軟的座位上時，我覺得全身愉快。看著窗外冰冷的寒風吹拂著人行道上的垃圾，我對自己愉快的狀態深感滿意，於是告訴司機：「到全國記者俱樂部。」「先生，就在轉角而已，」。我心裡一沈，在晴朗的天氣、甚至糟糕的天氣裡，走到轉角可能不算遠，但是那天晚上對我來說，這段距離就好像在北極凍原上走一百英里一樣，一想到要離開舒服的計程車，我就覺得不愉快。我猶豫不決準備要開門，司機隨即開口說：「等一下，我載你過去。」我覺得自己蠢極了，卻很感激；片刻之後，計程車停在俱樂部門前，我正伸手去拿出皮夾，「噢！不用了，先生，不用錢，」他說：「我很高興幫你忙，我看得出你有多冷，反正我祖母總說大家互相嘛！」

我為他祖母默禱，要了一張名片，以便在這城市穿梭時叫他的車，我看著名片上的巴基斯坦名，知道這位低層移民了解我所說的「合夥力量」。他和我建立了關係，讓我在兩天後，包他的車到杜勒斯機場（Dulles Airport）。後來我跟他相當熟識，之後我去華府的時候，不只一次叫他的車。薩伊德（Sayed）的信仰是伊斯蘭教，但他顯然了解並奉行第二條金律——儘量建立關係，為別人服務。

學習父母，建立關係

猶太教傳統上把真正的十誡分成兩部分，從第一誡到第五誡規範人與上帝的關係，第六誡到第十誡規範人與人之間的行為。有趣的是，第五誡是：「孝敬爾父母，則吉祥必及於爾身，而延壽於世。」因此第六誡是從神，轉到人的部分。換句話說，根據猶太教傳統，你孝敬父母不是為了取悅父母，而是為了取悅上帝。這個誡條提供了最原始的大綱，讓你學習跟父母以及其他人建立關係的原則，同時阻止你，不要把別人看成滿足自己願望的工具而已。一切都從父母親開始。

你最先認識的人是誰？其實你不大會記得第一次是什麼時候，看到兩張大大的臉孔對你愉快地笑著，一直要到很久之後，你才知道這兩個心滿意足、對你輕聲細語的人，是你的父母。這兩個陌生人很快地變成你所有快樂的泉源與安全的依靠，也是最先跟你建立關係的人，難怪在猶太文化中，第五誡規範你跟父母的關係，這也是所有人際關係的基礎。

古代猶太人對第五誡存有疑惑。第六、第七、與第八誡只是簡單的命令，警告猶太人不要偷盜、姦淫、與殺人，沒有說明原因。第五誡卻說明了原因，上帝似乎是說，如果你希望長壽，就應該孝敬父母。因此，古代猶太聖人問一個顯而易見的問題：上帝知不知道，幾乎每一個人都聽說過，有孝順父母的小孩在悲慘的意外中夭折呢？不錯，很多孝敬父母的人很年輕就死掉，上帝為什麼要承諾遵守這個誡條會長壽？這樣做只會與事實違背、打擊信心。

摩西·麥摩尼底斯（Moses Maimonides）教士說明猶太律法時，解釋說其實是由於第五誡本質上跟其他誡律不大相同。崇奉上帝，不竊盜、不姦淫、與不殺人的人，可能因為外在的動機才這樣做。然而，你可能很容易就發現，遵守第五誡也可能有一個外在的動機。你可能會想：「孝敬父母，他們會把我要的東西給我。」你從這一點，可能會推論「對別人好，才能得到我要的東西。」

但從有些孝敬父母的人英年早逝，可以看出其中一定有深一層的意義，果然不錯，猶太人了解孝敬父母的誡條要求你這樣做時，完全是為了孝敬父母的歡樂與好處。只有毫無私心地奉行第五誡，才能得到長壽的福報。從統計觀點來看這種福報，意思似乎是說：任何教導人民不考慮外在動機，進而和善對待彼此的社會，會形成健康、長壽的趨勢。從整個社會的觀點來看，也能看出第五誡的因果關係。意外總會發生，但是一般而言，任何社會如果純粹為了內在歡樂的原因孝敬父母，並且推己及人，那麼這個社會的大眾會比較長壽，這一點從精算方面可以證實。真的可以證實嗎？不錯，我們可以從反例來探討。

幸福長壽的秘訣

以下有一些證據。蒙特婁心臟協會（Montreal Heart Institute）的南茜・傅雷瑟史密斯（Nancy Frasure-Smith）針對二百二十二位心臟病人，做過一個指標性研究，發現這些人心臟病發之後，意志消沈的人在發病後六個月，死亡率是不消沈的人的四倍。亞特蘭大愛默利大學（Emory University）醫學院精神醫學教授查爾斯・倪默羅夫（Charles Nemeroff）研究心臟病人後，發現消沈是心臟病人的頭號死因。

消沈最關鍵的因素是什麼？根納・畢尤柯（Gunnar Biorck）博士檢查了瑞典馬爾墨市（Malmo）二百二十三位心臟病人後發現，這些病人出院後，最嚴重的醫療問題是缺乏與朋友、鄰居、與家人接觸。在這種情況下，孤獨感會出現。詹姆斯・林奇（James Lynch）博士在《破碎的心》（Broken Heart）這本書中也指出，健康跟同伴息息相關。

朋友會帶來財富

培養和維持廣闊的人際關係不但有益健康，也會帶來財富。關係可以帶來交易，交易可以帶來財富。呆坐著期望富有，不會有任何結果，夢想或念誦自我肯定的經文，更沒有成就。只有積極甚至愉快地跟別人互動，才能創造致富的環境。一般而言，大家喜歡跟有關係的人做生意，交易招手才想建立關係，已經太晚，關係必須已經存在，才會發生交易。但是請記住第五誡的教訓：孝敬父母純粹是為了這樣做的快樂，而不是為了造福自己。同樣地，想要結交朋友，目的不是要影響別人，為自己帶來好處，純粹是為了形成與維持人際關係的快樂。矛盾的是，只有這樣，你才有最大的機會讓你的生活更為豐富。

看到戴爾．卡內基（Dale Carnegie）把他的書《如何交朋友和影響別人》（How to Win Friends and Influence People）的第一篇，叫做：「操縱別人的基本技巧」，讓我深感困擾，我知道他的意思不是要顯得這麼有心機，我發現他的大作很有價值。但是你真的想跟算計著怎麼操縱你的人做朋友嗎？千萬別以為別人不知道你正設法操縱他。

別人態度不誠懇時，大家都可以感受得到。有一次，我與後來成為美國第四十二任總統的柯林頓有過一面之緣，那年一九九二我在洛杉磯，在為民主黨總統侯選人舉辦的募款餐會上，他生氣勃勃而且認真地跟我談話，卻帶著某種機械式的風格。同時，他的眼睛不斷瞟來瞟去。雖然他假裝對我有興趣，但顯然他在尋找能夠得到更多報酬、更讓他注意的客人。不久之後，他看到這種目標，就敷衍式的祝福我，轉身離開，走過去找那個目標。我不是批評政客，但是這次接觸讓我了解，一個人對人不誠懇時，別人會知道。這就是為什麼這一點這麼重要，這種事情根本假裝不來，你必須學到，只有誠懇、熱心、而且認真地對待陌生人，才能把他們變成朋友。

大家常說，要得到你想要的東西，要給別人很多他們想要的東西，雖然這句格言顯得相當合理，卻嚴重誤導我們。要在財務上成功，方法是拿出很多人的渴望或需要、拿出他們負擔得起的產品或服務。你可能生產或銷售電腦軟體，或是提供清潔服務，你也可能像專業人士一樣，對出價最高的潛在雇主，銷售你的服務。越多人急於購買你的軟體，越多家庭迫切需要你提供的清潔服務，或是越多雇主出價要購買你的銷售技巧，你的成功之路就越平坦；看來給別人夠多想要的東西，你就可以達成你想達成的目標。然而，請記住第五誡的教訓：設法把別人需要的東西給別人，目的完全是為了得到自己想要的東西，長期而言是行不通的。別人多少會感覺到其中的外在動機，或許你會發出一種渴望的氣息。

表面上，第五誡建議大家別考慮報酬，儘量跟人建立真誠的關係，實際上，第五誡建議一種矛盾的事情：你開始跟別人建立關係時自私自利的比率越少，報酬越大。

看看下面這個真實的故事。一九二四年一月二日嚴冬，住在紐約的理察・賽蒙（Richard Simon）答應去看奶奶，他發現奶奶跟鄰居一起在玩填字遊戲，兩位老太太在漫長的冬夜一起研究《紐約世界報》（New York World）星期天刊出的填字遊戲；問題是，她們通常在星期二就把填字遊戲填完了。賽蒙坐在那裡想了一會兒，問奶奶想不想要一整本填字遊戲集，奶奶眼睛一亮，說：「要是有這種東西就好了。」賽蒙說服朋友林肯・舒斯特（Lincoln Schuster），一起編輯出版一本填字遊戲集，後來這本書奠定了兩個猶太青年創設賽蒙舒斯特出版帝國的基礎。

有機會就多交朋友

猶太企業的成功故事中有一個訓示：有機會就多交朋友。日常生活讓猶太人有一個很好的開始；每天一早，猶太人要到教堂做簡短的晨間禮拜，傳統猶太祈禱原則上規定，要十個人一起祈禱。想想看：十個人可能不是很多，但是至少兩個人同一天生日的機會，卻高得驚人，你以為需要三百六十六個人，才能保證至少有兩個人同一天生日，所以你認為，十個人當中，兩個人同一天生日的機會相當低，實際上，簡單的計算顯示，十個人當中兩個人同一天生日的機會高達十%。十是很好的數字，不會多到很麻煩，卻也不會少到毫不重要。

同一天生日不是建立關係很好的基礎，但我的意思是，除了生日之外，在這十個人中可能有很多更有價值的共通之處，尤其是你定期跟這十個人見面，足以建立友誼。假如你出差到一個陌生的城市，隔天一早你到教堂，至少會碰到另外九個人，如果教堂裡的每一個人都有十個企業界的朋友，你在這個剛剛抵達的城市裡，就可能有機會認識一百八十個新朋友。在禮拜之後的談話中，你至少會跟其中一個人找到一些共通的地方，可能不是同一天生日，卻可能是更重要的事情，或許你們兩個從事類似或互補的業務，或許其中有人認識你想見的人。

你可能會說，晨禱的目的不是為了認識企業界人士；當然不是，但是請記住！重點是在不自利的環境下跟別人接觸。這點是為什麼參加扶輪社之類的公益組織，對你事業的幫助遠勝過專業人士的早餐會。這種早餐會唯一的目的，是讓參加的人交換名片；扶輪社讓大家在關愛別人的環境中建立關係。在業務上，任何後續的好處都不如友誼重要，專業人士的早餐會不能建立關係，只是讓自私自利和有野心的人，有機會宣揚自己的事業；大致上，這種集會吸引的人，絕大部分就像莎士比亞《凱撒大帝》的凱西阿斯（Cassius）一樣，有著「清瘦、饑餓的樣子」。凡是小有成就的人，都會集體避開這種聚會。

扶輪社和類似的機構不同，吸引各式各樣的人參加，包括已經很成功的人。這種場合運作這麼順暢的原因很簡單，大多數的人願意跟想幫助別人的企業人士在一起，不願意跟想宣揚自己、自私自利的人在一起。禱告禮拜是另一個結識別人的好地方，在這種地方建立關係，不會沾染自私自利的臭名，參加晨禱的目的當然不是為了事業，卻能夠協助猶太社會發展事業。但是，對傳統猶太社會而言，晨禱只是起點，每一個安息日，在星期五晚上和星期六早晨都有禮拜，星期六早晨的禮拜經常有慶祝成年的成年禮（Bar Mitzvah），吸引更多人的參加，很多外地的朋友和親戚都會來。

除了成年禮之外，還有很多愉快的場合可以參加，有婚禮、小男孩出生的割禮聚會等等。參加遠方堂兄女兒婚禮的時候談生意會不會不妥？當然不妥！參加婚禮時你應該什麼都不想，只管為大家帶來歡樂的氣氛。但是，如果你打電話給一個人希望跟他談生意，提醒他在上個周末，你在某一個婚禮中有碰到他，卻也沒有什麼不好。另外，猶太人也參加比較不快樂的場合；我們會參加喪禮，而且在喪禮之後一整個星期，每天都會到喪家聚會，這種場合是最能夠凝聚關係的地方。

如果你不是猶太人怎麼辦？如果你是女性，不可能參加傳統猶太晨禱，怎麼辦？我寫這本書，是為了讓所有讀者利用，因此幸運地是，這些原則隨時可以轉移。我以猶太人為例，說明千百年來猶太人日常生活習慣背後的原則，有助於猶太人成功。你的挑戰是抓緊這些原則，加以消化分析，找到自己獨一無二的方法，把這些原則運用在自己的生活中。你可能不會定期參加禮拜，卻可以隨時上教堂，或是參加運動團體或公民團體，與更多的人交往。

還有很多其他方法可以認識新朋友。在只限男士參加的非正式場合中，女性的確不容易接觸。但是有其他的場合只限女性參加，例如很多各式的運動俱樂部和健身房，讓女性有很好的機會認識朋友。我認為，女性通常比男性更善於交友。不管你處在什麼情況，我跟你保證，你的生活中確實有認識別人的機會，只是你可能從沒想到，如果你好好想一想，就會發現。

找到擴大人脈的機會後，用什麼方法最能建立關係？希伯來文中，朋友（chaver）這個字可以提示你。在希伯來文裡，朋友字根的意義是恩惠或義務，意思是持續努力創造施恩的機會；實際給人恩惠，可以凝聚與維持友誼，只要替別人做點事情，你就走上了建立關係的道路。這就是為什麼大家一起吃飯時，希望建立關係的人會樂於付帳的原因。

持續施惠

每個人都知道禮尚往來的重要性，我請你吃晚飯，事後你寫一張謝函，你送我生日禮物，我回送你一瓶你最喜歡的酒，我幫你女兒找到工作，你幫我弄到熱門球賽位置最好的票。一方送禮施恩，另一方接受禮物，表示感謝與虧欠。

希伯來文表示「謝謝你」（hodeh）的字，跟承認或坦白相同，表達謝意等於坦白承認有所虧欠。我接受你的禮物，表示感謝，意思是告訴你，你送我禮物時，給了我一些我沒有的東西。我接受你的禮物，表達謝意，等於坦白承認我需要你。如果我需要你，我當時對你就有虧欠。換了一個時間，我可能替你做一些事情，給你恩惠，你接受我的服務時，就對我有所虧欠，這種不間斷維持關係的形式好比兩個城市之間，靠著聯絡道路上的車子來來往往，也好比靠著路旁的電話線，互相交換電子訊息。

有些人可能會說：「這樣太現實了，我們的友誼十分真誠，不需要禮物和謝函，我朋友知道我關心他們，我們不需要這些小東西證明我們的友誼。」這好比認為花不用澆水一樣。事實上有人可能認為，可以把花從枝上摘下來，拿到室內增添光彩，不久之後，花凋謝了，這個愚蠢的人才發現，水和根莖枝幹的確有意義，可以維持生命，沒有水和根本，花免不了都會凋謝。同樣地，放棄禮尚往來的朋友，最後會發現友誼褪色，不斷地施恩與受惠會培養與維持友誼。

朋友之間施恩受惠的互動方式有兩種，一種是單方面的行動，任何一方都可以做，例如送禮。還有別的活動是兩個人可以分享的，例如一同看日出，在這種情形中，你可以說日出是禮物，是來自外界的東西，兩個人當時會有同樣的感動。雖然兩種活動都有助於建立關係，培養友誼，第二種情形卻比較不好，有些共享的經驗對關係沒有什麼幫助。

假設兩個人晚上在同一個房間裡，一起看電視，我們知道這樣對他們的關係毫無幫助，因為他們可能像兩個旅客在機場候機室裡，一起看電視新聞一樣，不可能建立任何的關係。任何女性受男朋友邀約，下午一起看轉播足球賽，都知道這樣對他們的感情毫無幫助。一起健行，一個人教另一個新技巧，或是送禮給別人，都是能夠加強關係的活動。

要知道一種活動或經驗能否加強關係，可以評估參與者的角色有多主動或被動，如果兩個人都完全被動，耗在這種活動上的時間毫無成果。但是之後活動本身的討論，卻是主動的過程，對關係頗有幫助。例如，一起看電影對兩個人的關係沒有什麼幫助，但是看完電影後一起吃晚餐，討論電影的情節，對友誼很有幫助。你可以用這些原則，建立關係。

但是請記住，你不能用建立關係擴大事業人脈，而是用關係來豐富你的生活，這一點是最難徹底奉行的地方，同時也是建立關係當中最寶貴的地方。你跟別人建立關係時，不是要找人來用；誠心誠意地建立關係會增加你的所得，同樣重要地是，這樣做立刻會讓你的整個生活更美好。

謀殺與群聚

猶太教傳統總是鼓勵信徒，把城市當成有最多機會為最多人做最多好事的地方。換句話說，城市有最多創造財富的機會，聖經裡該隱（Cain）殺害亞伯（Abel）的故事不只是令人痛恨的兄弟鬩牆而已，實際上也教導猶太人了解城市。這個故事最後催生了歷史上的第一個城市。

首先我們必須了解猶太傳統怎麼看待該隱的罪惡，是什麼事情促使他殺害當時世界四分之一的人？名字裡有線索，在他自己的名字裡；猶太傳統認為，所有的名字都有意義，例如亞當（Adam）的意思是「泥土」，表示他從泥土中出生，夏娃（Eve）的意思是「生命」，表示她是所有生命的母親。該隱的意思是「奪取」，表示他一心一意想要奪取，顯然對該隱來說，世界上最重要的事情是取得財富，這點構成了足夠的殺人動機。

亞當和夏娃被逐出伊甸園（Garden of Eden）後，世界上有了死亡，兩個人死亡之後，會讓該隱和弟弟繼承他們所留下來的世界，聖經上說：「該隱與他兄弟亞伯說話；二人正在田間。該隱起來打他兄弟亞伯，把他殺了。」在歷史上第一件殺人案發生前，有個明顯的問題：該隱在田裡說了什麼？亞伯又回答什麼？猶太人的口述傳統彌補了文字記錄的缺憾；該隱知道：得到全世界，比只有一半好兩倍，表示他希望以兄長的身分，得到一切。亞伯拒絕了這點，促使該隱行兇，希望達成目的。上帝指責該隱犯了殺人罪時，該隱說：「我豈是看守我兄弟的嗎？」

猶太人認為，上帝懲罰人類時，總是罪刑相符，十分聖明。該隱犯了殺人罪時，上帝有什麼反應？該隱會被判死刑嗎？不會的，他的刑罰是這樣的：「你種地，地不再給你效力，你必流離飄盪在地上。」什麼？從今以後，該隱可以種地，但是絕對不會有收成，這種懲罰符合殺人罪嗎？這其中有一種通用的正義。對猶太人來說，要從土地上致富，只有兩個方法：該隱誤以為致富之路是減少競爭者，上帝透過懲罰，發給人類的訊息是：一、你可以種小麥，二、你可以蓋購物中心。換句話說，只有從事農業或從事開發兩種選擇，然而，要從事開發，先決條件是附近要有很多人，沒有人的話，要從土地上致富，唯一能做的事情是務農。

上帝似乎是對該隱說：「你希望擁有全世界，得到財富，對嗎？你現在擁有全世界了，我命令土地在你耕種時，不再為你效力，看你擁有無盡的農地，還能幹什麼。」這樣似乎還不夠，上帝還另外增加了懲罰，我們預期上帝會發出符合殺人罪的懲罰，結果上帝告訴想要擁有全世界的該隱，他現在受到詛咒，要在地上流離飄盪，在任何一個地方停留的時間，都不夠他交朋友，更不可能建立關係，也不能蓋一幢建築，更不可能蓋很多建築，即使能夠蓋好建築，時間也不夠他找到房客，上帝在等待該隱的反應，看他最後會不會了解，財富來自很多其他人的互動與合作，而不是殺人？

後來該隱向上帝求懇，說他的刑罰太重，於是他獲得了某種程度的緩刑，可以在伊甸園東邊挪得（Land of Nod）定居。該隱開始贖罪，設法彌補自己的罪惡。聖經接著說，該隱與妻子同房，他妻子懷孕，為世界帶來新生命，正好跟他先前犯的錯誤相反。聖經沒有提到他妻子的名字，甚至沒有提他有沒有結婚，猶太人從這點了解到該隱決心重建世界人口。大多數人結婚時，都對配偶承諾說生兒育女不是唯一的動機，這就是為什麼大家通常先結婚，才生小孩的原因。然而，在該隱的例子裡，他主要的興趣是重建世界人口，這是良好的跡象，代表他了解錯誤的本質。

接下來是故事的高潮，該隱的妻子替他生了一個兒子，叫做以諾（Enoch），該隱立刻著手為兒子建立資產，蓋了一座城市！該隱了解了真正財富的來源，他得到的教訓十分深刻，因此為兒子命名時，慶祝自己受到的教誨。以諾在希伯來文裡的意思就是「教育」，該隱甚至把新蓋的城市叫做以諾，猶太小孩從該隱最後得到教育的聖經故事中，了解其中的基本訊息：在人口眾多的城市裡創造財富，遠比在廣大無邊、寂寞孤獨的鄉間容易多了。該隱似乎在問：「你想要財富嗎？」如果要，就必須住在廣大人口聚集的核心，然後開始建立關係。

改善關係

看看美國財富創造的圖表，你會發現，隨著人與人之間建立關係的科技發展與採用，財富會隨之增加。十九世紀發明電報之後，結束了古老的通訊方式；在電報採用之前，傳播資訊最快的方式是派人騎馬傳信，等到巴爾的摩發現芝加哥小麥過剩價格下跌時，這種資訊已經失去效用。電報和四通八達的鐵路改變了一切，協助創造了驚人的財富。

通訊的發展確實改造了二十世紀，使這段時期成為美國史上創造最多財富的時代。一九二〇年，美國只有三五％的家庭有電話，到二十世紀結束時，很多家庭擁有一支以上的電話。一九三〇年，只有三九%的美國家庭有收音機，到二十世紀結束，幾乎每個家庭都有好幾台收音機與彩色電視機。包括美國人口普查局所認定的窮人家庭，也都幾乎這樣。

你現在知道為什麼這麼多的人打高爾夫球；在廣大的球場上打打小白球，有無窮的魅力，更重要地是，可以讓大家彼此親密長談。打球掩飾了自私自利。問大家為什麼跟商業夥伴打高爾夫，答案幾乎總是相同：打高爾夫是建立關係的絕佳方法。

知道這點對你有什麼幫助？首先，這表示你必須儘量跟其他人互動，雖然現代電訊科技進步，讓你即使在地理位置上與人隔絕，仍然可以經營企業，但搬到遙遠的小社區可能不是追求經濟成就最好的方法。此外，如果你閒暇時，喜歡一個人孤獨看好書，或是黏在電視機前，現在或許是你開始利用閒暇建立關係的時候了。這樣做你會覺得舒服嗎？開始時可能不會，尤其是內向型的人。然而，如果你看重錢，你必須改變，你必須擴大交往，跟你所認識的人強化關係。

絕對不要錯過或忽略交新朋友和維持舊友誼的機會。你總是可以接受邀請，參加別人的喜慶，當然也總是可以陪伴別人的悲傷時刻。換句話說，要持續不斷地擴大交往。現代人都很忙，很容易在無形之間推掉邀請，錯過跟別人在一起的時間。這是個錯誤。如果你長久以來都拒絕別人的邀請，現在幾乎沒人邀請你，怎麼辦？如果你剛到一個地方，怎麼辦？要建立聯絡管道有兩個方法：一是接受邀請，二是邀請別人。

猶太傳統把看似不相干的三點資訊結合在一起：一、亞伯拉罕建立了一個至少兩萬人的好朋友網路，二、亞伯拉罕不斷邀請朋友到家裡來，三、他大帳篷四面的道路，都開了門。其中的歷史意義跟我們要說的事情無關，但是在商業上的教訓很有力。今天連大型百貨公司都吸收了亞伯拉罕的第三個教訓，為了讓客人方便進來，面對不同的方向和不同的街道，全都開了很多門。

你也可以邀請客人到家裡來，接受你的熱忱招待，擴大你的朋友圈子。熱心招待別人是建立關係最好的方法，在餐廳裡搶著付帳是一種方法，邀請新朋友到家裡吃飯是另一種方法。在家裡招待朋友比在餐廳便宜多了，在建立關係方面也有效多了。因此在很久以前，當企業考慮雇用某一位經理人時，除了跟應徵者深入面談之外，也要跟應徵者的太太面談，希望知道她在重要的家庭晚餐聚會中，能否扮演好女主人的角色。今天生活變得簡單多了，但是仍然需要體認這些原則，運用在實際生活中。

自助助人

要找到交朋友的樂趣。儘量交友很重要，但是光是這樣還不夠，你必須精通協助別人的方法。例如，假設我今天下午有九十分鐘的空閒時間，因為時間很寶貴，我希望慎重決定利用時間的方法。我可以看電視上的比賽，但是這樣不是很好，只是浪費寶貴的一個半小時。我可以推著除草機，替自己的草坪除草，這樣至少對我的健康有好處。我也可以為朋友開的汽車經銷商寫一本手冊，這家經銷商已經提供了詳細的作業狀況，迫切需要一本以流程圖為基礎的作業手冊。

替朋友寫作業手冊是利用時間最好的方法，我告訴你為什麼：大約九十分鐘後，我寫完手冊，開車到汽車經銷商那裡把成品交給老闆，收到雙方同意的三百五十美元。回到家時，我發現我請的除草工人剛剛完工，我愉快地付給他我們談好的六十美元，坐在搖椅上，思考人生。

在過去的兩小時左右，我沒有除草，卻讓兩個人都高興，如果你把希望除草的內人算在內，我讓三個人都高興。此外，我還賺了二百九十美元，我可以自己除草，但是除好之後，一定不像專家除的這麼漂亮。只要你有很多朋友，只要每個人都知道別人最擅長什麼，生活就會是一種奇蹟。

別當薪水奴

新朋友最先問的問題通常是：「你在做什麼？」或是：「你從事哪一行？」你必須在二十秒之內說明清楚。此外，你也必須用聽來有趣的方式回答問題，這樣會迫使對方繼續問問題。如果你的答案只是「哦，我替頂好球形培林公司工作」，你就浪費了創造財富的機會；你告訴我的事情其實沒有什麼意思，你替頂好公司做什麼？是董事長嗎？負責銷售、生產、或會計嗎？如果你開心地笑著說：「我教製造商，主要是教頂好公司如何生產世界上最平滑、閃亮、堅硬的小球。」你可能讓我深感興趣，不說別的，跟表情豐富、對某些事情熱心的人互動，本身就有趣多了。如果你只告訴我你替誰工作，聽誰的使喚，坦白說，我寧可跟他說話，他看起來比你有趣多了。因此不管你替誰工作，都要認為自己做的事情很有趣，認為自己在做事業，而不是被事業做。

如果你對自己的工作毫無興趣怎麼辦？靠著不喜歡的事情賺錢，好比把一隻手綁在背後打拳一樣，你必須盡力就你所做的事情培養興趣。如果不能，我會建議你找一個願意盡心工作的職位，每種工作都有比較不刺激的時候，但是不管你做什麼，你都應該覺得很熱中，不管是煎漢堡還是經營數億美元的公司。

有人以這種思考方式得到錯誤的結論，認為只要做自己喜歡的事情，待遇就不重要。我在教堂那兒的加州威尼斯（Venice）海灘碰到不少窮人，他們全都跟我保證，自己寫的是全美最好的劇本，成為偉大的作家是他們的夢想，但是他們因為作品在商業上不成功，他們都嘲笑自己的想法。他們應該考慮換個工作。

如果你做熱愛的工作卻得不到酬勞，你應該怎麼辦？除非你是少數不必擔心金錢的幸運兒，否則你可能有兩種選擇：你應該把自己熱愛的工作當成閒暇時間的嗜好，或是成為義工；同時，要在你以前壓根沒有想到的領域中，培養熱情。太多人鎖死在少數幾種事業生涯，不知道世界上有極多絕佳的機會。

傳統的猶太人了解薪水奴和做事業的人的差別；你也應該這樣。你可以當員工，卻不必變成奴隸。有一個老故事，主角是兩位一開始在同一家鐵路公司工作的朋友，二十年後他們再度相逢，在路基上揮著十字鎬的人，看到老朋友從私人車廂中走下來，看來很發達的樣子，他十分震驚。第二個人現在是這家鐵路公司的老闆，解釋說：「二十年前，你為每小時三．七五美元的薪水工作，我卻為這家鐵路公司工作。」他的意思是，這位朋友總認為自己是薪水的奴隸，十分注重自己微薄的薪水，他卻認為自己在做事業，能夠把心思放在顧客身上，也就是放在養活他的人身上。

看看熱情招呼每個顧客的鞋店老闆，他有沒有像很多員工一樣，覺得討厭、覺得難過？不，他不會這樣想，因為他認為自己在做事業，這些顧客不是他的上司，而是他的顧客。

員工也可以這樣做。員工可以，也必須認為自己在做事業，員工必須認為老闆是自己的顧客之一。看看我兩個朋友在成就和愉快兩方面的差別，亨利是大型牙醫診所的醫師，工作表現優異，哈維在一家大型飛機製造商的客艙部工作，我記得他是工程師，也是薪水奴。工程師跟牙醫師基本上有什麼不同嗎？其實沒有什麼不同，但是哈維變成薪水奴的原因，是我不知道他做什麼，他從不談自己的工作，亨利卻絕不錯過說明自己工作的機會，總是儘量告訴別人，他精通最進步的牙醫技術。可以想像到在日常生活中，亨利會碰到比較多需要補牙的人，哈維碰到需要大型客機的人比較少，然而，亨利把碰到的每一個人，都當成有牙病、可能需要他協助的人。

哈維錯過了無數的機會，不是推銷飛機的機會，而是推銷自己的機會。我在哈維服務公司舉辦的社交晚宴中，碰到兩個可能跟哈維做生意的人，可惜他們不知道哈維從事哪一行。我想哈維是波音公司（Boeing）的工程師，因為他向這兩個人這樣介紹自己。錯了！哈維其實從事的是把藍圖變成成品的業務，只是他不知道這一點。他目前最大而且唯一的客戶是波音公司，他誤以為波音是他的老闆，不是他的顧客，誰在乎呢？我在乎哈維替波音做什麼，可以替別人、例如這兩個人做什麼。

兩個人都提到，他們迫切需要生產工程師，其中一個人是全國性的行李製造商，另一個人是塑膠真空模型機械製造商。兩個人都可以用波音兩倍的薪水雇用哈維，也可以給他更好的工作保障，不像波音一樣經常裁員，約四年後才重新雇用。可惜哈維只是員工，可惜哈維沒有替「自己的公司」尋找新顧客。

驕傲推銷自己

總之，本書的第二條金律，就是交很多新朋友，設法協助他們，確保他們都知道你有什麼方法可以協助他們，而且知道你樂於這樣做。很多像哈維這樣的人不願意說明自己的職業，我認為這有時候是英式勢利所殘留的影響。過去在英國，賺錢維生的人通常是「比較低下的階級」。他們覺得，繼承財產然後把錢浪費掉高明多了。二次世界大戰前的英國，罵人最惡毒的話的是：「哦，他只是個商人。」真正明智的人應該對自己的謀生方式、對自己做的事情、和自己的能力深感光榮，而且樂於這樣做。這樣會帶來很多機會。

歐洲的猶太人雖然碰到各種不利的狀況，得面對文化與管理上的問題，但是在財務上卻很成功；他們克服其中一些問題的方法是選擇自己的名字，向大家表示他們有什麼方法協助別人。雅各．葛雷瑟（Jacob the Glazer）是村子裡的玻璃匠，以撒．杜拉克（Issac the Drucker）是印刷商，約瑟夫．戴蒙（Joseph Diamond）是珠寶商，溫柏格（Weinberg）產銷葡萄酒，費勒（Feller）是揉皮廠老闆，許奈德（Schneider）的意思是裁縫，庫柏（Cooper）的意思是做水桶的人，華沙曼（Wasserman）是賣水的人，大家對於用姓名說明自己的工作或謀生方式，一點都不難堪。

一直到今天，新認識的人問的第一個問題通常還是，「你做哪一行？」這是個很合理的問題，因為問的人真的想知道你能替別人做什麼事情。你能夠幫別人什麼忙是你身分的一部分，猶太人一向很快地說出自己的行業，這樣別人在業務上聯絡起來方便多了，這點可能是猶太人在事業上以積極進取著稱的原因之一，讓別人知道你的職業對大家都有好處，不必隱瞞或難為情。

慎選朋友與顧客

你可能常聽人說顧客永遠是對的，但這句話也不可靠。你從來沒有碰過真正討厭、明明就不對的顧客嗎？反過來說，你自己是不是惡劣的顧客？諾斯壯百貨（Nordstrom）發現並非所有顧客都是對的，該公司旗下的百貨公司發現，公司窩心的退貨政策偶爾會被利用，他們把衣服買回家在特殊場合中穿過後，就把衣服退還給公司。這種顧客並非總是對的，公司現在用最新的技術，篩選這種顧客，設法鼓勵他們到別的地方「購物」。

呼叫網公司（Paging Network Inc.）是另一個例子；幾年來，這家公司為了爭奪市佔率，免費送客戶呼叫器。一九九八年，公司開始趕走那些只收很多訊息、卻支付最低基本費用的用戶。一九九八年底，呼叫網公司減少了將近五十萬個對公司獲利沒有貢獻的顧客。

還有一個例子。聯邦快遞（FedEx）在一九九七年，針對估運量大約十%的三十家大客戶分析業務報酬率，發現某些顧客、包括一些經常要求送貨到家的顧客，沒有像當初談判折扣費率時承諾的那樣，帶來足夠的營收，因此聯邦快遞採取攻勢，要求某些顧客付較高的費率。少數顧客的費率增加兩位數字，另外有些大客戶拒絕退讓，聯邦快遞請他們另尋高明。

以顧客永遠是對的這種簡單信念來經營複雜的業務，注定會失敗。你應該先評估有關的交易和顧客，就可以像上述公司一樣判定對方是不是真的好顧客，如果對方是你願意繼續交易的對象，才是好顧客。

怎麼跟這種顧客建立關係？假設你認定顧客永遠是對的，顧客過於離譜的時候，你會覺得討厭，你不應該告訴自己和員工：顧客永遠是對的。應該設法告訴他們服務的原則，顧客可能是錯誤、討厭、或醜陋的，但是如果你決心爭取或維持某位顧客，這表示不管顧客是對是錯都不重要，重要的是你的態度。我認為你可以修正自己的態度，打動顧客，不必一直堅持「顧客永遠是對的」。

服務不代表卑屈

請記住，尊重對方不表示不尊重自己，服務不表示奉承。我談到服務時，是指在心中灌輸熱愛服務的態度。在服務別人當中找到快樂，我主張像長跑選手一樣；長跑選手在最初幾英哩時，每踏出一步都很痛苦、很困難，然後突然之間，大家都熟知的長跑樂趣出現，接下來的幾英哩，你覺得自己幾乎毫不費力；學習如何服務另一個人，也會讓你得到相同的快樂。

二○○一年九一一攻擊後幾個月裡，每個人都有這種感覺，突然之間，每個人都開始瞭解服務真正的意義。美國人談到消防隊員衝進燃燒的大樓執行救人任務時，眼框都會濕潤，出現鎮定卻茫然的表情。勇敢的救火隊員背著五十磅的設備，衝上六十層樓，他們心中一定想到自己可能無法生還，他們為什麼還要這樣做？是為了六百美元的周薪嗎？不是，他們這樣做是為了替大眾服務。突然之間，服務有了真正的意義。

這點跟你服務顧客看似毫不相關，但其中只有程度上的差別。如果不相信別人值得服務，就是不值得服務；如果你相信別人值得服務，你就可以冒著生命危險救他，也可以跪下來幫顧客試鞋；如果你認為別人不值得服務，你絕對做不好顧客服務。

浸信會信徒馬里安・韋德（Marion E. Wade）在一九四七年，創立服務大師公司（ServiceMaster Corp.），主要任務一直是「盡其所能崇奉上帝」。韋德認為，經營企業獲利跟崇奉上帝不衝突。他著書說明自己以聖經作為經營事業的指導方針，幾十年來，每一位新進經理人都會收到這本書。雖然很多人對於把上帝跟利潤合在一起不以為然，服務大師的營業額卻很快成長至六十億美元，變成財星五百大企業之一。他們所做的一切都盡善盡美，二〇〇〇年初，服務大師開設網站，讓顧客可以在網站上直接選擇服務。二〇〇一年，服務大師首次從外面聘請非信徒擔任執行長，不過新執行長約拿旦・華德（Jonathan Ward）不願修改運行多年極為順暢的企業文化，這家公司是熱心服務的典範，連公司的信條都是「我們以服務為榮」，加上公司熱烈擁抱基督教以及基督教服務的傳統，對公司的成功顯然有幫助，服務大師名字本身，就是宣稱公司樂於服務。

一九八九年，《財星雜誌》把服務大師列為美國最優秀的服務業者，一九九八年，《紐約時報》引述《金融時報》（Financial Time）的說法，把服務大師列為世界最受尊敬的企業之一。這家公司提醒我們，要真正精通服務，內心必須有一些信念，如果你不能接納別人值得你真心服務的觀念，認定服務不會貶低身分，你永遠無法真正精通服務。

一家叫做事功協會（Avodah Institute）的宗教與教育非營利機構所列的地址，跟服務大師公司總部相同，這點讓我很感興趣，因為事功是希伯來文，意思是「侍奉」，用侍奉這個字眼形容以僕人的身分服侍別人，也形容用祈禱事奉來服侍上帝，今天連英文都保留這種用法，猶太教和基督教都說到教堂去「侍奉」上帝。你不必是基督徒或猶太人，就可以變成真正的服務專家，每個人都可以從這種猶太人傳統中，學到一個有用的原則：當僕人或替別人服務一點也不可恥。

為什麼希伯來文用同樣的字眼，說明侍奉上帝和服務別人同類？因為地球上所有的生物中，只有人類會做這兩種事，只有人類會崇拜上帝，只有人類會決心服務同類，這樣做不是出於盲目的動物本能，而是像紐約的消防隊員一樣，出於愛心、利他、以及決心服務的信念。沒有一種動物曾經「服務」另一種動物，為別人服務是人類的本質，也是追求事業成功的基本要領。

愛別人

希伯來文的愛（Ahav），讓我們更深入了解服務的重要性，這個字實際的意義是「我佈施」。我一位過世的老師辛赫．華沙曼（Simcha Wasserman）教士曾經在感恩節那天，一個一個問學生，問他們是否喜歡火雞，趁機考驗學生。他會等一位毫無警覺的學生回答「我愛火雞」時，就對這位學生說「不，你不愛火雞，如果你愛的話，你就不會吃火雞，你愛的是自己。」他還會補充說，當年輕男性告訴一位他不打算娶的年輕女性說他愛她時，意思跟愛火雞一樣。

古代猶太人愛的模式不是「我從你身上得到」，而是表示「我給你」。愛別人不光是熱情洶湧而已，更重要的意義是給予別人、服務別人。上帝希望你愛別人，你透過服務表達愛心，上帝就會給你報答。紐約甘迺迪機場有一個典範可以代表真正的服務，是一個由專家經營的擦鞋攤。我在甘迺迪國際機場換機時，會高興地走上半英哩路，到他設攤的航空站，他不但讓我的鞋子閃亮如新，也免費教導我跟服務有關的教訓，他不但是鞋子專家，對人性的觀察也很敏銳，我坐在他的椅子上，他會告訴我哪些旅客要去開業務會議，哪些旅客要回家。他對自己的工作十分滿意，因此也讓我和所有其他熱心的顧客覺得相當滿意。

因此，當他告訴我他在紐約地區擁有十四家擦鞋攤時，我一點也不意外。他也是成功的投資人，據他說，原因之一是他得到滿意的顧客給他的明牌和建議。他解釋說，他不需要工作，他只是熱愛這份工作。有些人可能會說，那是因為他已經相當富有了，擦起鞋來才會覺得相當愉快；我卻認為這混淆了因果關係，我覺得他會變成富有的人，是因為他樂於為別人服務。

樂於服務還有一個典範：曾經獲獎的紐約大廚兼餐廳老闆朱魯．倪本倫（Drew Nieporent）從一九八五年開設第一家餐廳之後，後續新設的餐廳沒有一家失敗，他現在擁有七家餐廳；五家在紐約，一家在舊金山，一家在倫敦。他的成功祕訣包括服務。他所說的服務是善待常客，對待新顧客像常客一樣，為別人烹調食物和上菜是真正的服務，他從哪裡學到這一點？他說是唸高中時，在麥當勞煎漢堡時學到的。如果你曾經想過麥當勞為什麼會成功，原因就是擅於激勵最低薪的青少年，樂於穿著制服為顧客服務，同時還經常訓練員工，了解服務、品質、清潔、與光榮的意義。

學會從服務別人當中獲得樂趣和滿足，你就除去了成功之途上的一個重大障礙，只要你記住我先前的提醒，變成個全新的人，這樣就容易了。學會熱愛服務別人的祕訣是發展出謙恭的個性，這樣會替你贏得很多新朋友，同時取悅所有老朋友。

謙恭不表示你認定自己很廢。世界上有很多沒有價值的廢人，但你絕對不是，你看這本書，就證明了這一點。相信自己是沒有價值的人，違背了你多年的辛苦努力。既然你確實是有價值的人，要避免對這一切傲慢，是承認你對自己的成功與成就沒有多少功勞，你只是很幸運地在一個容易生存、有無限機會的國家誕生與成長。連你念書和第一份工作時表現的紀律，都不完全是你的功勞，你的基因可能很好，你一路上可能獲得很多熱心、慷慨的協助。

每天找一段寧靜的時刻沈思，謙卑地體認有哪些人與事，有心或無意地協助你有今天。經常這樣練習，你不但可以面對現實，也比較容易培養更謙虛的言行。開始這樣做之後，你就可以解決服務的問題了，服務別人不再讓你生氣，也不會傷害你的自尊。

服務與接受服務

學習坦然接受別人的服務，是學習安心、甚至快樂地為人服務的方法；餐廳、計程車、服裝店只是一些你可以體驗服務、訓練自己欣賞一流服務的地方。給小費是表現你感謝服務的作法，旅館業的高級經理人告訴我，美國人比任何國家的人，更願意在旅館房間中留小費給負責清潔服務的員工。能夠看出服務的好壞也有助於提供良好的服務，我注意到有些在餐廳吃晚飯的人，對於給服務員小費覺得不安，他們比較喜歡加計服務費的可怕制度。

我不喜歡這樣，我希望能夠親自為自己得到的良好服務致謝。要變成好的服務員，需要真正的專業，跑堂這個字眼由比較現代、比較沒有性別的服務員取代，可以說明專業的真諦就是服務。有趣的是，從美國獨立戰爭之後，美國人的平等觀念讓大家很少使用「閣下」（Sir）這個字眼；比較常見的用法是喊「閣下」以引起服務員的注意，還有哪一點可以更清楚指出美國人尊重為他們服務的人？

可預期性的重要性

在你的專業表現中，要以可以預測為目標，這樣會大大增強你對別人的價值；人都喜歡熟悉，不喜歡陌生的東西。二十世紀下半葉，連鎖加盟的觀念極為成功，原因之一是能夠提供熟悉而且可預期的東西。在連鎖加盟出現前，商務旅客可能到任何小鎮的旅館去，卻無法預期會得到什麼樣的待遇，得看旅館主人的心情而定；房間和旅館的舒適程度如何，也完全仰賴運氣。接著假日旅店（Holiday Inn）開始在每個城鎮出現，客人爭相投宿，寧可多開一段路程到有假日旅店的城鎮。為什麼？因為這家旅店標準化了，旅客事先知道一切會跟前一天投宿時一模一樣；進門時的招呼、費率、和舒適程度完全跟你的預期一樣，你認得牆上的畫、墊在抽水馬桶上的紙、甚至電燈開關的位置。這種可預測和熟悉讓你安心，而意外和奇怪讓你焦慮。為了利用這個原則，你應該努力讓你接觸的人，覺得你相當可預測、而且讓人熟悉，每個人都曾經跟無法預測和怪異的同事工作過。向他們提出要求或建議時，不知道他們會怎麼反應。

所有人際互動都以可預測為基礎。在美國任何城市開車跟在羅馬或里約開車截然不同，原因就在於在美國開車是可以預測的；美國大多數的駕駛人遵守道路交通安全規則，規則的最高目的是確保可以預期。通過閃著綠燈的交叉路口時，你幾乎不必慢下來，在很多國家裡，綠燈經常只有參考價值，你不知道自己會不會被闖紅燈的卡車攔腰撞上。

在你的事業生涯中，可預測也會為你帶來好處。加州棕櫚泉（Palm Springs）或佛羅里達州布羅瓦郡（Broward County）的銀行與金融服務業者，都知道為退休社區服務時，用老面孔和熟悉的環境迎接走進來的客戶很重要。病人決定要不要進行複雜的牙科治療時，如果面對熟悉而可靠的面孔，比較容易做出決定。

同樣地，不管你從事什麼行業，都要表現出可以預測的特性，絕對不要對同事和顧客表現出情緒的起伏，不要讓人發現你的心情好壞，這樣就叫做專業。顧客如果有選擇，都不願意跟每次都表現不同情緒的人打交道。

本章最重要的教訓是：要在事業上成功，表示要跟別人來往。現在你要問自己，哪種人比較容易交朋友，是絕頂聰明的學者？還是比較純樸、普通的人？聰明絕頂的人當然有可能熱情而友善，但是很少這樣。極為聰明的波克夏（Berkshire Hathaway）董事長巴菲特，用熱情與平易近人，掩飾了絕頂聰明，他備受愛戴，卻也很聰明、富有。總而言之，大家欣賞絕頂聰明的人，跟他們相處時，卻不覺得特別愉快。想一想，「心機重」、「自作聰明」和「小聰明」的說法都讓人不愉快。你可能很幸運，有很好的父母親，遺傳很好，智商很高。但是如果你要在事業上真正成功，不是因為大家認為你很聰明，而是因為大家喜歡你。有一句老話說：「大家在知道你在乎多少之前，不會在乎你知道多少。」這點出一個問題，就是你如何表現關心、表現讓人可以感受到的真正關心。其中有一個微妙卻重要的差別，設法裝出關心基本上是本末倒置的做法；要由衷關心，再表現出來讓人感受到的，才是真正人際溝通的一環。

了解以下的重要事實，會讓你更容易培養和散發出可以讓人感受到的真正關心。這個事實是，不管直接或間接，你的福祉都跟你在社會中交往的每一個人息息相關。為了在廣大無邊的人際關係網中有效運作，了解自己對你會有幫助，等等就會談這一點。

致富之道

◎培養新關係。這樣會協助你在事業上成功，也會在生活中的其他層面有所助益。交朋友時，別想影響別人或從中得到好處，而是為了從交往中得到快樂，只有這樣做，你才有最多的機會讓生活變得更豐富。

◎在工作相關的特殊場合中交朋友，設法用其他方式，例如在教堂、聚會所或健康俱樂部中交朋友。努力培養關係，跟別人談話，找出理由，用各種通訊方式保持聯絡。

◎用熱情和誠意跟不認識的人建立關係，把他們變成朋友。心意不誠時，每個人都可以感受到；長期而言，靠著以滿足別人需求的方式，交換得到你想要的東西，是行不通的，別人會察覺出這種動機，原因可能是你表現出來的急切之情。表面上，本書的第二金律告訴你，儘量多跟別人建立誠心誠意的關係，不要考慮回報。矛盾的是，第二金律實際上是告訴你，你所獲得的報答與自私自利的程度成反比。

◎一定要讓認識你的人知道你可以協助他們，而且樂於協助他們。猶太人一向很快說出自己的行業，這樣別人在業務上要跟你聯絡時，會方便多了，這點可能是猶太人在事業上以積極進取著稱的原因之一，讓別人知道你的職業對大家都有好處，不必隱瞞或難過。

◎仔細選擇事業夥伴。如果你不希望保有某種顧客時，「顧客永遠是對的」就不正確。如果你不希望跟某種人做生意，不必迎合他們的期望和要求。從服務別人中得到樂趣。

◎從服務別人中找到快樂。你不是相信別人值得服務，就是不值得服務，如果你相信別人值得服務，你就可以冒著生命危險救他，也可以跪下來幫顧客試鞋，如果你認為別人不值得服務，你絕對做不好顧客服務，也很可能會發現自己生活中的很多缺點。學會熱愛服務別人的祕訣是發展出謙恭的個性，這樣會替你贏得很多新朋友，同時取悅所有老朋友。

◎表現出可以預期和專業的樣子。每個人偶爾都會發脾氣，但是你不應該讓脾氣壓倒專業表現。大多數顧客不希望跟脾氣不穩的人打交道。要追求事業上的成就，表示要跟別人交往，如果你真的想在事業上成功，不是因為大家認為你很聰明，而是因為大家喜歡你。

金律三

不要感情用事

猶太教跟很多其他信仰不同，不主張聽從感情的指引。猶太人知道感情可能拖著你走向毀滅，你最好也培養這種心態。

要改變別人對你的看法，首先要學會用別人的眼光看待自己。

幾乎每個人都在經營事業。你要行銷自己的時間、技術、經驗、個性、和其他特點，你要取悅顧客、領班、員工、同事、老闆、或病人。你可能不了解這一點，你自己是一家公司，甚至很可能有董事會，你是董事長，你的配偶和你信任、會跟他討論事業生涯的朋友，都是不支薪的董事會成員，你可能把會計師、甚至把醫師都拉進來，他們和很多的人全都影響你這家公司的發展。

你遭到裁員了嗎？根本不是這樣，你只是要到別的地方，行銷你自己的服務。你要接受新的技術訓練嗎？其實你只是要找新產品，向顧客行銷。的確如此，你的確在經營事業。認定自己經營事業，而不只是員工，會帶來很大的好處，你會得到很高的安全感，不再受制於老闆起伏不定、陰陽怪氣的想法。最後，你會發現自己大大改善了控制財務的能力，而且在下次加薪之前，可以做非常多事情。

當然，這也表示你必須負起人生和事業生涯的責任，在態度上必須有一些調整。過去你會認為，找工作是最後的目標，然後老闆要負起一切責任，給你薪水告訴你該做什麼，糾正你所犯的錯。錯了！大部分的專業人士都不是這樣看待自己的工作，你要負起大部分的責任，找出很多做事的方法，證明老闆發給你的薪水實在太少了，必須找出最迫切需要做的事情，必須把事情做好。犯錯時，你自己必須知道，而且也要讓老闆或領班注意到，哦！我的意思是讓你的顧客知道。找工作只是起點，現在你必須在這個工作上成長，持續找到新的領域，擴大自己的責任，而且設法增加自己的用處。如果你的工作不能讓你成長，那麼就辭了吧！找一個比較不會限制你發揮潛力的新工作。

你必須了解不管你做什麼，其實都是經營事業，追求成功。你在事業生涯中所提供的東西、追求的過程，都沒有你如何經營事業的方法來得重要。你是否經常超出顧客的期望，提供更多的東西？你有沒有注意廣告或行銷，也就是說，維持「你這家公司」的名聲？是否努力維持關係？不管你做什麼，不管你的學歷高低、成績好壞，最重要的問題是，你是在經營事業還是就業而已？如果你是管理別人的經理，也適用同樣的原則，要給手下成長的空間，教他們把自己看成獨立經營的專業人士。

了解每種專業技術

你有沒有想過，有些律師賺很多錢，有些拿到同樣學歷、出身同樣著名法學院的律師，卻看起來快餓死了？成功的律師記得的案例不會比不成功的律師多，念書時的成績也不見得比較好。有些醫師業務興隆，有些醫師只能勉強維持溫飽？成功的醫師不見得比其他醫師更了解醫藥。事實上；大多數人很可能沒有足夠的醫學知識，根據醫術評斷醫師，也不太可能查對醫師念醫學院時的成績排名，我知道自己絕對不會這樣做，也知道我對醫師的信心跟他念醫學院時的成績毫無關係。

你在日常生活中，很少只根據技術或學歷，選擇醫師、律師、水電工、和汽車技工，實際上，你是根據他們的經營技巧選擇的。他們的事業是否成功，要看他們如何經營、如何行銷、如何建立名聲和地位而定，不是由二、三十年前的學業成績決定。

你對過去的學習成績莫可奈何，對你現在的工作內容也好不到哪裡去，但是你可以改變看法，可以極為有效地永遠改變看法，你可以從今天起，改變跟別人互動的方式，你要靠別人幫助你成功，但是其中大部分都是你可以掌控的事情。

你的事業成不成功由你自己決定

如果你想學習如何操作食物調理機或直立鑽床，沒有問題，我可以很快地告訴你該按哪些按鈕，因為任何機器對於同樣的控制按鈕反應都相同，都可以預測，不管是聖人還是罪人、江湖郎中還是英雄按下按鈕，機器都不會知道差別，每次都會有同樣的反應。但是，你在經營自己的事業時，不是靠著跟機器互動，而是靠與人互動致富；跟人互動時，不是靠著按按鈕。你有沒有注意到，大家通常樂意配合某一個人所提出的要求，但是另一個人的同樣要求卻不大合作，有時還會暗地破壞？

當第一種人比較好，你是跟人互動，不是跟按鈕互動；跟在精神上相合的人互動，最能夠建立關係。學習如何在精神上跟別人相合，不像學習按鈕那麼簡單。你做任何交易，例如買車前，首先難道不是要業務員能夠讓你安心嗎？高明的銷售技巧不夠，你很快就可以看穿。實際上，你決定跟業務員交易前，都會設法了解他是什麼樣的人。跟你打交道的每一個人，包括你的員工、顧客、和上司，都會設法了解你到底是什麼樣的人，你也應該設法了解真正的自我，只有這樣，你才能夠自我調整，改變別人對你的看法。

猶太教義只教導信徒調整自己，追求最大的效果。古代猶太文學中有一整套叫做「穆沙」（Mussar）的東西，意思是重新導向，教導信徒如何變成不同的人，而不只是採取不同的行動。這套文學作品提供一種精神上的觀點，讓你可以不受突出的自我左右，更清楚地認識自己，這套精神上的工具可以幫助你跟別人更有效地互動，最後獲得更多的利益。

你是自己公司最重要的員工

長久以來，我愉快地享受勝利，卻也要承受痛苦的失敗，要找出和感謝很多協助你獲致勝利與成功的人並不難，因此，勝利教導我寬宏大量，失敗使我學會謙虛。我可以告訴你原因，起初我很難看出是誰促使我走向失敗之途，但是最後終於找到了，所有跟我合作過以及為我服務的人當中，還有一個仍然為我服務的人，應該為我承受的每一次失敗，負更多的責任，你很可能已經猜到是什麼人——就是自己。

經營每一個機構時，訓練都是重要的一環；不管是銷售機構、牙醫診所還是連鎖汽車維修場，工作人員都需要訓練，我覺得不應該叫做訓練，應該稱為教導，兩者不同的地方是訓練適用於動物和機器人，人有很多地方勝過動物和機器人，其中一點是人只要學會大原則和目標，就能發揮創意和生產力，採取行動。動物和機器人必須接受程式或詳細的訓練，才能對每一種預期狀況，做出一定的反應。因此，雖然很多機構把這種計劃稱為「訓練」，實際上，經營所有機構時，教導都是重要的一環。

人必須先學習基本的溝通能力，必須能夠讀寫，再以容易了解的方式，傳達給別人，然後學習符合自己在機構中角色的特殊技能。此外，在這種過程中，人也必須學會職業中的道德層面。這表示人必須學會不管心情如何，每天都要上班，要學會接受命令與批評，卻不產生不滿的感覺或抗拒行為，必須學會負責、理性的行動，要避免職業中無數的誘惑。每一個老闆和上司都要要求所有員工學會這些東西。

如果你沒有員工怎麼辦？是否就避免了教導員工的責任？當然不是，不管你做什麼工作，在哪裡服務，你至少有一個員工，就是你自己。你這一個特別的員工比任何一個人都更能幫助或妨礙你達成目標，除非你這個員工以最高的效能發揮作用，誰也不能為你的失敗負責，你必須親自負責教育的員工就是你自己。

你是自己最重要的學生

虔誠的猶太人每天要念下面的這個句子三次，「你必須教導子女成功與好日子的重要原則。」猶太傳統指出，「在《摩西五經》的這段句子中，省略了你自己」，這個句子應該是：「你必須先教導自己成功與好日子的重要原則，然後教給子女。」

其中的教訓很清楚，如果你有員工，你要教導他們的時候各方面都要超越他們，如果你沒有員工，你很幸運，一開始就領先了。認為你是自己最重要的員工，需要不斷地教導和監督，看來似乎很艱難。你要怎麼做才能習慣觀念和現實並存的狀況？要把自己看成兩個不同的實體，不要擔心這樣會引發所謂的多重人格症，這種情形像生活中很多領域一樣，只是程度上的差別。

多重人格症（Multiple Personality Disorder）的三種診斷標準如下：

一、身上存有兩個以上不同人格，在任何時間裡會有一個人格居主導地位。

二、居主導地位的人格決定個人的行為。

三、每個人格都很複雜，具有其特有的行為模式與社會關係。

你可以像大多數人一樣，認為自己擁有兩種不同的人格，也可以稱為兩種不同的衝動；任何時間裡，只有其中一種居主導地位，只要知道兩種衝動中哪一種居主導地位，大致就可以知道你在特定狀況中，會有什麼行為。每一種衝動都很複雜，都能夠用複雜的方式說服你自己，每一種衝動也都具有獨特的行為型態。其中一種可能鼓勵你到體育館健身，另一種可能拉著你去買糖果。每一種衝動都擁有自己的社會關係，其中一種跟配偶、子女、和同事互動，另一種卻跟飛機上旁邊的人互動。

猶太人成功的關鍵之一，是聽從頭腦的指示不斷地奮鬥；猶太教跟很多其他的信仰不同，不主張聽從感情的指引，卻協助信徒堅持遵照頭腦的領導，不理會感情的誘惑。猶太人有一種根深蒂固的觀念，知道感情可能拖著你走向毀滅，你最好也培養這種心態。

讓明智的衝動主宰自我毀滅的衝動

你在下意識裡，承認自己有這種二元化的現象，每次你說「頭痛」或「身體不舒服」時，到底是哪一個「你」？了解在自己的身體之外，還有一個「你」，這個「你」可以稱為靈魂。亞伯拉罕．托斯基（Abraham Twerski）教士說過一個癱瘓的女性參加婚禮的故事。「我跟每個人一起跳舞，當然，我的腳不能移動，但是我用手指在桌上跳舞，我癱瘓後，並沒有改變，仍然像過去一樣，是同樣一個人，只是這個人困在癱瘓了的身體裡。」托斯基說：「這位女性認為身體只是皮囊，不見得要受身體變化影響，同樣地，你不理會身體的要求時，不會剝奪『人』的需要，因為真正的你可能不要身體渴望的東西。」

想要所得提高，聰明的作法是提高頭腦指引的傾向，而不是感情拖累和欲望的驅使，這樣做會使你變得更能做預測，表示你擁有一般人所說的「良好判斷」。被人認為擁有良好判斷，會讓你變成更有吸引力的交易夥伴，不管交易是就業面談還是籌組摩天大樓的營建團隊。交易會創造財富，你必須大幅提高你參與的交易次數，每個人都必須這樣做，這表示你必須儘量提高自己的吸引力，變成可能的交易夥伴。我說的是真正有效地改變自己，這種改變會促使你在經濟領域中，開啟無數交叉縱橫的致富之路。這是否表示猶太人從來不犯愚蠢的錯誤，破壞自己的人生？不是，絕非如此。人生沒有什麼事情可以保證，但你越能夠把機運變得對你有利，就越能大幅提高成功的機會。你要養成冷靜批判自己、甚至譴責自己的習慣，大大降低別人批判和譴責你的機會，從而大幅提高你在事業上成功的機會。換句話說，別人認為你評斷自己跟評斷別人一樣嚴厲時，你跟別人合作和領導別人的能力會變得大為提高。

如果你有能力讓跟你一起生活和工作的人，看出你遵循內心崇高的權威指引，會讓別人把你當你領袖，最後會把你變成真正的領袖。做不到這一點，有時候你可能會遭到致命的失敗，至少在經濟領域中會這樣。

聽從良知

下面有一個例子，二十五歲的菲立普．波特（Philip Potter）在華爾街著名券商摩根史坦利公司（Morgan Stanley）擔任分析師，事業成功賺很多錢。在紐約股市創下十年來最大跌幅前幾周，《紐約時報》財經版上刊出一篇報導，詳細說明這位年輕人奢侈的生活型態。波特自稱是「高檔消費者」，愉快地陳述他在公園大道上的公寓、五十吋的電視機、訂做的西裝、和昂貴的勞力士錶。《紐約時報》記者說他是華爾街的奇才之一：賺很多錢，也拚命花錢。

但是這時市場緊張兮兮，投資銀行對於「客戶的遊艇哪裡去了？」（編註：美國某農夫至紐約華爾街觀光，旅遊團行經紐約長島碼頭時，導遊為解說華爾街金融成就，一一介紹數不盡的豪華遊艇；「這是某某股票經紀人的」、「這是某某銀行家的」、「這是某某分析師的」⋯⋯農夫冷不防問了一句：「那客戶的遊艇哪裡去了？」）這種笑話特別敏感，摩根史坦利跟大多數公司一樣訂有公司手冊，其中包含所有員工必須簽名的行為準則，準則中有些警告，例如：「除獲得公關部門之許可，不得自稱摩根史坦利員工」。行為準則也規定：「摩根史坦利不希望員工接受個人專訪，討論跟『生活型態』相關之問題，客戶和公司以外的人尤其可能認為，這種報導自誇自大、不合乎專業形象。」顧客的持股暴跌時，真的想看見營業員奢侈生活的報導嗎？能力高強、收入超高的營業員真的需要這種明確的政策規範嗎？看來有些人需要。

你應該會認為，既然摩根史坦利已經有了明確的政策，應該可以阻止聰明的員工讓公司難堪。但是耶魯大學畢業的波特顯然無法自己，用這種愉快而沒有限制的方式，接受了

《紐約時報》的專訪，他成名之後隔天，就向摩根史坦利「辭職」。但是這個笑話不斷地流傳，好多天裡，華爾街到處都是嘲笑聲。在接下來的好幾個星期裡，摩根史坦利的高級主管猶豫不決，不知道該不該付給不能預測市場下跌的分析師這麼高的薪水。

波特當然很富有、很聰明、教育程度良好、而且相當精明。他不會不清楚公司准許他接受哪一種報紙專訪。我們可以認定他了解公司的政策，也了解行為準則，但是他像很多受過良好教育的成功專業人士一樣，做出摧毀自己的行為，也嚴重傷害了公司。問題在於波特像其他很多人一樣，缺乏所謂的性格力量，不能抗拒做錯事的衝動。換句話說，他的正面衝動無法控制負面衝動。

自我毀滅的行為在短期內通常具有極大的吸引力，性格能力中的一環是能夠堅定地延後滿足，有時候是無限期的延後滿足。這點表示可能避免衝動性的購物、持續運動、建立養身療法的習慣，或是拒絕可能毀滅自己的奉承或任何其他誘惑。「抗拒誘惑，聽起來可能有點老掉牙，卻是重點，如果做錯事不能讓你覺得很愉快，你隨時都應該明智地行動，如果負面衝動不能讓你的夥伴覺得愉快，就應該用正面的衝動去克制。」

明智的行為如此困難，原因之一是每個人想犯錯時，在情感上都會有一番拉鋸，波特可能很希望看到自己的名字出現在《紐約時報》上，知道親友會看到他的成功，良知的力量很可能反對他這樣做，只是力量變得越來越薄弱。更難的是，一旦你選擇了一種行為方針，你的感情就會影響頭腦，立刻認為你想採取的行動不但明智，而且崇高。

把這種道德上的衝突看成兩種衝動的角力，有助於你了解問題。有什麼方法可以協助你只做明智的決定？你要把這種情形當成戰爭，在所有的戰爭裡，你必須了解敵人和敵人的目標，這樣才能提高戰力，也會加強決心打敗敵人。知道敵人的一切，讓敵人突然間變得不那麼可怕。你的敵人是誰？誰對你的雄心壯志和美夢構成最大的威脅？我先前提到的負面衝動是你最大的敵人，你必須了解這一點。

但是你也可能變成自己最大的助手，請記住，要把自己當成兩個人，其中一個極為聰明、理性，而且致力追求長期福祉，另一部分卻遊說你追求短期歡樂。你的一部分鼓勵你自制、奮發，另一部分卻拚命地說服你做你真正想做的事，唯一的問題是：「應該聽誰的？」

波特像大家一樣，由兩個不同的部分組成，一部分極力引誘他墮落，另一部分英勇地保衛他的前途。人每天做幾十個決定時，內心都激烈交戰，有一個聲音誘惑你：「做吧，你會感覺非常好，一切都會很順利。」另一部分警告你可怕的後果，其中只有一方會獲勝，哪一方會贏得勝利，要看你的性格力量而定。每次你抗拒毀滅性的誘惑，遵循智慧的引導後，下次你的力量會加強，就像肌肉經過鍛練後，反應會更有效一樣。反之，每次你向負面衝動屈服，下次你就更難以做出正確的決定。

在你希望領導別人之前，你必須先培養領導自己的能力，你會很驚訝地發現，別人很容易看出你有沒有性格力量。想想看，你多麼容易看出別人是否有這種力量，如果你立刻承認自己的無知，別人很快就會原諒你，卻不大能原諒你的性格弱點。華爾街奇才波特受到同業輕視，是因為弱點，不是因為他不理會規則。反之，你希望獲得尊敬，不是靠著什麼都知道，而是靠著容易展現出來的性格力量。

了解了這一切，在實際應用之後，自制和賺錢的力量會大大地增加。性格力量很罕見，只能從內心培養，現在每個人都可以得到極多的資訊，每個人都可以拿到的東西，價值並不會特別高；東西越常見，價格越低，越罕見，價值越高。性格力量像黃金一樣。你在事業上的價值來自擁有罕見的東西，沒有什麼東西可以阻止你獲得這種力量，隨之而來的是真正的黃金。

對自己真誠

猶太教規定，人在任何情況中，都不能自殺。我很小的時候，因為鄰居自殺，家父第一次告訴我這個禁令。我當時立刻問他，《摩西五經》中有哪些章節禁止自殺。現在回想起來，我記得他的表情應該是在猜想我可以從中了解多少，我當時不知道自己對家父的解釋了解多少，但是至少我還記得很清楚，他告訴我的話就是我剛才跟你解釋的東西，他談到每個人其實都由兩個不同的實體構成，每個實體對人都有不同的要求，他說：「就像騎驢一樣，驢子只想往某個方向走，也可能根本不想動，你心中卻有很確定的目的地。」現在你必須決定是你還是驢子應該獲得勝利？誰應該發號施令？

他解釋完人的二元性之後，指著十誡強調：「你不可殺人。原則很清楚，禁止你對別人做的任何事情，也禁止你對自己這樣做。記住，你其實是由兩個不同的道德實體構成。自殺是負面衝動，想要結束你自己。同樣地，你不能對自己說謊，對自己說謊跟對別人說謊一樣，都受到禁止，是一種罪過。」

對自己說謊或誤導自己會造成雙重傷害，不但讓你更難以精確評估狀況，決定正確的行為，也會讓別人懷疑你的判斷。樂觀是一回事，盲目卻是另一回事。同樣地，打起精神、面對挑戰，是積極應付艱巨任務的好方法，但是用這種能力說服自己，會使你無法採取必要的行動，只會讓你對災禍視而不見。

把自己看成兩個人，使你比較容易抗拒毀滅行動的傾向。我說的不是可怕的行為，而是累積很多小錯所造成的傷害。如果你希望有效對抗性格中易於造成傷害的一面，要設法了解動機，除了了解自己的動機之外，也要了解別人的動機。了解自己受什麼東西驅策，你會更容易判斷自己為什麼會做某些事情，進而改變自己的行為。

了解人的動機

首先你必須了解實體與精神事物的差別，我談到精神時，不見得是指跟上帝、道德、天堂、或宗教有關的東西，而是指不能夠在實驗室中測量的東西；實體或物質可以在標準的實驗室中測量，精神的事物卻不能測量。

有三個原則可以協助你判定實體與精神之間的差別：

原則一：實體的物質可以被摧毀，精神的物質不能。例如吉他與音樂，你可以砸壞吉他，卻無法毀滅曲調。

原則二：實體的東西可以忍受不完美，精神的事物卻必須精確。例如建築物與建築藍圖，建築藍圖必須十分精確，實際建築卻常有一兩吋的偏差。

原則三：先有精神因素，才有實體化。例如，先有事業計劃，然後再蓋工廠，購買生產設備。

體認實體與精神的差別

如果你是模特兒或馬戲團裡的大力士，你會獲得重用，原因可能是因為你的體格和體能。但是我敢說，在大部分的職業裡，老闆是因為你的精神特質才雇用你。老闆希望知道你多誠實、多忠誠。身為員工，你希望表現得很可靠，在精神上具有一貫性。老闆和交易夥伴對你的溝通能力有興趣，想知道你是否善於為他們銷售產品或服務。他們對你的一貫性和耐力有興趣，想知道你是否會盡力完成一切，不會放棄；他們對你的膚色、性別、或頭髮多寡不會太感興趣。

現在有一些技術已經發展、或是即將發展完成，可以讓你知道胎兒的性別、高度、體形、運動傾向、和頭髮的顏色。換句話說，胎兒出生之前，你幾乎可以了解跟體能有關的一切。但是你沒有辦法知道小孩長大後，是否有耐力、是否忠誠、是否具有強烈的性格，是否誠實、樂觀、或善於溝通。這些都是精神方面的事物，正好也是塑造你事業生涯最重要的因素。這就是你必須充分了解實體與精神的差別，以便了解動機、了解大家決定做某些事情的原因。

很多人設法找出大家做某些事情的原因，為什麼大家會有某種行為模式？什麼東西促使他們這樣做？幾十年前，希格蒙德．佛洛依德（Sigmund Freud）把大家的動機，都歸因於人類的性衝動，但是很快地大家就知道，只用一種決定因素，即使是強而有力的性，根本不足以說明複雜之至的人類。

接著，到了一九五〇年代，現代心理學有了長足的進步，找出真正促使人類做某些行為的原因。著名的猶太裔心理學家亞伯拉罕．馬斯洛（Abraham Maslow）跟同事合作，得到一種比較複雜卻也比較精確的理論，把極為複雜的人類行為簡化為五種基本行為，最後簡化成四種有關的基本行為：一、自我；二、人際關係；三、週遭環境；四、身體。簡單地說，大部分人需要在生命裡的四個領域裡獲得滿足：

一、在理解世界如何運作時，需要一種個人成長與發展的意識。

二、需要一種擴大力量的感覺，消除危險以及無常命運擺佈的感覺。

三、維持基本生命的需要，包括食物、衣服、與住處。

四、別人的尊重。

企業界的一切都快速變遷，但要知道重要的是，有些事情永遠不會變。猶太人知道永遠不變的事情當中，正好有四種基本因素是激勵人的動機。猶太人知道這一點，是根據傳統對一段謎樣文字的解釋而來的。聖經創世紀中說：「有河從伊甸流出來，滋潤那園子，從那裡分為四道。」任何地圖都可以很快地顯示，古代世界並沒有這樣的水道系統，這是精神上的資料，不是地理上的資料。解釋這段文字時還有一個問題，如果這條河的目的是「滋潤那園子」，河流應該流進伊甸，而不是「從伊甸流出來」，古代的聖人知道其中有更深層的意義：主要的河流代表人類渴望得到最好的生活，找到進入個人伊甸園的路。這條路由四條基本的河流構成，也就是由四個基本因素構成，四條河中有一條河圍繞著有金子的地方——「那地的金子是好的。」其中發人深省的訊息是：為了找到進入伊甸的路，每個人需要遵循這四道河流，充分發展和滿足人類的四種動機。

猶太教義根據這種啟示，把人分為精神與物質兩部分，把外界的事物也分為精神與物質兩部分，這些東西互動，就產生了四種動機。第一種動機是追求智慧；第二種動機是追求力量；第三種動機是追求財富；第四種動機則是獲得別人的尊重。

人類所有的欲望與行為都起源於這四種基本需要，人所做的事情當中，有些事情可以同時滿足一種以上的動機。例如，性顯然可以增加獲得尊敬的能力，滿足第四種動機，卻也可以滿足獲得力量的第二種動機。賺錢滿足第三種動機，因為你賺的錢當中，有一部分可以提供你日常基本需要，然而，賺錢也可以滿足追求力量的第二種動機，擁有可支配的所得，除了滿足基本生活需要之外，也表示可以影響身邊的環境；你擁有的力量越大，可以影響、甚至可以控制的範圍越大。

花時間陪家人，跟其他事情一樣重要，晚上陪子女玩遊戲、做功課，或是在電話上跟心情低落的女兒講講話，可能覺得自己相當崇高，而且自我犧牲，但是這種想法相當愚蠢；事實上，這些晚間活動的受益者是自己。我花時間跟家人在一起時，至少滿足了兩種動機，可能滿足更多的動機。我感受到別人的尊敬，也很可能得到新知識，增長了智慧，晚上這樣利用時間，不會妨礙我隔天面對財務挑戰的能力，實際上反而可能提高我的行銷能力。

這四種動機為你帶來的最大好處之一，是可以讓你的生活平衡，如果你身為領袖，也可以協助身邊的人維持平衡的生活。注意第二和第三種動機時，我不但必須工作賺錢，同時也要努力增長智慧，否則工作賺錢的能力就會降低。我追求別人的尊敬時，如果不能同時讓自己和家人獲得溫飽，同時增加自己的技術和知識，看來會很可笑。換句話說，四種動機之間也應該維持平衡；如果你只注意累積財富，忽略生活中另外三種同樣重要的東西，時間一久，你在事業上的效率會降低。

看看吉拉德・雷文（Gerald Levin）的例子，雷文在美國史上最大的併購案完成後，變成最高經營階層，卻在二〇〇二年十二月，宣佈離開美國線上時代華納（AOL Time Warner），比大家預期的退休時間提早很多，雷文是效率高超又精明的經理人，一九九七年，他的兒子在紐約遭到殘殺，使他經歷痛苦的時刻，這種震撼可能使任何人重新評估自己的生活。然而，這件案子已經是將近五年前的事情了，因此可能有其他的事情，促使他提早退休。可能的原因是什麼呢？有一種跡象可以解釋：雷文是猶太裔，曾經研究過宗教，他告訴訪問他的人：「我是個獨立的人，擁有堅強的道德信念。」我當然不能解釋他為什麼決定退休，但是他接受其他專訪時，透露了一些線索，其中一個線索是他在二〇〇一年十二月五日說的：「我希望找回自己的認同，我不只是一套西裝而已，我希望生活中恢復詩意。」雷文似乎是說，他退休是為了把時間用在培養跟事業無關的其他事物中。

雷文這樣做，原因可能不只一個，就像其他相當年輕的高級經理人提早退休，原因不只一個一樣；結束成功的企業與董事會生涯，主要原因，可能是不滿生活與人格中缺乏完滿的感覺。這些成功的企業人士過日子時，不斷地在這些領域中努力，從生活中得到最大滿足的機會會大為增加，他們聽起來可能不會像雷文一樣，似乎很希望追求人生的意義。維持平衡的生活會使人更容易抗拒提早退休；你不應該期望退休後打高爾夫、看好書、跟家人共度愉快的時光，應該每天一點一點的退休。

猶太人有一個字眼叫做完整（shalem），能夠抓住面對多種挑戰的根本意義，從這個字眼衍生出一個比較有名的字眼，意義是「和平」（shalom）。完整這個字眼經常用在人性發展中，暗示人們必須持續地努力，在四個人性領域中發展，才能獲得完滿。真的有人希望富有卻孤單嗎？真的有人希望聰明卻不健康嗎？當然沒有。因此排除一切干擾，只注意自己的專業領域看來有吸引力，卻不是成功之路。就這方面而言，猶太教不贊成專業化，我在自己的專門職業中可能必須專業化，但是整體生活不應該這樣。

這裡必須提出警告，要獲得驚人的成就、聞名國際，的確表示你必須犧牲人生中大部分的其他領域。例如，如果你希望在下次奧運中登台，未來四年你不會有多少好日子。已故的以色列總理梅爾夫人（Golda Meir）曾經沈痛地告訴一群年輕婦女，說她為了期望在政治上領導以色列，犧牲了婚姻與家人。你是否希望在企業界中爬到頂尖的位置？如果是這樣，你或許可以充分地警告家人和朋友，建議他們每隔十年跟你檢討一次。

但是這本書不是寫給這種人看的，是寫給期望得到真正財富、卻不是驚人財富，同時享受人生的人看的。你會面對另一個問題：如果你把所有的時間和精力，完全放在賺錢上，賺的錢會比適當平衡人類四大動機時所賺的還少。這點一直是猶太人看待錢的重大祕密之一，聖經中的人物幾乎都是很特殊的全方位人物。雖然口傳《摩西五經》說其中很多人都極為富有，但文字中通常沒有直接說明，因為大家認為，財富是善於跟群眾和同伴過生活的結果，不是人生的目的。聖經中的這些人大部分都很有趣，熱情地跟別人建立複雜的多面向關係，因此才變得富有，財富是結果，不是主要目的。

我們看看十九世紀賽里曼（Seligman）家族的日常生活，這個家族是美國最富有的猶太家族之一。波蘭國王的孫兒安德烈．波尼亞度斯基（Andre Poniatowsky）王子在一八九二年，到紐約拜訪富有的賽里曼家族，跟賽里曼家族的銀行做完生意，拜訪他們在市內和夏季別墅後，在信裡寫道：

然而在事業之外，金錢對他們毫無意義，任何人聽他們閒暇時間的談話，都會認為他們是靠退休金過活的人，他們都在談運動、文學、藝術，尤其是音樂。他們慷慨地捐錢給慈善機構，捐給支持政黨的錢更多，最重要的是，他們極為重視家庭生活，重視的程度只有今日的法國省份可以媲美。

賽里曼家族的生活型態中有一個歷久彌新的教訓：有些事情最好不要直接追求。登山家攻頂幾乎從不走直線，成功登山家的路線通常是迂迴的長路。

有時候，人會陷入不利的關係；國家會交戰，個人在事業和家庭裡會發生衝突。在這種情況中，直接追求和平通常是重大的錯誤，如果和平是唯一的目的，獲得和平的方法很簡單，只要投降就好了。真正持久的和平通常是在衝突之後獲得的。快樂是另外一種，有很多東西可以讓你覺得快樂，包括努力工作、創造成就、持久的關係，以及前面所說的四種主要動機。然而，堅定而直接追求快樂，通常會陷入酗酒和濫用其他毒品之類虛假的情感替代物和傷害中。

波尼亞度斯基王子從賽里曼家族學到一件事，就是金錢與財富，跟攻頂、和平、與快樂一樣，直接追求經常不是最有效的方法。

承認負面態度

高明的運動教練告訴我，剛開始指導有潛力的年輕運動員時，第一個任務是協助運動員擺脫一些陳年的壞習慣，之後才能教導正確的新技術。猶太文化熟悉拋棄壞習慣，再採用好習慣的原則。大衛王說得好：「要離惡行善，尋求和睦，一心追趕。」猶太人的傳統認為這句話建議大家，在拋棄壞習慣之前，不要辛苦嘗試建立好習慣。

想像有個人希望減肥，他知道自己必須擺脫大吃大喝的壞習慣，他也知道自己必須開始做一些有益的事情，例如加強運動。而在他拋棄暴飲暴食的習慣之前，嚴格、定期的運動沒有道理，或許他還抽菸呢，如果是這樣，他當然應該戒掉兩種不健康的習慣，再逐漸加強運動計劃。換個例子來說，如果一位婦女開始規劃自己的財務前景，首先應該消除不必要浪費的習慣，才開始執行投資計劃中的細節。

有什麼方法可以堅定決心和紀律，消除人格中根深蒂固的破壞性行為？我在本章前面已經提到過答案，就是要認清你人格中互相爭奪控制權的兩部分。拒絕絕對不容易，但是知道目標時，勇敢地面對不利因素會變得比較容易。以下只是大家常有的兩件壞習慣，但是這種習慣相當容易消除。

第一步：承認弱點。第一步是承認你會做傻事，我經常問自己的一個問題是：我現在正在做、或是考慮要做的事情當中，將來有哪些會像去年、上個月、或上周所做的事情一樣愚蠢？事後回想，我通常清楚我去年、上個月、或上周所犯的錯誤很愚蠢，我也知道，當時我的行動似乎相當慎重、合理。坦白說，有一段時間裡，這種事情甚至看來很明智，一直到我的錯誤呈現為止，因此，問這個問題會讓我將來不致後悔。

第二步：不要生氣或失控。你所做的傻事中，生氣是更嚴重的課題，你生氣時就會失控。經營《柯夢波丹》（Cosmopolitan）三十多年的海倫·布朗（Helen Gurley Brown）說的好，「你不應該在辦公室中生氣，如果你是老闆，更不應該這樣，你一失控，表示你受別人控制，你失去了控制權。」

我在本書開始時提到，如果你現在的狀況和工作，不能讓你獲得希望得到的成就，光是改做別的事情還不夠，你也需要變成不同的人。要變成不同的人，最好的方法（可能也是唯一的方法），是強迫自己做不同的事情，直到變成第二本能為止。基本上，這種事情成為你的一部分之後，你就會不同。

如果你情緒不穩，不能讓同事依靠，對你的事業生涯會有妨礙。我擔任企業領袖的顧問時，只要問以下的問題：「你們公司裡是不是有什麼經理人，讓大家覺得必須小心翼翼，以免他失去控制大發雷霆？」幾乎總會出現這樣的人，你是這種人嗎？如果你總是維持平靜、愉快的態度，你對別人的價值會大為增加。

為什麼有些人很容易失控，對身旁的人大發雷霆？他們知道生氣會傷害自己的事業嗎？在人類的所有行為中，生氣具有最大的自我毀滅力量，會破壞愛情、社會、和事業關係。一個人控制不了脾氣，別人憑什麼要承受？十二世紀的學者麥摩尼底斯教士（Maimonides）可以幫助這種人，他指出，人類的大部分習性都有目的，只有生氣例外。

他明智地看出殘酷、同情、真誠、與說謊的特質根本不會單獨存在，每一種個性要跟另一個極端相反的個性相比，才能呈現出真正的意義。

有些人不斷地走向其中一個極端，展現殘酷無情，這種人是暴君；另一種極端則富有同情心。跟殘酷無情的人合作並不愉快，但是跟不夠殘酷、甚至不能懲戒裝病員工或是拒絕不適當要求的老闆工作，也讓人厭煩。人必須能夠堅定立場，而很多時候堅定看來像殘酷一樣。同樣地，把同情當成最高價值，在任何情況中都當成正確的指導方針，表示你永遠無法堅定、有力地談判。談判時極為嚴格，完全不理會另一方的感覺，同樣是種錯誤。理想的談判是形成交易，目的在獲得雙贏，增強雙方的關係。把注意力放在性格排列的中間，要得到這種好結果會容易多了。

我在雇用經理人時，會記住中庸之道，經常會問他們：「如果必須解雇你部門中績效差勁的人，你會怎麼辦？」應徵的人思考和回答問題時，我除了聽他的答案之外，也同樣注意這個人的身體語言，我希望雇用的人必須解雇員工時，會覺得十分痛苦，前一天晚上睡不著覺。但是我也希望這個人隔天早上上班時，會毫不猶豫地解雇這位績效不好的員工，並且採取必要的措施，保障離職員工不會影響公司資產的安全與完整。

你不應該固執地認為某些性格是好的，某些性格不好；最好視情況需要而定。麥摩尼底斯建議，除了生氣之外，通常應該處在兩個極端之間。

所以你可以看出來，不管是好是壞，每一種人類的性格都有其地位，只有生氣例外，沒有一個情況需要生氣。請注意，我不是說「絕不展現怒火，」而是說「絕不生氣」。換句話說，不管是在家庭生活還是在工作上，管理上可能有很多情況，需要展現不滿的樣子，甚至表示生氣，但是這樣跟真正生氣完全不同；生氣表示失控。是什麼東西讓人生氣？是傲慢。告訴我有誰真的大發脾氣，怒氣沖沖地向身邊的人大吼大叫，我會證明他是個傲慢的人。生氣，是你覺得沒有得到適度尊敬時的情緒。當我陷在車陣裡動彈不得，來不及趕上約會時，暗自生氣，其實是說：「他們怎麼敢這樣！怎麼敢讓我遲到！難道他們不知道我多重要嗎？」如果我夠謙虛，幾乎沒有什麼事情會讓我生氣。

最後我必須指出，大家對生氣都有一種誤解，我聽過非常多的人說：「如果你覺得生氣，壓抑下來並不健康。」錯了！壓抑下來很健康。事實上，你越壓抑，越不會生氣。要讓你自己和跟你互動的人壓力減輕，最好的方法是根本不讓自己對別人生氣。你應該深呼吸，散散步，或是吃一顆阿斯匹靈，每次覺得怒火勃發時，不要讓怒火脫口而出。我知道這樣聽起來好笑，但是我保證有用。長久以來，這種建議是指引猶太企業人士的良方；我在擔任顧問，提供公司情緒管理技巧時，一再看到這種方法發生效用。不再展現怒火，你很快就會覺得沒有氣。此外，注意我剛才說的傲慢，如果你經常覺得生氣，怒火可能是顯示你傲慢的指標，你越看重自己，就代表越看輕別人，這些不重要的傢伙怎麼敢麻煩你！

認識自己是人生旅途中一直要做的事情，你追求財富的過程中，認識自己很重要。有時候認清自己後，你會不喜歡自己的樣子，但重要的是，你必須認識自己，這樣會讓你希望改進某些性格；但記得要避開完美主義可怕的陷阱，如果你不跟不完美妥協，你會發現自己經常完全癱瘓。下一條金律會談到。

致富之道

◎每天定出一段時間，嚴厲批判自己，祕密地檢討每天的成敗得失。可以在電腦、個人數位助理、或筆記本上，做一個祕密檔案，每天睡覺前，都要不間斷地更新記錄。簡短記錄白天每一個需要勇敢面對的決定，詳細記錄你是否因應挑戰，如果沒有，坦白地檢討你所經歷的掙扎，用幾句話，說明哪一種決定比較好。最後，分析近期內是否可以採取補救行動。每天結束時，都要這樣做，最多只要花你五分鐘，但是這樣做的影響大得難以想像，不到一星期，你就會覺得不同。

◎白天面對艱鉅的決定時，跟同事分享你感受到的情緒衝突。讓同事知道你並沒有超人的能力，同樣也會感受到不明智的誘惑。找出因應之道後，你可以堅定地採取比較困難的方法，這樣會強化你的力量，也會鼓勵員工，讓員工更加認定你是有效的領袖。

◎設法在私生活中，尋找小小的戰鬥。如果你決心節食或運動，你很清楚，破壞性的力量會拚命遊說你減肥並不那麼重要。克服這一關會讓你有勝利的感覺，強化下一回合的精神力量。

◎寫出你所有的技能。不管某些技能看起來多麼微不足道，都要寫下來，然後在每一種技術或才能旁邊，寫下可能需要的人，再思考別人可能需要這種技能的情況。保持開放態度，認定自己目前沒有發揮最大力量，運用自己最有市場的技能。

金律四

不要追求完美

在互相合作的社會和經濟制度中追求完美，有相當大的風險，人類社會可能根本無法達到完美的境地。

就算你無法讓事情更完美，別忽略不完美的地方；但也不要浪費時間，徒勞無功地追求完美。你知道人生並不完美，只有在最抽象的精神領域中，你會持續不斷的渴望追求完美，只要這種想法不會讓你動彈不得，渴望完美沒有錯，繼續追求完美，但是絕不要讓這種想法左右你，讓你在人生與事業的旅途中成為旁觀者。

生活，是在比較不理想的狀況中才能發揮功能。你所屬的企業和整個社經體系有沒有在任何時候，對任何人都以完美的方式運作？當然不是，我敢打賭，你常常覺得自己沒有得到應有的報酬，我就有這種感覺。有時候，我也會承認我得到的報酬，不是我應該得到的。每個人都同意這個體系並不完美，猶太教告訴大家，應該在不完美的狀況中盡最大的努力，因為人類無法創造理想的完美狀況。一旦體認到，人不可能創造真正完美的經濟體系，也會承認目前所屬的體系其實十分成功。

社會經濟制度也是一樣；很多好心的人不斷地開會，探討貧窮的真正原因，以了解為什麼不是每個人都富有。其實答案很簡單，貧窮是正常狀況，聰明人應該探討富有的根本原因。財富的分配由富而貧相當正常，要創造一個富有的社會，要花費極大的精力，即使在富有的社會裡，也有很多人不如其他人富有。

在你檢討任何成功脫貧的社會時都可能發現，社會中有些人的財富遠不如其他人，你不能因為有人比較貧窮，就指責這個社會。然而，一個社會即使不能提升所有人民的財富，卻能夠讓大部分人民擺脫日常需求的恐懼，就十分值得稱道。雖然社會應該盡力讓每個人都改善生活，讓每個公民都能夠找到提高經濟利益的方法，但期望每個人都得到相同的成果，好比追求現實世界中不可能存在的完美狀況。對大多數人來說，生活一直像過去一樣，一直在追求最舒適的生活。在這方面，猶太人受一個觀念啟發，這觀念在整個聖經和三千年的口耳相傳中可以看到，聖經裡上帝與人類的約定中可以概要說明：

如果你們各自努力，生活一定會痛苦而短暫，但是如果你們學會合作，建立愛好和平的社會，遵循某些基本規則，你們的舒適程度就不會有所限制。你們自己選擇。

少數企業家不代表「企業界」

人類互相合作的經濟體系中有很多不完美的地方，不代表可以譴責整個企業界。企業界中確實有不道德的企業人士，但是企業是人類合作的工具，像任何工具一樣都可能遭到誤用或濫用；然而，你應該清楚判斷，把某些企業人士的不道德行為，和企業本身分別開來。只有人能夠做出道德的決定，也只有人能夠接受批判，判定這些決定與行為的責任，就像銳利的解剖刀一樣，在外科醫師手中可以救人，在惡棍手中可以殺人，企業可以為所有的人帶來福祉與希望，也可以造成傷害。

猶太傳統認為，沒有生命的東西絕不可能為自己造成的傷害負責，這種傳統有助於澄清一種法律觀念。只有管理這些東西的人能夠負責，也應該負責。醉漢駕車撞死行人時，凡是正常人，都不會說汽車的道德出問題，你可以懲罰選擇酒醉駕車的駕駛人，沒收肇事車輛。有些企業、哲學、與政治制度的確可能提供誘因，獎勵做出不道德行為的人。我敢說，美國的倫理資本主義深受猶太與基督教觀念影響，大致上是正直的制度。一家公司或企業界出了大問題時，譴責不完美的經濟制度，只是掩飾了真正惡徒的身分，掩飾了犯錯與做出不合法、不道德決定的人。

只譴責企業？

其他事業不像企業這樣受到嚴厲譴責，例如，偶爾也會有惡棍醫師殘殺病人，這種可怕的事情爆發後，轟動的本質使媒體大幅報導，卻沒有人認為醫療行為本身是不道德的。

偶爾有教師侵犯學生時，很少人會譴責教育制度，職業運動員和娛樂界經常會爆發嚴重的問題，卻很少人要求政府介入，徹底檢查和規範運動與娛樂業。但是企業經營者犯錯或不道德時，媒體經常認為這種行為司空見慣。

我不否認企業界中有很可惡的人賺到大錢，我們大家都碰過這種人，這種人確實存在，是你不希望交往的人，我自己就碰到很多這種人，認為這些人是寄生蟲，不願意為他們辯解。他們縱容自己，做出自私、自大、經常還有殘忍無情的行為；他們不是自由、良善經濟互動的自然產物，而是具有破壞性的反常力量，這些可惡的企業人士讓正直、抱著尊嚴賺錢的企業人士蒙羞，也打擊所有正當從業的每一個人，因為他們，大家一再地說：「好人永遠不會出頭。」

一家公司幾十年來推動模範行為，為成千上萬個家庭提供工作機會，為全世界製造好產品，卻可能因為錯誤行為就此抹煞。例如，孟山都公司（Monsanto）可能在阿拉巴馬州一個小鎮附近，把有毒廢棄物排放在河流和廢土場中，孟山都近四十年來，獨佔生產一系列叫做多氯聯苯（polychlorinated biphenyls）的工業冷卻劑。多氯聯苯現在是危險的物質，過去卻被當成神奇的化學品：不會燃燒，可以保溫，卻不會導電；當時有很多的安全守則規定，要在電器設備中、尤其是變壓器，使用多氯聯苯做為絕緣劑。很多人可能認為，不應該嚴厲譴責孟山都從一九二九年起，就開始生產這種東西，因為當時大家都還不知道多氯聯苯是危禁品。但是曝光的公司內部備忘錄顯示，孟山都高級經理人採取的行動的確應該譴責。證據顯示，高級經理人知道或至少懷疑自己污染了附近的社區。例如，在註明了「祕密！閱後銷毀」的內部備忘錄中記載，一九六六年孟山都的經理人發現，把魚丟到有多氯聯苯毒害的河流中，幾秒之內就會死亡。一九六九年九月，孟山都組織一個委員會處理這個爭議。其中一次會議記錄顯示，會議的兩個正式議題是「容許繼續銷售與獲利」，另一個議題是「保護孟山都的形象」。目標是儘量長久維持孟山都獲利最豐的業務之一，同時注意減少負面曝光的可能。換句話說，孟山都的領導人看來的確做了一些應該受到嚴厲譴責的行為。

同樣地，想一想安能（Enron）的案子，安能在二〇〇一年十二月二日宣佈破產時，創下了美國史上最大的破產保護案件。每一個人或許都有點生氣，每一個正直的企業人士都受到傷害，每一個人都聽到公司祕密銷毀文件的報導，每一個都聽到成千上萬員工因此喪失了龐大儲蓄；高級經理人卻奇蹟式的賣掉股票，有些人甚至在破產六個月之前就脫手。二〇〇一年夏季，每一個人都聽說過安達信會計事務所（Arthur Andersen）的安能經理人莎朗・華金斯（Sherron Watkins），在寫給安能董事長兼執行長肯尼斯・雷伊（Kenneth Ray）

的七頁信函中，擔心安能可能變成「高明的會計騙局」。

這些報導助長了大家對企業的誤解，讓企業界難以反駁。這家美國第七大的企業倒閉，嚴重傷害了企業體與企業人士。二〇〇一年秋季，大眾的怒火升到極點，國會針對這個弊案，舉行了八次以上的聽證會。《華爾街日報》敦促國會，應該注意真正的惡徒，不應該只注意系統。「所有的這一切都表示，安能摧毀眾多退休金的事實的確很悲慘，但問題跟特定企業惡行比較有關，與退休金法或稅法缺陷比較沒有關係，國會當然不能針對造福千百萬美國人，讓他們過著舒適退休生活的民間退休金制度開刀。」雖然有些公司摧毀了犯罪的證據，但絕大多數企業卻十分正直。

工商界人士犯錯不值得訝異，很少人犯錯才值得訝異，證明這種事情會變成新聞，正是因為相當罕見；雖然這點不能作為錯誤行為的藉口，卻提醒大家，指責整個制度並不對。重大弊案背後，掩蓋了真正的事實：不道德的個人十分稀少，只是他們相當顯眼。合乎理想、正直良善的企業人士多多了，他們努力培養和維持這種制度，造福自己和家人，對於人類龐大而美好的經濟互動制度原有的力量與好處，的確有貢獻，少數破壞者絕不可能完全摧毀這種制度。

「強盜大亨」也做好事

邪惡或良善之至的人很少，每一個人都是複雜的組合，是情感、期望、與道德因素協調之後的產物。有時候，人的行為極為崇高，有時候卻會做出連自己都討厭的事情。人的行為很複雜，兼具好處和壞處，假設我贈送女兒一大筆財產，她會感念我的行為，但是這樣做也有不好的結果，像是引起她兄弟姐妹的嫉妒，或是延緩她的自立。每一個人必須學會了解和肯定複雜人性和行為中的好處。

十九世紀有一些縱橫美國的企業大亨崛起，他們是人，不是聖人，卻也不是罪人。其中當然有些讓人極為不滿的人。普爾門公司（Pullman）就是個例子，這家公司蓋了房子，強迫勞工租用，規定工人必須以高出行情的價格，向公司購買食物、燃料、和水，賺得驚人的利潤，工人的薪水經常不夠支付這些債務。富有的工業家當中，有一些卑鄙下流的小人，但是通常不是這樣，我們也不能根據這一點，譴責一整個世代的企業大亨，其中的確有很多令人讚賞的人物。

美國很多城市的居民走進當地圖書館時，仍然享受著安德魯．卡內基（Andrew Carnegie）的慈善義舉，這位慷慨的企業家留給美國的遺澤還有公園、大學、和醫院，可是卡內基和同時代的企業鉅子卻被後人稱為「強盜大亨」（Robber Barons）。他們活著的時候，大家通常務實地看待他們，認為他們像別人一樣有缺點，做的善事卻比大多數人多。

想一想另外一位比較不著名的人物，詹姆斯．席爾（James Jerome Hill）。他一八三八年在加拿大安大略省的小木屋裡出生，父親早死，童年就開始到雜貨店工作，每個月賺四美元奉養母親。他靠著驚人的精力與勤勞，後來興建了一條橫貫美國西北部的鐵路，他的想法是慢慢地建鐵路，在繼續建下去之前，先發展鐵路沿線地區的經濟；為了吸引移民到美國西北部，只要移民願意在他建的鐵路附近耕作，每個人只要出十美元的優惠票價，就可以移居過去。他設立了農教班，教導新到達的農民了解當地的一切狀況，也教導他們多元農作的技巧，還從英國進口了七千頭牛，免費發給定居在鐵路沿線的居民。

他告訴這些人，他們在同一條船上，不是一起發財，就是一起窮困。為了保證大家發財，他也設立了實驗農場，試驗新種子、牲畜、和農業機具。他主辦競賽，提供豐厚的獎金，獎勵生產最大量肉類和小麥的農民。

他這樣做當然不是出於無私的利他主義，而是培養鐵路未來的顧客，他協助他們發財，確保自己一定會發財，因為他蓋的鐵路會變成這些移民農產品唯一的出口路線，他為了致富，補貼、協助、和興建基本建設。但是有一點你可以確定：拿到十美元車票，離開過度擁擠的貧民區，到應許之地的墾荒先驅，得到他免費贈送英國牛隻的農民，以及所有在他鐵路沿線開創新生活的人，對他都只有感恩之心而已。

大蕭條時，這種看法改變了，因為左派極端主義分子馬修．約瑟夫生（Matthew Josephson）在一九三四年出版了一本書，叫做《強盜大亨》（Robber Barron）。在此之前，大家認為十九世紀是經濟空前繁榮的時期，當然不是每個人都發財了，但是大多數人開始享受父母那一代只能夢想的生活水準。約瑟夫生認為是這批強盜靠著經濟才能，讓每個人擺脫了做苦工的命運。不管是石油、火車運輸、或數不清的新產品，幾乎每個人的生活都比幾年前好過。但是據說在華府推動「新政」的政府官員中普遍認為，約瑟夫生這本不懷好意的書是必讀讀物，他們認為，約瑟夫生描述的貪心大亨象徵帶來大蕭條的腐敗經濟制度。

倫理資本主義

我用「倫理資本主義」（Ethical Capitalism）來說明經濟合作這種高貴而且持久的制度。社會主義主張政府擔任無限責任的角色，可以採用不受限制的方法，為所有的人帶來平等的繁榮，如果很多人因此受苦受難，甚至死亡，也不算一回事。好比列寧（Vladimir Lenin）無情地說：「要做蛋捲，非得打破一些蛋不可。」自由放任的資本主義在另一個極端，主張政府完全不參與經濟，讓每個人都可以完全不受干涉，追求本身的利益。在第一種制度中，公民連最基本的權利都沒有，在第二種制度中，公民可能有太多的權利，最後兩種制度都因為忽略了精神層面，走向衰微。

我認為當老闆和員工都比較不注意自己個人權利，比較注意對別人的義務時，企業最能發揮潛力。有些員工很看重這種道德義務，我舉一個非常好的例子。有一天下午，我到加州雷伊小艇碼頭（Marina del Rey）船上拿一本書，看到隔壁船上有一個年輕人，在一些完美無缺的鋼體結構上施工，我停下來，讚賞他的手藝，想偷學一點東西好在自己的船上做同樣的改進。他回答我的問題幾分鐘後，打斷我的話說：「我很樂意繼續回答你的問題，甚至告訴你怎麼做，但是要等下午五點以後，因為我是論天計酬的。」他的誠實讓我十分驚訝，問他老闆在哪裡，他回答說：「在夏威夷，周末才回來。」我特別在五點整，回到這個碼頭，這位曾經擔任美國海軍潛水艇的艇員、叫做羅伯．杜瑞爾（Robert Dryer）。五點之後，他收拾工具，隨著我到船上，喝了不少啤酒，談話的時間也比我預期的長多了，他認為自己的勤奮沒有什麼特別的地方，父母親就是這樣教養他的。我毫不遲疑地請他專職替我工作；他想知道能夠為我做什麼，我說我還沒有想出來；但是有這種意識，了解制度實際上應該怎麼運作的人，就是我的機構需要的人。後來杜瑞爾替我工作了大約六年，陪伴我們一家人駕船橫渡太平洋，幾乎變成我們家裡的一份子。我知道，杜瑞爾不是少見的人，很多美國人都有類似的公平倫理與義務觀念。因此，倫理資本主義的基礎是彼此負有義務，而不是各自擁有權利。不管你是員工還是老闆，重要的不是我可以從你那裡拿到什麼權利，而是我對你有什麼義務。

同樣地，老闆要準時發薪水，也不能要求員工做毫無意義的工作。例如，猶太律法規定不管領多少薪水，老闆也不能要求下屬今天挖水溝，明天填滿，第三天再開挖。二十世紀初期，生產線大量生產方式剛開始興起，把工人當成機器人一樣看待，剝奪他們事業生涯的意義，這樣做不但不道德，在經濟上也不明智。

這種經濟制度雖然為無數人帶來空前的好處，卻總有人從道德層面上，攻擊美國的資本主義。下次你有機會跟大學生談一談，你會驚訝地發現，他們對美國企業的反感。

猶太人從聖經和口述傳統中，了解上帝對人性的下述看法：

我把你們創造成有近幾無限渴望與欲望的人，卻把你們放在資源有限的世界上，每個人似乎都沒有足夠的東西。但是如果你們遵守我的律法，持續不斷地合作，每個人得到的東西都綽綽有餘。你們彼此之間必須慷慨與施捨，必須互相合作，必須了解透過倫理資本主義，推動經濟互動的方法是好方法；其他不能自動合作，解決生存問題的諸多方法，不但邪惡，我也會設法讓這些方法失敗。

只有倫理資本主義行得通？

只有一種方法嗎？這點違反每個人的直覺，我要解釋一下。一九四〇年七月一日，位於華盛頓州、世界第三長的塔科瑪峽灣吊橋（Tacoma Narrows Bridge）啟用通車，該年十一月七日早晨，暴風吹襲，橋面開始劇烈擺動，不久之後路面開始崩裂，掉入二百英呎下方普吉灣（Puget Sound）冰冷的海水中，鋼纜斷裂，大塊的混凝土掉落，鋼架斷裂。一小時內，這條橋就消失無蹤了，因為第二次世界大戰的關係，重建延誤了十年。

你可以想像，大家組成委員會，研究塔科瑪峽灣吊橋崩塌的原因，後來斷定當初建橋時，為了省錢與美觀，違反了一些工程基本原則。一百年前，蘇格蘭皇家藝術學院副主席約翰·羅素（John Scott Russel）出版了一篇論文，叫做「論吊橋與其他狹長結構物震動問題」，其中包含建造堅強、安全橋梁所需要的大部分資訊。

今天你在世界各地，可以看到很多美麗的吊橋，每一座橋都有獨一無二的外貌，因此，看來建造吊橋有無數方法，但是這種結論是錯誤的。雖然每一座橋的形狀、風格、與顏色不同，背後原理卻極為相似。每一座蓋好的橋在設計時，都要用同樣的方法，對抗同樣的力量，不管是木造的桂河大橋，還是跨越曼哈頓與紐澤西州的華盛頓大橋，設計時都要用經過測試的標準程序，必須考慮建材的強度和重量，必須考慮重力、預計載重、和風力，並經過複雜的計算。只要你在一個可靠工程體系的大範圍標準中蓋橋，每條橋都可以展現獨一無二的美感和風格。

我父親就用這種方式，教我把蓋橋的教訓用在其他領域中。我還小的時候，他鼓勵我在幾乎每一件事情中尋找道德意義。我因為喜歡拆解舊鐘設法修理，在左鄰右舍中，變成壞鐘、壞錶的集中地，任何人有壞鐘、壞錶、或壞的計時器，都會到我家來送給我。家父鼓勵我修理這些壞鐘、壞錶，我也愉快的拆解鐘錶，希望修理好。重組的過程中，幾乎每一次都因為有五、六個齒輪找不到該放的地方，半途而廢修理不好。最後我失去了興趣。後來我問家父，為什麼鼓勵我玩鐘錶，他的回答是：希望我從機械鐘中，學到道德意義。道德意義？我才十歲，要了解道德實在早了一點。但是家父認為，對於有眼光的人，幾乎每一件事情都有道德意義，我也學到一件事，尋找道德意義永遠不會太早。一直到今天，我還記得家父教我怎麼運用這種訊息：雖然有無數的方法，可以把鐘重新組合，只有用正確的方法組合，鐘才會走，你可以隨心所欲地把鐘面漆不同的顏色，鐘殼可以用錫做，也可以純金做，但是你必須保留由基本原則構成的系統。

同樣地，要建構成功的經濟體，看來似乎有無數方法，其實並非如此。猶太人了解世界真正的運作方式，堅持不管是經商還是建橋，通常只有一種有效的方法能夠達成目的，其他方法幾乎都會失敗。建構一種人民在經濟上互動的制度好比建橋，倫理資本主義就是穩定可靠的架構，在這種架構中，個人主義、選擇、和性格會有無限的發展空間。

美國這種由人際經濟互動構成的制度成效雖然優異，卻不斷地遭到攻擊。矛盾地是，從中受惠最多的人，經常從道德層面攻擊這種制度的合法性。所有人對於花費極多時間參與、從中獲得生活所需、而且成為自身認同一環的活動，在道德上，需要有某種程度的信心。檢討企業制度遭到的四種主要攻擊，有助於釐清這種問題。

迷思一：企業天生不公平

你評估這種攻訐時，要問自己，既然企業制度有造福大眾的能力，怎麼可能同時造成社會的混亂與不公平？很多人認為，企業的行為跟羅賓漢（Robin Hood）的行為正好相反，企業劫貧濟富。有些人會認為某些人實在賺太多錢了，在這些人當中，有一位是佛蒙特州特殊口味冰淇淋製造商班傑利公司（Ben & Jerry's Homemade, Inc.）的董事長班・柯恩（Ben Cohen）；他說：「我認為應該要考慮的部分，是定出一個人賺錢的上限，在理想的情況中，任何人賺的錢都不應該超過美國總統，我很難證明其他人的工作比總統還辛苦，或是更有價值。」柯恩可能這樣想，但是一般人會發現要反駁這個說法很容易，很多人可能認為教師更有價值，消防隊員的工作比當總統更辛苦。但是很多人揮舞著虛幻的道德大旗，支持柯恩的說法以證明自己崇高。

有趣的是，這些人看到企業人士的所得時，總是比較生氣，看到運動與娛樂界更高的報酬時，反而比較不會。我認為，這是因為他們覺得運動明星是靠自己的力量，賺到驚人的所得；大聯盟的球員用球棒或球，表現神奇的球技，何況他們的生涯在中年之前就會結束。音樂家也一樣，音樂家跟企業執行長不同，擁有真正的才能。

大部分的人看待靠運氣發財，比看待獲利賺錢還寬容，沒有人說中樂透彩的人拿到太多錢，我從來沒有聽過有人不滿地說，樂透彩得主應該回饋社會。同樣地，我認為很多人覺得表演好比賭博，有些演員會大發特發，這樣沒有問題，至少他們沒有奪取窮人的東西。但是企業不同，企業人士跟好心的鄉巴佬不同，不完全是靠運氣中樂透，企業人士靠著陰謀詭計，賺到比別人多的錢，是卑鄙自私的人，用無情和狡詐的方法，利用別人的無知，而且他們沒有特殊技能，別人只要有機會，都能做好他們所做的事情。

不幸地是，有太多人贊成這種說法，他們說企業不好，主要是因為貧富差距被擴大了。毫無疑問地，很多有良心的人對不平等的情況深感不安，有些人看到比自己富有很多的人時會覺得不滿，也有一些富人看到比自己窮很多的人時，會從產生從同情到罪惡的感覺。幾乎所有有良心的人，看到比自己窮很多的人為生活奮鬥時，都有心痛的感覺。有時候，窮人對自己這麼窮會不滿，但是同樣地，富人對自己這麼富有也會覺得不安。如果每一個人在每一方面都完全相同，這種不安的感覺應該會消除，因此消除人與人之間差距的運動，獲得了不正確的道德基礎。

猶太人的傳統認為，平等既不實際也不是目標，動物園裡的每一隻大象，每天應該都得到數量相同的草料，牧場上的所有乳牛很可能都應該根據身材大小，得到相同配方、比率相同的飼料，牧場主人不會為不同的牛，調配不同的飼料。然而，人卻有無數的選擇和偏好，根本不可能讓每一個人都過相同的生活。

猶太人承認人有很多不同，對某些人來說，過著沒有壓力的生活比較重要，辛苦工作和經濟成就比較不重要。有些人認為早婚、生很多小孩，一大家子熱鬧、和樂地生活比較重要，擁有可支配的所得去度豪華假期比較不重要。有些人認為這種選擇不可思議，有人願意無限期延後結婚，一心一意追求事業生涯的成就。有些人把所得花在豪華汽車上，有些人會愛上遊艇，有些人會過著清苦的生活，把賺到的每一分錢都存起來拿去投資。既然有這麼多選擇，怎麼能夠讓所有的人一律平等？

貧窮的存在當然容易讓人失望，也容易一筆勾銷看似容忍貧窮的整個社會與政治結構。事實上，大家也容易陷入陷阱，認為這種社會與政治體系本質上是邪惡的。

這樣問會造成誤導。世界上確實有窮人，有人極為窮困，每天早上不知道早餐從哪裡來，晚上不知道要睡哪裡。美國有社會福利制度，又有公私收容所，但大部分不幸的遊民遊盪街頭，是因為他們在體制外。大約三分之一的遊民有精神疾病，其中大部分人會流落街頭，是因為州立精神病院糊裡糊塗在一九六〇年代，令人震撼地推動停止收容運動。根據約翰霍普金斯大學（Johns Hopkins University）的研究，巴爾的摩（Baltimore）四分之三的男性遊民都是重度的化學物品成癮者。我描述這些事情，不是要減少大家對這種人的同情，只是要堅決反對大家把這些人的困境，歸咎於為美國創造財富的企業制度。除了真正的窮人，「窮困」只是相對的名詞。

看看美國人口普查局一九九八年所得與窮困年報中陳述的事實：

＊美國大約有三千萬窮人。

＊和國外窮人相比，美國一半以上的窮人有自己的房子。

＊近二百萬的美國窮人擁有的房子價值超過二十五萬美元。

＊超過七十％的美國窮人擁有車子，有三十％的窮人擁有兩部車。

＊美國窮人當中，九十八％擁有彩色電視機，超過五十％擁有兩部彩色電視機。

＊七十五％的美國窮人擁有一台錄影機，有二十％的窮人擁有兩台。

顯然亞非國家大多數窮人很希望能夠有機會，變成美國窮人，但我這樣說是否表示三千萬美國人並非真正貧窮？當然不是。

猶太教義宣揚窮困是相對的；有人損失金錢，必須過水準降低的生活，根據猶太教的定義，這個人是窮人，值得救濟。如果有人擁有房子，還有兩台彩色電視機、兩台錄影機，車庫裡有兩部車，只是住在遠比他富有的朋友之間，那麼這個人會覺得相對窮困。

舊約申命記第十五章第四節：「……你們中間不會有窮人了。」如果你們很幸運，住在一大群人當中，互相愛護、互相信任、信守承諾、尊重別人財產，你們沒有理由認為自己窮困。千萬不要接受「窮人」的標籤，你可能沒有過去富有，可能沒有其他人富有，但是你一定要把這種情形看成暫時現象；你比很多人富有多了，此外，你還走在致富之路上，只要找出方法，跟別人互動，變成對別人有用就行了。認為自己貧窮會限制你追求財富。你往一邊看，會看到很多人比你富有多了，這樣不表示你會變窮。再往另一邊看，會看到很多不幸的人比你窮困多了，現在你必須伸出援手，把你擁有的東西施捨一些給他們。

為什麼要把你擁有的東西，施捨給別人？是為了幫助他們嗎？不是，幫助窮人是附帶效果，主要原因是這樣做會幫助你。在這方面，我記得年輕時看到聖經上的一個告誡：「不要罵聾子。」不是因為罵聾子會傷害他們，而是這種行為會造成你的傷害。同樣地，找到一些比你貧窮的人，把你的一部分財產施捨給他們，對你的好處比對他們的好處多得多了。

不平等的確存在，而且不平等的方式太多了，根本不可能消除不平等，不平等不是對這個世界的控訴，只是證明人類獨一無二的特性。

如果有人希望增加財富，是否有人會變窮？如果我希望增加財富，是不是會犧牲別人？如果是這樣，那麼我就很難反對財富重新分配的道德基礎。在財富有限的世界裡，不能不斷地重新安排，讓每個人擁有同樣數量的財富，就是不對的事情。看看實際狀況，會發現企業創造財富卻不重分配財富。相形之下，政府沒有創造財富的能力，卻能夠、而且實際推動財富重分配。只要問問自己，住在很富有的人當中，還是住在很窮的人當中，在經濟上會為你帶來比較多的好處？富有的人當然會比窮人多花錢，購買你的服務或產品，讓你得到好處，這就是企業的神奇力量。平常人透過這種鍊金術彼此互動，增加每一個人賺錢的機會，但是沒有什麼東西，能夠保證每一個人都能夠抓住這種機會，得到相同的結果。有時候，追求完美的心願可能讓人只著眼於美感，忽略了眼前的大好機會。我的生活可能很完美，我可能極為滿意，不過有些外人可能認為，我擁有的財產不夠多，甚至比我應該擁有的少很多，在人的事情上，完美像貧窮一樣，也是相對的。

迷思二：企業的動力是貪婪，因此有天生的缺陷

在絕對完美的烏托邦世界裡，不但行為完美，動機也很完美。但是在烏托邦出現前，你得承認在現實世界裡，你只能評估別人的行為，無法評估別人隱藏的動機，更不要說是難以了解的複雜動機了。你的鄰居或交易夥伴想知道你怎麼對待他們，遠超過你準備怎麼對待他們、或為什麼這樣對待他們。譴責企業的人扭轉這種簡單的原則，認為自己知道所有良善行為背後的邪惡動機，因而譴責良善的行為。

這是常見的道德錯誤，也就是看到施捨的人也得到好處時，就批評善行。有時候，我把這種情形叫做「德瑞莎修女症候群」。我無意批評在加爾各答行善、獲得諾貝爾和平獎、死後封聖的德瑞莎修女（Mother Teresa）。如果印度的工商業大幅進度，最後會使她這種行為變得比較沒有必要，毫無疑問地，她讓很多不幸的痛苦大為減輕，工商業卻有能力消滅讓大家受苦受難的更多原因；消除營養不良和疾病，應該跟照顧這些受害者一樣值得稱道吧？在比較不窮困的人聚集的工業國家裡，企業人士拿時間和儲蓄來冒險，生產和提供大家所期望的好處，這些企業家本身是否也受益？當然如此，投資在他們企業中的人也一樣，但是這樣不能貶抑他們所做的善行。然而，如果他們的行為讓自己跟受益人一樣，得

到同樣多的好處，甚至得到更多的好處，大家就毫不分辨的認為，他們的善行失去價值。

這是錯誤的想法，假設你需要救濟，假設你運氣不好，需要別人施予援手，你有一個選擇：不是向張三求助，接受他施捨的一百美元，就是向李四求助，接受他送你的十美元。如果你接受張三的贈予，透過某種奇異的金融鍊金術，你會造成五百美元流入他的銀行帳戶。你接受李四的十美元時，李四不會得到任何好處，事實上，給你十美元，只是讓他花費十美元。從張三的觀點，你和他只是交易夥伴，會讓他淨賺四百美元，讓你得到一百美元。從你的觀點來看，你希望接受誰的救助？你當然樂於接受張三比較大的贈予，比較不願意接受李四的施捨。事實上，張三幫助你也得到好處是好事，讓你覺得比較不像乞丐，畢竟你也幫了他忙，你的尊嚴也能夠維護。

更正確地說，如果張三不給你一百美元，卻給你機會，讓你靠自己的力量賺到這筆錢，他幫的忙更大。你擁有能夠加強他事業的技術，讓你可以成為他的受雇人，賺到這筆錢同時保住自尊。猶太教灌輸信徒這種深深內化的信念，為信徒在經濟上帶來驚人的好處，讓信徒相信，賺錢大致上是跟別人從事彼此有益互動的結果。

我曾經，跟喬治梅森大學（George Mason University）聰明的經濟學教授華爾特・威廉斯（Walter Williams）討論過這一點，他對錢的定義讓我印象十分深刻，變成我主辦企業研討會時的一環。他說：「拿一美元鈔票出來看一看，你應該稱讚自己，因為你看到的東西證明你表現優異，如果你不偷不搶，如果你不騙人，也不說服政府沒收別人的錢財然後送給你，那麼你只有一種方法可以賺到這一美元，就是讓別人滿意。」這種說法多麼正確，不管你讓顧客或老闆滿意，這一美元都證明你讓另一個人滿意。有錢並不可恥，錢證明了同胞把錢給你，證明你表現優異。

《摩西五經》提供一個想像的案例讓你思考。假設你跟一位同伴橫渡遙遠而荒涼的沙漠，你為自己準備了很多水，同伴卻疏忽了這種最基本的準備。走到一半，你們沒有足夠的水可以喝，你有兩種選擇：不是把水分給同伴，兩個人一起渴死，就是獨佔這些水，讓你活下來，讓他死掉。的確是可怕的兩難，你怎麼辦？猶太人的道德觀認為：你帶了水，就必須喝水活下來。

從這件事你很快就能推想到猶太人對企業和獲利的看法，企業不等於偷竊，利潤不等於搶劫。我可能設法賣產品或服務給你，主要的原因是為了生存和繁榮，但是我最關切的事情是照顧自己和依賴我生活的人，這種想法正確而且合乎道德。經營企業跟橫渡沙漠的故事不同，照顧自己的需要不會讓你受害，只是正好幫助自己，大家當然不能只因為施惠的人享受的好處，跟受惠者一樣多，就質疑企業的正當性。

為了擺脫企業人士所作所為出於貪婪的指責，你必須拋棄企圖勝過行動的愚蠢想法。人只是凡人，甚至經常不了解自己的真正意圖，怎麼能夠傲慢到自以為是，認為自己可以判斷別人真正的意圖？你不可能知道別人心裡在想什麼，因此判斷別人唯一的方法是根據別人的行動，而不是根據他們的意圖。

猶太律法規定，如果有人想傷害你，但是因為執行能力很差，最後反而幫到你，你應該感激他為你所做的善行，在相反的情況中，你也應該根據結果判斷，而不是設法了解行為者的意圖。對我來說，因為愛我或恨我而刺殺我的人，沒有什麼不同。在兩種情況中，我都可以合法地自衛和報復。

下一個問題是，我應該感謝完全不關心我，最後卻無意間幫助到我的人嗎？他會幫助我，完全是為了幫助他自己時的附帶結果，但是我仍然應該感謝他。即使他想害你，卻為你帶來好處，感謝他沒有什麼不對。要是有人不關心你，卻為你帶來好處，你還是應該感謝他，如果有人關心你的福祉，刻意為你帶來好處，就更應該感謝。

企業家提供我產品、服務、或就業時，我應該感激他；宣稱企業家這樣做不安好心、駁斥他為我帶來的好處，是不知感恩的不道德行為。因此，有人指責企業家的動機是貪心時，我會問「你怎麼知道？」你會讀心術嗎？即使你說的對，也沒有什麼，有人為別人帶來好處應該得到感激，而不是被人分析動機。

迷思三：企業破壞環境

環保概念已經變成最為重要的文化主題。把環保概念變成根本的價值，使環保這個觀念具有壓迫性。如果盡一切力量「保護環境」是正確的好事，那麼大家必要時，就必須犧牲自由與財務。

但環保概念不是每一個人的根本價值觀，不這樣主張的人，也不應該因此遭到嚴厲譴責。環保觀念引發的強烈情緒主要靠的是信念，不是事實。例如，幾乎沒有人能夠指出，全球暖化是確定的現象，在全球暖化的問題中，雙方都有合理的理論，都不能提出明確的證據，徹底解決這種辯論，全球暖化仍然只是信念而已，有些人相信全球暖化是問題，有些人相信不是，環保運動的很多其他主流信念也一樣。然而，即使環保觀念是一種信念，也必須慎重處理，我會說明為什麼需要這樣做，我不是指環保問題完全沒有事實根據，只是說環保問題可能不見得總是比其他問題重要。

環保意識有兩種現實結構，其中一種看法認為實際上沒有環保問題，這點很明顯不對，真的有很多問題待解決。根據另一種看法，問題很確實、很可怕，而且似乎無法解決，根據這種看法，世界原來天然、完美的狀況受到企業破壞，無法恢復，我認為真正的知識會迫使大家承認這種看法也不對。

這樣不表示其中沒有問題。環保意識把保存自然列為最優先的道德意識，超越大部分很可能互相衝突的其他價值觀。環保分子這樣做的時候，可能有效地排擠相關利益的計算，也可能使對立的事實變得無關。我的意思是，你不應該被好心的環保分子牽著走，自動相信企業是造成環保問題的罪魁禍首。我希望你在進行獨立的研究之前，要排斥跟環保問題有關的傳統看法和文化歇斯底里，我不是要你進行複雜的實驗，觀察從十八世紀以來年均溫的變化，只是建議你閱讀相反觀點的書籍和雜誌，這樣你就會有必要的資料與統計，可以對抗有關環保的攻擊，對自己也變得更有信心，認為企業跟環保問題的關係比較小，個人解決環保問題的關係比較大。

迷思四：企業貶抑人性

人類所有活動可以視為一道光譜，一端是精神層面，另一端是肉體層面。祈禱在精神層面的末端，讀書、寫字、作曲、和製造工具也在附近。性帶來肉體的歡樂和新生命，可能處在中間，飲食和身體所有其他功能屬於肉體層面的末端，商業教育屬於哪裡？人以貨幣交換商品或服務時，是進行肉體行為還是精神行為？

動物跟人不同，動物只進行純粹的肉體活動。要判斷一種行為是否屬於精神層面，可以看黑猩猩是不是能夠了解這種行為而定，我回家吃飯時，飼養的黑猩猩會知道我在幹什麼，但是當我拿報紙坐在那裡看個二十分鐘時，牠顯然不了解我的行為。另一個方法是看機器能否複製這種行為，譬如說，沒有機器能夠展現忠心耿耿，甚至無法判斷一個人是否擁有這種特質，因此忠誠是另一種精神特質。

從這兩種標準看來，商業交易的精神層面比較多，肉體層面的因素比較少，黑猩猩根本不知道商店老闆和顧客為什麼要交易，現有的機器也不能獨立進行交易，不能判斷顧客是否會買東西，只有兩個會思考的人願意交易時，才會發生交易，這種過程大部分屬於精神層面。

猶太傳統總是告訴大家，人必須跟野獸不同，必須率直地展現自己勝過原始的衝動。強力奪取別人的財產是野獸的行為，根據賣方訂的價格自願購買，卻能得到上帝的認可。猶太人就是這樣看事情，根本不認為企業壓抑人性。人有很多需要，有些是跟靈魂有關的崇高需要，有些需要比較簡單，大部分跟肉體有關，所有的需要都很有道理，商業是滿足這些需要的機制。

市場合乎道德也很有人性

經濟學原來跟宗教與科技屬於同樣的研究範疇。亞當・史密斯（Adam Smith）和十八世紀很多的經濟學家原來都是宗教哲學家，後來才變成經濟學家，亞當・史密斯先寫《道德意識理論》（Theory of Moral Sentiments），後來才寫出《國富論》（Wealth of Nations）。大學把經濟學研究從宗教系移開，移到文理學院時，實際上是強行把極為崇高的商業活動，跟支持經濟學的道德論證與精神層面分開。猶太教認為，誠信是商業和宗教的動力。

貶抑人性的意義是「使人脫離其他人類。」。在美國的制度中，成功的企業人士很難保持孤立，企業家的特性正是需要別人。關心顧客是美國企業人士的標準，其他國家不見得如此。此外，成功的企業人士了解員工是最寶貴的資產，必須照顧員工的福祉，也知道員工是精神上的動物，擁有自己崇高的期望，雇主不但必須給員工公平的待遇，也要協助員工從工作中找到崇高的意義，只顧自己私利和需要的雇主注定會失敗，因此，企業和宗教都反對自私和自戀的行為。

次佳的解決之道

我不是為商業和倫理資本主義辯護，也不認為兩者是解救人類最後命運的救贖之道。真正的問題是，人與人之間自願互動，追求經濟利益的這種制度，是不是組織社會最好的方法？企業人士是否頑固地抗拒更好的方法？聽眾經常問我一個問題：為什麼只有富人享受這麼多好處？我從這個問題中，了解應該怎麼看這種制度。我認為這個問題其實不是好問題，因為每個人享受的好處都遠超過祖先，甚至遠超過地球上大部分的人。可以想見，有些人的享受比別人少，但是說只有富人享受這麼多，根本不正確。然而，回答問題似乎比逃避問題好。

下面是我答覆的一部分，我跟家人住在華盛頓州的梅瑟島（Mercer Island），梅瑟島景色優美，每天早上我醒來，都深覺感恩。在這個小島的邊緣，有好幾百戶海濱住宅，我不住在裡面，卻希望住進去。不只是我這樣想，我發現有成千上萬的人，都喜歡住在梅瑟島海濱的房子，假設有十萬人希望住在梅瑟島海濱的房子，海濱只有五百棟房子，這表示有九萬九千五百人無法如願，應該怎麼決定五百位幸運兒？有什麼最好的方法，能夠分配五百棟海濱的房子？

我認為有五種可行的方法：一是抽獎，二是使用武力，三是組成委員會分配，四是讓大家都可以住，五是創造金錢，大家競標。第五種方法可能不完美，但是前四種也一樣。

你知道還有第六種方法嗎？如果沒有，第五種方法就對了，這種方法不盡完美，也不能讓大家都滿意，卻顯然勝過前四種方法。大部分人都接受這種方法，原因之一是大家認為，目前的狀況不是永恆的狀況，大家認為自己不會永遠不能擁有海濱的房子，大家會回到自己的事業，努力賺更多的錢，準備參加下次的競標。這樣做的時候，大家必然會為別人帶來很多好處，因為如果不能為別人創造更大的價值，你不可能賺到利潤。

企業帶來的文明效果

很多人認為，情感在事業上幾乎沒有作用，大家也認為，企業人士可能是無情的機器人，只考慮成本，沒有情感。大家還認為，在亞洲、非洲、或南美偏僻的漁獵部落中，更容易找到慷慨和利他行為。人類學家進行了很多實驗，要證明這種信念，卻發現事實不然。結果違反直覺，越深入參與企業活動的人越慷慨。加州理工學院（Californian Institute of Technology）人類學家西恩・安斯明格（Jean Ensminger）說：「越市場導向的社會，越具有利他和信任的特質。」

在互相合作的社會和經濟制度中追求完美，有相當大的風險；有人全力仇視這種制度，而不是積極參與、為自己和為身邊的所有的人創造福祉。人類社會可能根本無法達到完美的境地，但是有一個地方不但可以合理地追求完美，而且多少也能達到完美的境地，就是追求自己本身在道德上的完美無缺。從事商業讓你有絕佳的機會達成目標，還可以創造成就。了解過度追求完美可能會妨礙你的努力之後，你就已經準備好，要遵守大家經常稱為領導的機制，把其中奇妙的好處傳播給別人。下一章要討論領導。

■致富之道

◎隨時質疑譴責企業的凡俗之見。

◎摒棄忌妒富人的所有感覺。

◎在事業和個人生活中，如果找不到最好的解決之道，要樂於接受次佳的方法。

金律五

不要懼於領導

領導的兩難之一，就是經常要在兩個互相衝突、而且不相容的要求中，尋求平衡。

學習領導很重要，但是領導可能不是你想像中的樣子。

領導不是名詞，是動詞；不是身分，是行動。

不要空想變成領導人，只要去做，只要領導。

■領導的訓練

你很容易找到老師教你打網球、下棋、駕船、或操作車床；但要學習勇敢、樂觀、和激勵別人，卻難多了，而這幾點只是領袖必須擁有的一些特質。領袖可以訓練嗎？有些簡短卻矛盾的方式可以學習領導，但要變成真正的領袖，實際上是學不來的。

但是企業繼續嘗試，看看下列統計：

＊美國雇用一百人以上的企業中，大約七十％把經理人送去做某種形式的領導訓練。

＊賓州州立大學（Penn State University）估計，美國每年花在經理人訓練的費用大約是一百五十億美元。

＊美國管理協會（American Management Association）比較喜歡上課，課程包括「經理

人領導才能」、「如何領導個人」、「如何在壓力下溝通」、以及「如何應付難纏的人。」

這些都是有用的技巧，但是靠這些方法就能領導嗎？我無意貶損這種計劃或機構，但例如北卡羅萊納州的創意領導中心（Center for Creative Leadership），一年營收就將近四千萬美元，在一九九三年《華爾街日報》的調查中，該中心的兩個計劃還贏得最佳領導課程。訓練方法各式各樣，引發了一個問題：為什麼大家一致同意如何培養一流的醫師、汽車技工、和物理學家，但對如何培養一流領袖，卻沒有一致的看法？孟買的醫學教育跟波士頓的醫學訓練大同小異，但是每一個領導訓練課程都宣稱，自己有獨一無二的系統。

原因之一是大家連領導的意義都沒有一致的看法。聽聽兩位學者的說法，哈佛商學院著名教授羅莎貝絲．康特（Rosabeth Moss Kanter）說，領導是「精通變化的藝術」，賓州大學華頓商學院（Wharton School）院長湯瑪斯．蓋里迪（Thomas P. Gerrity）說，領導是「鼓舞和培養別人的能力」。大企業的領導人也有不同的看法，戴爾電腦（Dell Computer）董事長兼執行長麥克．戴爾（Michael Dell）說，領導是「快速了解市場動力的能力」。柯達執行長喬治．費雪（George Fisher）說過，領導是「帶領一群人走向新方向，或是創造比較高成就的能力。」問他們領導最重要的因素是什麼，康特回答說是「智慧」，戴爾說是產業「知識」，蓋里迪和費雪分別回答「性格」以及「鼓舞能力」。

美國總統相關民意測驗，幾乎都顯示戰時的總統是偉大的領袖。這種異常的情形只有兩種解釋，第一種解釋是不可思議的巧合：美國在最迫切需要領袖時，都極為幸運，有偉大的人物領導國家。第二種解釋是戰時使人奮起領導。

隨時準備領導

我敢說，壓力狀況下產生的領袖，超過所有領導訓練課程培養的領袖。混亂、恐懼和壓迫，正是最需要領袖的時刻。大家覺得害怕和不確定時，會求助於似乎不害怕，知道情勢發展、知道方向的人。例如，在九一一恐怖攻擊後幾小時，紐約市長魯道夫・朱利安尼（Rudolph W. Giuliani）展現偉大的領導力量。但是在幾年前，很多人（包括勸阻他不要跟前美國總統柯林頓夫人希拉蕊競選紐約州參議員的人在內）都對他的領導能力深感懷疑。哥倫比亞大學歷史教授肯尼斯・傑克森（Kenneth T. Jackson），原本已經為朱利安尼定好歷史排名，把他放在一九三四到一九四五年擔任紐約市長的菲奧列羅・拉瓜迪亞

（Fiorello H. La Guardia）之後，但是他後來改變了看法，說：「如果不是九一一攻擊事件，他頂多只能趕上拉瓜迪亞，但是他展現出最好的一面，展現出領導能力。」在九一一幾星期、幾個月之後，他被公認是美國的偉大領袖，如果沒有這場攻擊，他到二〇〇一年底必須去職，會是備受尊敬的紐約市長，卻不會變成偉大人物。朱利安尼在任的最後一天，《紐約時報》頭版刊出一篇報導，宣稱他擔任市長最後幾年裡，有種「無關痛癢」的感覺，但是因為他在九一一事件的表現，「變成比市長還偉大的人物」。成為領袖的關鍵之一，是機會來臨時要跳出來領導。

看看另一個歷史故事。記者兼作家漢普敦．塞德斯（Hampton Sides）描述二次世界大戰期間的一個關鍵時刻，當時熬過巴丹死亡行軍（Bataan Death March）的美國戰俘關在戰俘營裡，等待處死。囚禁期間有些戰俘被送出戰俘營，丟上一艘死亡之船關在熱得難以忍受的擁擠船艙裡，大家開始驚慌、尖叫、喘不過氣來，完全是因為某個人起而領導，才解救了大家。

黑暗中傳來一個聲音。法蘭克．布里基特（Frank Bridget）爬上船梯，用清楚、堅定的聲音，向下面擠成一團的大家喊叫：「各位，我們都被困在這個鬼東西裡，想要活下去，就得團結。」布里基特在適當的時間發出正好需要的冷靜聲音，平息了歇斯底里。他敦促大家：「保持冷靜，如果我們驚慌，就會耗盡寶貴的氧氣，聽著，我們都得鎮定下來，每個人都要這樣。」

布里基特不是高階軍官，也不特別受人愛戴，在這一天之前，大家知道他神經質、緊張、是個過度熱心的傢伙，經常穿著馬褲，偶爾會惹火大家。但是他在這一天表現出不同凡響的鎮定和決心，站出來領導。一直討厭布里基特的曼尼．羅頓（Manny Lawton）一直到今天，都還記得他展現出來的自然領導氣質。羅頓告訴口述歷史學家：「有時候人會突然變得偉大，你永遠不能預測誰會這樣，布里基特待機而動負起責任，我不知道他哪裡來的鎮定，他用他的聲音救了我們。」

因此，你可以看得出來，領導有時候要看狀況；看看邱吉爾，他是二次世界大戰期間英國的傑出領袖，但卻在戰後選舉中下台。你可能十分勤奮，參加美國每一個領導訓練課程，卻不一定會變成領袖。

變成一個領袖

怎麼變成領袖？答案是「找到追隨者」。怎麼找追隨者？首先你必須學到某些性格特質，然後願意在機會出現時，承擔領導的責任。但是並不保證學到這些性格特質的人，都會變成領袖；另外也有些人靠著爭取或任命變成領袖，卻沒有學會這些特質，因而遭受慘痛的失敗。我們來看看這些特質是什麼：

＊學會追隨。
＊了解目標。
＊勇敢面對。
＊掌握信念與事實。

要學會領導，先學會追隨

「學習追隨」當然違反直覺，我原來以為，要變成有效的領袖，我必須表現出強而有力、英勇無比的樣子，這樣表示我應該讓下屬知道，誰也不能告訴他們的領袖該做什麼。奇怪地是，相反的方式才行得通，如果你從來不忘提醒身邊的人你的行為不是純粹出於衝動，而是了解某種外界現實之後的結果，你反而比較有機會變成領袖。大家在追隨一位特定的領袖之前，必須先在下意識裡，真心相信階級制度，領袖要靠追隨者接受階級意識，才能有效發揮領導，沒有這種意識，整個領導會失效。

在你的事業生涯中，你很容易利用「要領導、先追隨」的原則。雖然你的地位大概不到能夠宣稱你必須服從董事會，或者你可能在一家沒有董事會的公司服務，也可能是未上市小公司的老闆，在這些情形中，你都無法確認你會追隨什麼人，因為怎麼看來，你都是老闆，都可以隨心所欲；但幸運地是，這個原則同樣可以運用，你可以宣稱自己追隨一套原則，每一個人都可以這樣做。有些機構設法用榮譽準則或任務聲明達成這種目的。重要的是，這些準則不能很平凡，甚至不能聽起來很平凡。請記住，你是靠著證明自己遵守領導原則，設法讓別人比較容易追隨你的領導。

你必須設法展現你並非反覆無常，隨心所欲，因此你必須找機會在你領導的人面前，說一些類似「如果我可以的話，我願意這樣，但是我的承諾或公司的承諾，使我不能這樣做。」換句話說，盡可能不要聽起來像大人物。例如，外交大使因為遵守政府訓令，得到相當多的權威和力量。他們喜歡說：「我必須先知會我國政府。」表面上，這樣似乎使大使的權威下降，看不見獨立自主的權威在哪裡？奇怪地是，結果正好相反，這樣做反而使他增加了權威。因此，別人相信你所說：你聽從老闆或董事會的指導，或是遵守嚴格的原則或規則時，你的領導能力都會增加。

清楚自己的目標

一九九〇年代初期，藍色巨人IBM幾乎崩潰，原本擁有將近五十萬名員工、總市值超過一半以上聯合國會員國的國內生產毛額，隨時可能倒閉。一九九三年初，董事會任命路．葛斯納（Lou Gerstner）擔任執行長，他第一次公開談話就說：「IBM現在最不需要的，就是願景。」此後，IBM的股價上漲五倍；同期道瓊工業指數只上漲三倍。從股東的觀點來看，葛斯納表現優異，但是根據《富比世》雜誌主編利奇．柯爾格（Rich Karlgaard）的觀點，葛斯納說了謊話。IBM從一九九三到二〇〇二年的確有一個願景，就是成為新科技的主宰，IBM申請的專利超過美國任何一家公司，發展出藍光雷射技術、語音識別技術、光學顯微鏡、銅製程微處理器、和很多其他的突破。大家有時候會嘲笑願景，但是每個人都需要願景，希望有機會領導別人的人更迫切需要願景。

你必須擁有願景和目標，更重要的是，你必須知道什麼時候應該注意長期目標，什麼時候應該注意短期措施。假設你計劃蓋一棟房子，你應該注意整體設計呢？還是注意怎麼跟大環境融合？換句話說，應該注意願景還是細節？想當領袖的人應該注意什麼？

答案是你應該同時注意。要推動一個軟體專案或企業計劃，你必須注意最後目標，必須把目標分成不同的階段，確保每一個階段都順利銜接。然後你必須把每個階段劃分成一些明確的任務，每個任務都不背離大的目標，你應該定期檢討大的目標，確保自己仍然走在正確的道路上。大家比較喜歡聽從知道方向、知道如何避開或克服沿途障礙的人，我沒辦法教你怎麼把這個原則運用在生活和事業上，但是可以向你保證，不管你做什麼職業，都有機會這樣做。

■勇敢面對

如果你希望領導，你必須有勇氣說服別人相信你的目標，就領導而言，即使你短期內不能說服別人，仍然可以領導，你的願景可能是新的行銷計劃，可能是希望追求公平與誠信，你當然知道如何面對衝突，但是領袖都不怕衝突。在二〇〇一年秋季安能弊案中，有一些人表現出無懼於衝突的勇氣，其中一位是資深員工華金斯，她在二〇〇一年夏季，告訴安能董事長兼執行長雷伊，說公司會計反常的作法會使公司完蛋。在安能野心勃勃、樂於冒險的氣氛中，她微弱的警告當然不受歡迎，然而她堅定不屈，終於在美國企業史上留名。

■掌握信念與事實

有些人會通曉一些事實，如果他們了解的事實跟聚合物彈性或半導體電阻有關，這種人當工程師，通常會有好表現。如果他們精通的是判例，他們在律師事務所或法學院裡工作，通常會有成就。有些人精通信念，這種人可能適於當神學家。

希望成為成功領袖的人必須同時精通信念和事實。事實比較容易掌握，但是如果我發現領導我的人不知道應該知道的重要事實，我對他的信心會遭到嚴重傷害。不過，這點並不表示長官或總裁必須無所不知，而是領袖應該利用掌握必要事實的人，不能表現出不知道跟營運有關的事實。例如，如果準備發動新的行銷攻勢，要是我知道我的上司了解競爭，我會更熱切的投入工作。如果你不能精通相關事實，你的領導會受到妨礙，精通事實是成為領袖不可或缺的一部分，但是只佔一半。如果你只精通事實，你對領袖總是會很有價值，自己卻注定不會變成領袖。

另一個必要因素是信念，這是不是表示只有宗教界人士可以變成領袖？當然不是。我談到信念時，是指能在運作時安心地配合一些看不到、卻好像事實一樣的東西，不管你是領導自己還是領導別人，你都要表現一些很重要的東西，只有你能夠看出未來希望得到的結果。企業領袖有五種義務：

一、你必須讓員工接納組織文化，員工如果沒有經過文化的洗禮，永遠不會像團隊成員全心全意地投入；內心也培養不出指引，讓他們在缺乏方向時，採取主動。

二、你必須徹底了解你對手下的期望。

三、你必須確保員工遠離陷入孤立無援的狀態。

四、你必須提供技術訓練，讓每個員工對降低成本都有貢獻。

五、你必須培養員工的能力，讓他們在激流中不至滅頂。

信念比事實重要，你必須徹底了解你的產品，也必須知道這種產品怎麼滿足顧客，這些知識都很重要，卻怎麼樣也不夠，你還必須擁有透徹的眼光，能夠看見還沒有做成的交易如何完成。

加強信念

什麼方法最能夠培養信念的力量？我們可以從宗教和醫藥兩方面來看。哈佛醫學院賀伯．班森（Herbert Benson）博士發現，心理壓力會妨礙治病，降低免疫力，卻可以用一種簡單的方法降低壓力，他要求受試者持續不斷地念一段文字、一個句子、或其他有正面意義的聲音，同時排除其他想法。這不就是祈禱嗎？大家祈禱時，持續地念與未來展望有關的字句，同時排除相反的思想。難怪很多調查、包括達特茅斯醫學院（Dartmouth Medical School）一九九五年的研究，都指出祈禱可以影響治療的成效。

如果你經常祈禱，那麼你已經開始練習這種技巧；如果你不常參加祈禱，你要多花一點時間，克服可能對你有所妨礙的自我意識。哈佛醫學院的班森博士提供了指引，光是積極思考還不夠，實際上，你也必須大聲說出來。我知道，只有你一個人的時候，大聲說出來並不容易，一開始時，這樣做會讓你緊張，擔心隨時有醫護人員衝進來，把你帶到最近的精神病院去，畢竟大家都不信任遊盪街頭、自說自話的遊民。這就是我不建議你單獨一個人練習的原因，你可能發現這樣做並不容易，我知道，大部分人照我建議的方法大聲說出來的時候，都會覺得不安，這也就是為什麼大家聚在一起，做同樣的事情最容易；你在群眾中一起祈禱時，比較不會不安。透過祈禱，你可以帶來有力的結果，但是實際上，你一定要大聲說出來，讓耳朵聽到，才有這種功效。

我建議你把這種作法擴大運用到生活中的其他地方，嘗試幾個星期，不要讓懷疑阻止你嘗試這種可能會很有意義、而且很有好處的經驗。我的建議相當簡單：每天一早，找一個安靜的機會，大聲說出跟你的事業挑戰有關的堅定信念，說的東西不必長，但是應該明白說出來，而且反映你希望達成的目標。例如，如果你的目標是下個月增加收入，不要只是大聲說：「我知道我這個月可以爭取更多客戶，我知道我可以做到這一點。」要更明確，要想到目前為止，到底是什麼原因妨礙你增加收入。是沒有跟潛在客戶安排夠多的見面機會嗎？是能夠跟潛在客戶見面，卻無法說服夠多的客戶試用你的服務嗎？要盡可能精確地說出你希望改善的地方，確定妨礙你的原因不是技術或知識不夠。

一旦你確定自己擁有成功所需要的東西，知道自己希望發揮潛力，你就做好了準備，可以開始你的計劃。現在你要把目標明確地寫下來，這一點很重要，寫下來之後，你就不會分心，知道下一步要做什麼。此外，這樣做也有重複運用相同文字的好處，祈禱文都是正式化、標準化的文字，原因就在這裡。每天大約需要兩、三分鐘，你要在不必擔心別人聽到的地方練習，大聲地說出來，讓你自己聽到，至少練習兩個星期，再決定這樣是否有效；如果你認真地照著做，你會有驚喜的發現。我們打個比方，廣告音樂不是偉大的交響樂，卻可以大大增加電台和電視廣告的價值，因為音樂會讓大家更容易記住廣告，廣告訊息的情感衝擊力也會增加，簡單的曲調不能跟貝多芬的交響曲相比，卻有效地運用了音樂的力量。同樣地，我剛才告訴你的方法，是借用祈禱力量中極為微小的一部分，而且把這種微小的力量大大的發揮。這樣做不能取代祈禱，但是這種過程跟祈禱的關係，正好像廣告音樂跟貝多芬交響曲的關係一樣，請記住，廣告音樂很有效，這樣做也一樣很有效。

最後你要想一想，嘗試一下對你會有什麼損失？懷疑是很自然的，你如果不懷疑，我還覺得奇怪呢。每個人多少都受到教導，認為人只是由約略超過六美元的化學物質構成的動物，因此，跟自己說話除了讓你進入精神病院之外，還能發揮什麼作用？如果你確定人的價值就是這麼多，我也沒有話好說。但是如果你認為人能夠主宰世界，除了靠大腦那一團東西之外，跟精神層面比較有關係，或許會認為這個主意有道理。

維持平衡

領導的兩難之一，是要在兩個互相衝突、而且經常不相容的要求中尋求平衡。假設一位軍官下令不計死活，都要攻下一個目標，這位軍官知道，讓他成為領袖的原因之一，是他極為關心手下的每一個弟兄。例如第二次世界大戰期間，邱吉爾知道聯軍的傷亡之後，總是壓抑不住內心澎湃洶湧的哀痛；倫敦大轟炸期間，他到市區巡視，看到英勇的國民站在原本是家園的廢墟中，他會失聲痛哭。同樣地，不管是軍事或企業領袖，都必須把手下看成是拼圖中的一塊，同時也是至為重要、獨一無二的人。

在這種兩不相容的要求中，最難應付的是人際關係；不論你是應付員工、股東、家人、還是應付你自己，你經常必須在兩種互不相容的期望中摸索。有時候，你必須選擇其中一種，有時候，你在言語與思想上可以模稜兩可，即使行動上只能允許一種方針。你必須認清在敏銳的精神層次上，兩種不相容的實體通常可以協調一致。把人看成是大目標的一環，同時也是獨一無二、不可或缺的人，可能是最高明的領導形式。

在某種層次上，員工的任務的確是要完成組織的目標，同樣重要的是，企業必須提供交叉訓練以及作業手冊，好讓職位變得不可或缺，而不是讓佔據職位的人變得不可或缺。建構組織結構理想的方式是：即使一位或所有員工都離職，隔天全部由新人取代，組織的運作仍然絲毫不差。實際上，這樣當然行不通，即使有了最好的作業手冊、組織結構圖和管理結構，任何組織仍然要仰賴複雜的人力網路，網路中的每個人都具有知識、文化、和技術，能夠像結合在一起的單一有機體一樣行動，而不是像旅館內的旅客，互不相關地過夜。以人為主要資產的軟體公司就是這樣，假設公司所有員工某一天晚上回家，隔天早晨由一群完全不同的人取代，公司會天下大亂。不了解軟體企業是以精神層次為核心的人會說：「這批人跟昨天離開的人完全一樣，男女比率、人種比率、背景和訓練都跟前一批員工一樣，公司為什麼不能運作？」

以廠房和機器為主要資產的製造業也一樣，仍然要靠員工之間的關係和信任，一天之內全部換掉，一定也會天下大亂。

明智的領袖了解這種現象，一邊是「沒有人重要到不可替代」，另一邊是「每個人都不可或缺」。企業當然會根據功能，而不是根據人員建構組織。不管你是根據電腦生產線還是客服人員配置表來設置工作，你都很清楚，任何職位的功能都要由人負責，你會要求員工，根據所需要的功能自我調整。然而，你絕對不會忘記人性。明智的領袖會盡最大的力量了解手下的人，也會確保手下了解，在領袖眼中，他們不是只會執行功能的工具而已。

你必須找機會告訴大家，你知道人是組織裡不可或缺的一環。領袖關心員工配偶的病情會贏得愛戴，你必須知道手下子女的情況，要了解員工喜歡的嗜好和運動，這些事情似乎顯而易懂，但是在我看來，很多人領導無方，正是因為無法讓別人相信他們真的關心，在關心和效率之間求得平衡很難，不過這點正是挑戰所在。

在長短期目標之間維持平衡

領袖要面對的另一種挑戰，就是在長短期目標之間尋求平衡。每家上市公司的董事長都知道這種掙扎，早上要設法擬定公司未來三年的策略，下午要跟只關心下一季營運成果的證券分析師打交道；這樣做很難，不是每個人都能當領袖，原因就在這裡。父母親經常要擔心子女有沒有做功課，也要關心子女長期的事業選擇，要擔心子女約會後有沒有準時回家，也要擔心他們未來的婚姻是否幸福、持久。同樣地，在賺錢方面，你有短期問題，也有比較長期的規劃。一般而言，你會注意比較迫切的短期財務需要，有時候會忽略比較長期的規劃。不管你是經理人、父母親、還是希望加強賺錢能力的人，每個人都必須撥出一段固定時間做比較長期的規劃，這樣做是精明時間管理的一環，大家都必須這樣做。

最後一個必須追求平衡的地方，是解決增加收入和減少開銷的衝突，如果你花太多時間和力量減少支出，到了某個臨界一點，這樣做會變得不值得，你必須減少支出，卻要記住這樣做同樣有成本，你必須常常決定如何控制支出，卻也必須擺脫這種焦慮，把精神放在增加收入方面。身為領袖，你不但要在這兩極之間維持平衡，也要讓手下知道你了解這兩件事情，知道兩者之間的衝突，能夠維持有效的平衡。

利用身體的語言

這一點很重要，但幾乎所有人都無法了解；有人用肢體語言判斷別人的領導潛能，卻總是難以說明。大家經常覺得自己跟領袖在一起，問他們什麼東西讓他們有這種感覺，大多數人都很難回答。肢體語言應該運用在你開會時的坐姿，運用在你公開演講時的樣子。從表面上看，身體上的語言會讓你看來更像領袖，看起來更重要；從內心來看，會讓你覺得更像領袖。你必須花幾個星期，學習這種行為，在練習期間，你必須遵守嚴格的規律，如果你這樣做，經過一段期間，這種行為會變成你的第二天性，在你改善生活的目標中扮演重要的角色。

控制行動，展現自信

不要坐立不安，開會時不要玩弄鉛筆，不要每五分鐘翹一次腳、然後放下；把腳放在地上，把手安安穩穩地放著，該說話時才說話，要鎮定地坐著，眼睛別亂瞟。轉向說話的人時，要盡可能地面對新方向，不要只轉動眼睛看說話的人，要轉動整個上半身，不要用眼尾餘光看人，如果你坐在旋轉椅上，最好徐徐地轉動椅子，面對說話的人，最重要的是，要避免動來動去。動要有好理由，必須動的時候，要平順而有效的動，要儘可能恰當地動，多一分太多、減一分太少。

演說時要用手和臂強調重點；但是要注意，不能手肘緊貼身側、只揮動前臂，要大幅揮動整支手臂，揮動手臂時要以肩膀為支點，不要以手肘為支點。對群眾演說時，身體不要僵硬地面向前面，要以腰部為支點，徐徐地轉動上半身，沒有經驗的演說家身體會僵立不動，眼睛卻緊張地轉來轉去，顯得神經質、脆弱、和不誠實，你的眼神應該凝定，轉動上半身，凝視各個方向，還有一點要注意，不要緊抓著講台。你不扶講台，講台還是站得好好的，緊抓著講台，只是讓人覺得你要是不扶著講台，可能就會倒下去。

這一切都是希望你看起來有王者之風。當然，這種有尊嚴的感覺只是技巧的一部分而已，如果你希望當領袖，行為也必須有尊嚴；萬獸之王從來不顯得畏瑣，你也不應該這樣，最傷害領導風範的東西就是看起來畏瑣。《摩西五經》建議猶太人，要當獅子的尾巴，不要當狐狸的頭，獅子走起路來尾巴總是直挺挺地指向天空，狐狸經常頭低低的，鼻子貼在地上聞味道。其中的意義是，不要跟狡猾的卑鄙小人在一起，即使他們尊你為王，也會很快地把你拉下來。然而，你跟真正寬宏又有威嚴的人在一起，即使一開始時，你只是附驥尾，他們也會鼓勵你，抬舉你，給你每一個成長的機會。

其中的教訓很明顯；面對兩種選擇，跟兩種不同型態的人交往，其中一位表現出獅子般的特質，另一個人表現狐狸般的特性，要選擇跟獅子來往。獅子會儘量地拉拔他人，這也是矛盾點之一，但是這樣做會使你變得更偉大，不是更渺小。

演說別用摘要

我十四歲的時候，來訪的團體要參加我們猶太教會辦的宴會。主持人決定，我們教會中應該有個少年代表。因為沒有人想出頭，家父又是這個教會的教士，任務就落在我身上，我收到人生中第一個公開演說的要求；別搞錯了，我也不想出頭，但是家父是演說家，迫不及待地要我開啟公開演說的生涯，堅持要我準備演說。

幾天後，在前往會場的途中，父親問我準備好了沒。這麼多年來，我看著他準備幾百場演說，於是就跟他保證：我已經準備好了！然後他問我有沒有逐字逐句地把演講稿寫下來，我再度向他保證！他問我有沒有帶著演講稿，我以為他想確定我不會讓他難堪，就伸手到外衣口袋，拿出一堆寫滿演講稿的紙。他伸手過來拿走講稿，然後我眼睜睜地看著他把我的講稿撕成碎片，丟到車窗外面。到今天，我都還記得那時驚恐的感覺，在驚駭之餘，我根本沒有想到該抗議他在路上亂丟垃圾。

接著他慢慢地開導我，說要很多年之後我才會了解他這樣做的目的。同時，他也要我相信他，這樣做對我最好，有一天我一定會了解。然後他停下車要我對著他演講，起初我頑強地拒絕，直說這樣做根本沒有意義，因為我不想演講了，但是最後我屈服，設法逐字逐句地回想我的演講內容。這種情形真是可怕。

然後家父費心地根據演講的典型結構，也就是包括引言、正文、和結論，幫我回想我的演講。他把每一部分分成三個小節，然後幫助我決定九個小節中每個小節的一個關鍵字眼，最後他幫我想起和記住三句關鍵的句子，一直到我可以滾瓜爛熟地說出來為止。當時我注意到要到會場還有很多時間，我想我們這麼早離開家，是因為家父已經預見到整個情況了。

他告訴我，演講的時候，手上或講台上沒有摘要，會比我原來的方式——其實是念的方式——要成功得多了。沒有人想在會場上，聽主講者念稿；每個人在下意識裡，都知道主辦單位只要把寫好的講稿寄給參加的人，在各方面都會經濟多了；但是聽到很好的演說時，不管演說有多短，大家在聽完演講之後，都會覺得自己看到了演講者的內心，此外，跟印好的演講稿相比，演講的影響更深入、更能直指聽眾的內心。

我熟悉演講主題，知道下一步要說什麼，因為放棄了摘要，所以能夠跟觀眾有更多的眼光接觸，可以注意手勢和音調。家父說對了。完全是父親的緣故，我第一次演講所獲得的好評，超過十四歲少年初出茅廬的期望。回家的路上，我忘了謝謝家父把我的草稿撕掉，但是後來我一再感謝他，從那天起，我演講幾乎從來不看摘要。

我告訴你這個故事是要讓你知道，摘要對演講來說，就好像拐杖一樣，我知道把拐杖丟到火爐裡，兩手空空地演講有多難。但那也只是拐杖而已，你不需要摘要。此外，你一開始不靠摘要演講，就再也不會求助於摘要，你會享受到不看摘要的樂趣，演講會變得更有效，你說的話大家更容易記住。假設你的工作需要你探討很多細節，可以用電子設備幫忙記憶，這種設備裝在大廳裡，別人幾乎看不到，卻可以讓你抬頭看著聽眾，不必在摘要裡尋找細節。不過，還是儘量避免依靠電子設備比較好；我能想到最有力、最有用的建議，還是鼓勵你習慣不靠摘要向大眾演說，這樣做其實比你想像的容易多了；但是，你需要豐富的辭彙，而且覺得跟大眾溝通很輕鬆。不管是政治、軍事、或企業領袖，很難想像到有好的領袖不是好的演說家。

要怎麼增加辭彙、在大眾面前輕鬆演說？我的建議簡單得讓人不敢相信，簡單到很多付我一大筆錢，要我教他們演說技巧的領袖當中，只有少數人實際遵照我的方法。這種方法看來太簡單，不值得學習，我希望你不要犯這種錯誤，深入研讀、思考，跟實際去做不一樣，練習六到八周，效果會讓你自己和別人大吃一驚。

我的方法是大聲朗讀。不錯，就是這樣而已；如果有人聽你朗讀，朗讀起來會輕鬆多了，也會比較有效，因此如果你的朋友、配偶、或小孩願意聽你朗讀，當然最好。找一本好書也很重要，找一本你想學習其風格的書，華盛頓和林肯用聖經，我用邱吉爾的作品，我必須再次強調，你的耳朵必須注意聽你念出來的聲音，因此你朗讀時，必須用上全部的音調和表情。要遵守嚴格的紀律，每天朗讀二、三十分鐘；好結果很快就會開始鼓勵你繼續下去，你一定不敢相信這樣做會大大提高你跟別人溝通的能力，沒有善於跟別人溝通的能力，你也別想領導別人。

戴上「面具」

我在本章裡一再強調，你不但必須根據領導原則行動，也必須經常表現出領袖風範，表現領袖風範常常甚至比實際內心感覺重要。例如，領袖必要的特質包括樂觀與勇氣。領袖展現樂觀與勇氣，遠比反映其內心感覺重要多了；他可以向害怕而士氣低落的手下，展現樂觀與勇氣，也可以公開、誠實地表現內心的不安與恐懼。如果他選擇表現不安與害怕，他就不是領袖，如果他選擇前者，那他會不會覺得自己像騙子呢？領導代表著不能經常透露內心的疑慮，有時候，透露疑慮根本不適當，還會產生反效果，因為這樣做一定會把打擊士氣的恐懼感，擴大到整個組織。

如何培養重要的樂觀與勇敢特質？原則很簡單：如果你對某件事或某個人不滿，根據應有的方式行動表現出內心的不滿，不久之後，你就會覺得不滿。懂了嗎？再看一遍。

我舉一個例子，假設你跟一位在你生活中很重要的人發生爭執，一整天你都為這個人早上的說法生氣，你跟這個人再度見面時，爭執很可能再度爆發，如果沒有爆發，你們兩個人之間頂多只會有冰冷的關係。有一個更好的方法可以解決，如果你真的喜歡某一個人，難道你不會表現出來嗎？現在也這樣做，送禮物給同樣怒火中燒的對方，禮物會讓這個人忘掉爭執、開始喜歡你嗎？很可能不會，不過卻很可能讓他覺得驚訝。禮物有更重要的目的，送禮會降低你的敵意，改變你的心態，你的行為可以改變你的感覺，這不表示你的行為可以改變別人的感覺，這樣難多了，不過的確有用，你的行為的確可以改變自己的感覺。

同樣地，如果你行動時，內心真的充滿樂觀和勇氣，不久之後，你會覺得更樂觀、更有勇氣。這樣可能意味著戴上面具；的確如此，但如果你希望在經濟生產和所有生活領域中變得更有效，你必須在你領導和接受你領導的人之間，培養安心的感覺；有時候，這樣的確需要戴著面具，軍事史學家約翰．基根（John Keegan）說的比我還好：

就像教士、政治家、甚至是天才，英雄式的領導和任何領導一樣，外在跟內在幾乎一樣重要。傑出的領袖會對大眾表現、同時隱瞞，用靈巧的手法展現，用戲劇化的方式呈現，成功的政客、教師、企業家、運動員、或神職人員表演的衝動會很強烈，他們表演的對象期望他們表演，也會強化他們的表演。

企業生涯最刺激的地方是沒有一天會跟前一天一模一樣，不斷變化既是刺激，也是挑戰，學習如何因應挑戰顯然是所有成功領袖和企業人士應有的特性。下一章會談到這一點。

致富之道

◎如果你想領導別人，要先學會追隨。領袖要靠追隨者接受階級意識，才能有效發揮領導。如果你不忘提醒身邊的人，你的行為不是純粹出於衝動，而是了解某種外界現實後的結果，你反而比較有機會變成領袖。

◎勇敢說服別人相信你的願景。你的願景可能是新的行銷計劃，或是希望追求公平與誠信。你當然必須知道如何有效地面對衝突，領袖都不怕衝突。

◎你必須讓員工融入組織文化。如果沒有組織文化，員工永遠不會像團隊的一份子全心全意地投入，內心也培養不出準則，讓他們在缺乏特定方向時，採取主動。你必須徹底了解你領導的人有什麼期望，確保員工不會陷入孤立無援的狀態。你必須提供技術訓練，讓每個員工對降低成本都有貢獻。最後，你一定要培養員工的能力，讓他們在激流中不至滅頂。

◎把祈禱的力量用在事業目標上。每天一早，找一個安靜的機會，大聲說出跟你事業挑戰有關的堅定信念，說的東西不必長，但是應該清楚明白，而且反映你希望達成的目標。要盡可能精確具體，然後把明確的目標寫下來。要大聲說出你的信念，讓你自己聽到；至少練習兩個星期，再決定這樣做是否有效。如果你認真照著做，你會有驚喜的發現。

◎一定要在長短期目標之間維持平衡。你在賺錢方面，有短期問題，也有比較長期的規劃。一般而言，你會注意比較迫切的短期財務需要，有時會忽略長期的規劃。不管你是經理人、父母親、還是希望加強賺錢能力的人，每個人都必須固定撥出一段時間，做比較長期的規劃。這樣做是精明時間管理的一環，大家都必須這樣做。

◎展現領袖風範。開會時不要坐立不安，說話時，要看著對方的眼睛，要有權威，能夠不靠摘要演說；改進說話的聲調，好讓自己聽起來像領袖；不要讓別人知道你內心的疑慮，要投射出信心、樂觀、和勇氣。

金律六

不要逃避變化

企業要有成就，必須隨時準備迎接變化。然而，除非你堅決地以一套不變的原則為基礎，否則不可能自由自在地擁抱變化。

文化習俗和大眾習性像鐘擺一樣，會從一個極端擺到另一個極端。有些時候，大家會在休閒和工作中愛上變化，追求冒險和高風險的挑戰，突兀且強力地追逐接二連三的趨勢。又有些時候，社會和群眾會恢復穩定，變得可以預測，大家會窩在家裡，停止到處遊盪；或者只到鄰近地區度假，而不是到特別的景點度假，投資保守而不冒險。接著，情勢會再度轉變，鐘擺會擺回另外一邊，令人目眩神迷的刺激重新出現，大家放棄穩定的工作，加入新創事業，追求刺激；度假時，到世界各地去追求最新的刺激。

人喜歡熟悉的事物還是多變的生活？就複雜的人性而言，兩種答案都對。最重要的一點是你必須分辨生活中的變與不變，辨明你歡迎的變化。有時候，你可以控制你碰到的變化，偶爾你只能被動因應，穩住陣腳避免翻覆；應付激烈的變化，有時候你或許可以支撐下去，等待風平浪靜，這樣會增加你造就有意義變化的能力。

千百萬年來，礦物幾乎不大會變化；大理石從義大利的採石場切割後，運到紐約市作為銀行的門面，年深日久，大理石幾乎維持原樣，最後大樓可能會拆掉，大理石卻會保留下來，用在另一棟建築中。植物沒有礦物這麼耐久；例如紅蘿蔔的生存期間，變化就比礦物多，但卻也只是小小地變化，紅蘿蔔可能長得更大，變得更紅，卻仍然是紅蘿蔔，成熟的紅蘿蔔和還在生長的紅蘿蔔只有在質量上，有些少差別。動物的變化比植物多；新生的小狗可能可愛極了，但是幾年後，同樣一隻狗可能變成癩皮流浪狗，成為鄰居討厭的東西。新生的小牛必須由酪農餵養，變成成牛為止，長成的乳牛跟小牛差別很大，長成之後，外貌和泌乳量都很少變化。

如果你現在的境遇不順遂，你可以確定幾個月後情形會不同，很少人能夠預測一、兩年後的情形，人生不斷變化，這也是人生意義的一環。另一環渴望十足的安定，不歡迎打破現狀的變化。重要的是要了解這種期望，就像客觀看待紅蘿蔔或乳牛一樣，別讓這種期望控制你的情感或心理狀態；人生的意義中有一種比較高的層面，就是喜歡變化，你會發現，在變化中有著各種成長與致富的機會。

進步的契機

你可以把這種知識用在企業生活中。看看兩個不同的情況；首先，科技不斷進步，你或許聽過一個可能是編造的故事：二十世紀初，底特律有一家馬鞭製造商，雖然聽說過附近有個傢伙叫做亨利．福特（Henry Ford），正在生產最新式、沒有馬的車子，他卻不改變自己獲利穩當的事業，沒多久，他的事業就完了。

同樣地，十九世紀時鋼的出現，讓美國和英國眾多老式鑄鐵廠紛紛沒落，被早期的煉鋼爐取代，喪失驚人的財富。接著英國人亨利．柏賽麥（Henry Bessemer）發明了柏賽麥轉化爐（Bessemer converter），能夠以經濟的方式生產鋼材，迅速取代了鑄鐵，成為橋樑和其他結構的建材。所有早期的練鋼爐都遭到淘汰，取而代之的是更快、更有效能的新系統。

後來柏賽麥轉化爐被西門子平爐（Siemens Open Hearth Furnace）取代，平爐到二十世紀中期，又被電弧爐（Electric Arc Furnace）取代，即使在成熟的鋼鐵業中，創新也沒有結束，小鋼廠侵蝕比較大、比較沒有彈性的大鋼廠業務，這種現象不限於鋼鐵業，一九九〇年代很多科技公司碰到同樣的情形，他們專精的產品和複雜的專利被迅速發展的新科技取代，走向滅亡。

在每種創新、每種產業中，價值千百萬美元的設備會被人廢棄。令人驚異的是，這種作法雖然是破壞與浪費的行為，卻正好是創造更多財富、增進千百萬人生活水準的契機。壞處是原來的投資人會虧損，更讓人難過的是，工人們會失業；有些遭到裁員的工人很快地找到新工作，甚至找到更好的工作，很多人卻找不到工作。面對這種艱難、慘痛的現實，你有兩種選擇，不是接受創新、造成若干人的痛苦，就是拒絕接受，讓大家都陷入貧窮和痛苦中。但實際上，進步無法扼止，科技知識與運用會持續不斷地擴大。

無論是生產馬鞭的公司還是生產複雜網路設備的思科（Cisco），企業要長期生存，唯一的方法是透過大規模的創造性毀滅，因應變化。康寧（Corning）就是這樣放棄餐具和消費性玻璃製品，打進光纖事業。猶太教義教導我，對不合作的上帝拳腳相向以表抗拒，只是浪費時間罷了。有時候，你必須在兩種不好的決定中抉擇。例如，康寧必須在兩個痛苦的決定中選擇，不是關掉一些工廠、更新設備，讓其他廠房停止生產玻璃碗，以生產玻璃纖維，不然就是拒絕改變，看著一家大公司垂死掙扎到死亡為止。能夠體認到兩種選擇雖然可怕，卻分得出哪種選擇比較好，代表成熟。

我在家裡，看到不同子女在不同的年齡走到成熟階段時，總令我嘖嘖稱奇；他們十多歲時，面對兩種不好的選擇時，都會退縮到半癱瘓狀態。不久之前，我其中一個女兒必須在兩個痛苦的選項中抉擇：第一、她可以到一所社會風評和學術成就上都很不錯的學校就讀，卻必須離家住宿，好幾個月才能回家一次；或者，他可以有第二個選擇，留在家裡，但是失去遠地求學的好處。兩種想法她都很不喜歡。浪費了幾個星期的寶貴時間，堅持一定有更好的第三種方法。第三種方法通常可以找到，但是像我女兒這種狀況，有時候並沒有第三種方法。

知道女兒願意留在家裡陪我們和兄弟姐妹，內人和我都很高興；但是看到她因為害怕做出抉擇，想法還停留在壓根不能接受的狀態，卻想讓她了解抉擇最重要的意義，是由自己走向成熟，體認到有時候必須接受「比較不爛」的選擇。

在企業界裡，不斷地創新，加上創造性破壞，經常是「比較不爛」的選擇，不論是裁員、取消一種計劃，還是離開安全網，嘗試新天地，我們都必須認定，連好的變化中經常都有不好的地方。市場淘汰不能適應的落伍公司是一種趨勢，這種趨勢持續不斷地加快出現，看看下列統計：

* 一九五七年構成標準普爾五百的股價指數（Standard & Poor,s 500 index）中，五百家公司到一九九七年時，只有七十四家還在其中。
* 一九二六年時，標準普爾五百指數的汰換率大約是一．五%，表示企業留在這個指數中的平均期間是六十七年，當時一家三代都可以在同一家公司裡終生服務。
* 二〇〇〇年，標準普爾五百指數的周轉率變成大約十%，表示列在指數中的企業平均期間大約十二年，從你父親到你子女，都不可能在同一家公司裡終生服務。

奧地利出生、後來變成哈佛名教授的經濟學家約瑟夫．熊彼得（Joseph Schumpeter）在一九四二年說過，這種程序是他所謂的「創造性破壞」（creative destruction）。他說，事業經營的方法持續創新，是企業界不良的副作用，卻是財富創造的基本因素。創造財富絕對要依靠變化。前蘇聯變成十九世紀工業主義的活化石，不是因為前蘇聯缺乏資本，而是因為把大量資金投入軍備競賽；蘇聯在一九五七年，率先發射人造衛星史潑尼克號（Sputnik），雖然蘇聯可以取得新科技，卻絕對不肯把過時而不能獲利的工廠關閉。經濟學家愛德華．魯華克（Edward Luttwak）清楚地說明了這一點：

從義大利進口全新的汽車工廠，配備完整的生產線、手工具和訓練，新型的汽車從高效能的生產線中生產出來，旁邊卻有十倍的員工在生產老式汽車；有很多創新，卻沒有讓創新擴散的方法；因為目前的工廠沒有力量投入更多的資本，雇用更多的員工，投資和員工都需要事前分派；而老舊的工廠不會碰到競爭，可以永遠營業下去，沒有廢棄的機械，也沒有失業。但是整體結果卻是人民陷在貧困中，浪費全世界最龐大的天然資源，也浪費驚人的資金，以及龐大的勞動技能。

這不表示個人要盲目投資，或是改用最新的科技。雖然成功之後會出名，但成功卻經常踏在過去的失敗血跡上。大家終究會從網際網路中賺很多錢，不只是 eBay 或亞馬遜

（Amazon）會賺錢，其他無數公司也會賺錢，出現這種情形時，你必須記住，沒有先前的努力和失敗，成功絕對不會來臨。投資人根本不必經常放棄新的東西，只為了投入另一種更新的玩意兒。

不論你從事哪一行，想要成功，都必須不斷地觀察整個世界，尤其在這種全球通訊的時代，誰也不能說：「我是醫師，電腦業的狀況跟我無關。」也不能說「我開服裝店，為什麼需要了解最新的醫療突破？」就像馬鞭製造商受到汽車時代來臨的影響一樣，世界上每個人都可能受到今天無法預知的進程影響，在這種情形中，你必須能夠放棄舊的東西，擁抱新事物。不會因此驚慌失措有很大的好處，你應該堅持穩定的基礎，抗拒這種基礎之外的動盪和變化，變化可能很可怕，也會讓人痛苦。

■漸漸改變

猶太傳統規定新郎、新娘新婚要慶祝七天，因為年輕夫妻經歷這種改變生活的大事後，要他們隔天恢復正常生活根本不合理。西方文化主張新婚夫婦度蜜月，猶太制度卻認為，遠離人群到巴哈馬群島（Bahamas）固然快樂，卻不能正確地表現婚姻生活，猶太人希望新人住進新公寓，習慣一起在大眾面前出現之前，在婚禮之後整整一星期裡，都參加朋友和親戚舉辦的小型聚會。婚姻的影響很深遠，猶太人也希望新婚夫婦能夠白頭偕老，因此需要七天，讓人恢復正常。

另一種劇烈改變生活的事是失去親人，家人的死亡是影響深遠而持久的事情，壓力很大令人難以承受。猶太傳統也認為，人的構造不能讓人在參加完父親的葬禮後，平心靜氣地到購物中心採買或是到公司開會。猶太人亦認為，這種過程需要七天，因此在喪禮之後，猶太人待在家裡，開始整整一周的復原期；生者和死者的朋友都會來探望，這樣可以讓活著的人逐漸從情緒起伏中慢慢地恢復正常。

身心都需要時間適應劇烈的變化，現代科學已經證明了這一點。一九八六年，《科學雜誌》（Science Magazine）指出，科學家意外發現心臟病通常在早上發作，時間集中在早上九點左右；一九八四年春季，哈佛醫學院的詹姆斯．穆勒（James Muller）根據心臟病臨床試驗的結果，發表這些資料。後來有人指出，根據穆勒的資料，心臟病似乎比較可能在冬天發作，比較少在夏天發作。穆勒認為，這樣的確符合中年男人鏟雪時心臟病發作的印象，決定重新檢討資料，看看這種觀察是否正確。結果不然，心臟病在全年任何時間發作的情況都一樣。

但是心臟病發作的時間的確有些特別的地方，穆勒發現，心臟病通常在早上九點左右發作，為什麼是早上九點？因為大部分人這個時候正在上班途中，跟壅塞的交通奮鬥，或是剛剛到達工作場所，開始要面對工作上的挑戰。但是到了傍晚，人也必須對抗擁擠的交通，面對家裡的挑戰，因此心臟病發作豈不是應該有兩段大致相等的集中時間，早晚的交通尖鋒時刻各一次嗎？其實不是。因為之間有一個重大差別，對大多數人來說，早上九點離大家躺著睡覺的時間只有幾分鐘，很多人早上在不到半小時之內，從安睡的狀態變成趕達捷運上班，這樣根本不健康。

從睡覺轉變成苦惱的工作，變化極為劇烈。事實上，猶太人在睡覺和通勤上班、面對擁擠的交通之間，安排了一個緩衝時段，就是每天早上大約四十五分鐘的簡短晨禱禮拜。你可能對晨禱沒有興趣，但是你可以在睡醒和工作之間，安排其他有效的緩衝方法。試試看每天早上撥出二十分鐘，什麼都不做，只想到人生多麼美好，你多麼感恩。

我兒子告訴我另一個例子，說明身體無法忍受機能的快速變化。他熱愛水肺潛水，知道人一旦潛入深深的水中，水肺供應的空氣會增加壓力以對抗外部水壓，壓力逐漸增加，會像在水面上的正常情況一樣，讓空氣融入血液裡，但是如果潛水人上升速度太快，沒有停下來減壓，會產生一種致命的問題；像突然打開瓶蓋，二氧化碳會從瓶裡噴出來一樣，潛水人上升時，空氣會在血液中沸騰，這種痛苦而危險的狀況叫做潛水夫病，只能靠著緩慢而逐漸的上升避免。只要事情逐步進行，大家幾乎可以應付任何事情。

盡可能逐步改變

了解這種觀念後，讓我在身為員工或老闆時，可以更有效地處理職場的變化。變化顯然會讓人極為不安，甚至危害健康，但應付變化有比較好和比較不好的方法，因此你必須特別注意在什麼情況下，可能造成別人壓力的快速增加。你偶爾會無意宣佈一件事情，或是對員工發出慣有的命令，卻引發對方意料外的反應，這種情形經常是因為你低估、甚至忽略了你的宣佈或命令，會造成這個人生活上的重大變化。例如，你可能認為工作時間的微小變化、甚至裝設新的電腦系統沒有什麼大不了，對員工來說，卻可能是重大事件，如果你用漸進的方式說明而不是簡短的通知，得到積極合作的可能性會大多了。

但是外科手術不適用漸進的原則，在這種情況中，決定截肢不會為了儘量減少震撼而拖延幾個月，因此這類手術是多數人最能夠堅定應付的手術之一，大家會察覺即將來臨的威脅，在這種情況下，時間拖延造成的不確定不但殘酷，也會對組織造成傷害。

緩慢因應

當變化突然來臨，無論如何，你都沒有義務要立刻因應。例如，假設老闆剛剛告訴你，你的職位被裁掉了，或是公司要倒了；或者想像你女兒剛剛用鎮定異常的口吻告訴你，說她要放棄大學學業，跟人私奔；又或許你的銀行通知你，因為貴公司最近遭到法律訴訟，銀行要取消貴公司五百萬美元的信用額度。在上述情況中，即使你不會立刻感受到壓力，你也必須了解自己面臨了壓力。當下最好的因應之道是不因應。你可以說出類似這樣的話嗎？「哦，你顯然經過幾天或幾小時，考慮怎麼告訴我這件事，我現在也要花同樣的時間，想一想怎麼應付你剛才告訴我的事情。」

我可以告訴你，很多人匆匆忙忙應付上述狀況後，家庭關係可能破裂難以彌補；可能匆匆離職，得不到可能得到的較好待遇；你可能陷入比較危險的弱勢，結束談判。如果可以避免，不要因應突然之間強加在你身上的變化。

提高警覺可以使變化不會那麼突兀，凱瑪百貨（Kmart）的員工多年以來，都知道公司面對勁敵沃爾瑪百貨的競爭，業績一直往下掉，二〇〇二年初失去工作的凱瑪員工，震驚程度遠遠不如三、四個月前因為破產而失業的安能公司員工，安能幾乎在一夜之間，從意氣風發、赫赫有名的能源鉅子，變得一敗塗地，倒閉後仍然蒙羞不已。很少重大的變故沒有跡象可循，很多人寧可把頭埋在砂裡，希望某些事故會消失，不願意開始面對這些事故；但是根據自己安排的時間，來應付這種慘禍會有效多了。

熟悉讓人安心

熟悉的東西讓人安心，懷舊因此備受歡迎。米老鼠這麼多年來，一直是大家的最愛，米老鼠經得起時間的考驗。哈佛教授史蒂芬・顧德（Stephen Jay Gould）指出，米老鼠從一九二八年首次在影片「汽船威利號」（Steamboat Willie）中出現後，實際上的樣子已經改變，變得讓大家覺得更熟悉。迪士尼一定知道，大多數的人喜愛小孩，因此設法使米老鼠變得更像小孩；分析嬰兒的解剖特徵後，會發現頭跟身體大得不成比例，更不用說還有那雙大眼睛，這種臉孔，通常會讓大多數的成年人心懷天真無邪的柔情，因此迪士尼的動畫師把米老鼠所有尖銳的稜角都去掉，讓米老鼠呈現大得不成比例的頭與大眼睛，耳朵也變得比較圓、更向頭的後方退縮；米老鼠沒有令人不安的轉變，反而變得更像小孩，變得讓人更熟悉，大家因此爭著看卡通片。

有時候早年碰到的痛苦變化，會教導大部分人渴望安定和可以預測的事物。二次世界大戰結束時，捷克猶太人法蘭克・羅伊（Frank Lowy）才十五歲，他從屠殺中倖存下來。戰爭奪走了他的青春年少，他放棄殘破的過去和可怕的記憶，加入猶太地下組織，為以色列獨立建國而戰。他知道世事無常，戰爭終究會結束，因此上夜校念會計，為未來準備。一九五一年，他移民到澳洲，開始在雪梨的一家快餐店送三明治，同時努力存錢購買郊外的建地。一九五五年，他到加州參訪第一次看到購物中心，回到澳洲後，決心把這種新的購物方式引進澳洲。

到了一九七四年，他擁有澳洲大部分的購物中心，成為今日澳洲最富有的人之一，同時也是澳洲中央銀行理事會理事，還是很多政客、包括前總理鮑伯・霍克（Bob Hawk）的好友。他征服澳洲之後，把目標轉向美國，購買和興建了很多購物中心，目前在聖地牙哥擁有八座購物中心，洛杉磯有八座、北卡羅萊納州四座、聖路易五座，還是聖路易最大的地主。一九九八年，他把旗下所有購物中心，改名為威士菲購物城（Westfield Shoppingtown），每個購物中心都有同樣的標誌，警衛、客服、和其他工作人員，都穿同樣的紅白藍三色制服。為什麼要這樣定位？羅伊說：「原因跟麥當勞為漢堡定位一樣，聖地牙哥的消費者到了華府，可以買到相同水準的產品。」他希望自己在世界各地的購物中心，都以同樣的高品質服務聞名，他認為這種熟悉經驗在人口不斷流動、不斷換工作和住所的國家裡，會有很好的效果。

你應該把這種觀念應用在事業和個人生活中，尤其在某個部分發生重大變化時，你應該盡最大力量，維持其他地方的熟悉和一貫性。

擁抱變化

變化會造成的其中一個問題，就是很少會配合你事先給你警告，讓大家有足夠的時間，應付即將來臨的變化。當變化造成的痛苦突然出現時，你會發現自己沒有做好準備，會遭遇傷神的壓力，也會犯錯。因此體認變化具有好處，是很有價值的；猶太人在堅持不變之餘，認為變化在基本上是健全的。

雅典與耶路撒冷分別代表希臘文化和猶太哲學的不同；雅典人否定變化，追求永恒的年輕，耶路撒冷人尊敬老人以及隨著年老而來的智慧。希臘哲學描述一個始終不變、永遠存在的世界，猶太教卻透過聖經，描述一個透過大爆炸旋即成形的世界，希臘人表現出貴族氣息，輕視工作，猶太教卻認為，工作是持續不斷的創造過程中，人與上帝的結合。

先入為主的信念對文化、甚至對個人的重大影響非常明顯；過去一千年來，所有科學與醫療進步，大約八十％是由基督教社會所創造的。這當然不是意外，聽到猶太教士指出基督教義是大部分科技發展的來源，似乎有點奇怪，但是實際上，起源並非基督教本身，而是起源於猶太教與基督教共同擁有的諸多信仰，對世界的起源有著神秘而多彩多姿的說法，很多宗教完全不管人類怎麼來到這個世界，猶太教和基督教卻以聖經開頭的一句話為依歸：「起初神創造天地。」

奠定現代物理學基礎的牛頓為什麼是虔誠的基督徒，不是來自其他文化的思想家？原因很簡單，因為牛頓在一六八七年出版《數學原理》（Principia Mathematica）之前，就寫過大量的宗教論文，擁有一種事先存在的重要信念：如果世界確實是由全能而仁慈的上帝創造的，自然會根據可以辨識的型態和一定的規則來創造世界，而這種規則只是聖經中精神規則的物質層面，因此，尋找這種型態和規則應該會得到結果。牛頓和以其他文化為背景的人不同，認為創造不是隨機與任意的結果，他所追求的東西一定存在。牛頓根據他的信念而研究。

結合變與不變

你可以把不變的堅持和歡迎變化的態度結合起來，把變化當作朋友而不是敵人，這樣做有助於企業適應科技進步、追求財富；反之，你可能會受到傷害。同樣地，正確利用變化可以幫助你，不正確的應用可能會傷害你，結合變與不變會為企業人士帶來機會。

以時裝工業為例，你可能認為，大家只是因為衣服「不再流行」而丟棄衣服沒什麼道理可言。但是這樣做，卻可以刺激布料廠商、攝影師、設計師、時裝雜誌出版商和衛星工廠為數眾多的工人；而顧客為了想買這些新衣服，也會受到刺激，大大地提高生產力，造福每一個人，這就是他們買得起這些新衣服的原因。總而言之，下文你會看到，對人類來說，衣服一直都不是只有實用的目的而已。

古代猶太人從摩西對西布倫（Zevulun）的祝福中，學到生產力總是依附著變化而來，摩西說：「西布倫哪，你出外可以歡喜。以薩迦（Issachar）啊，在你帳篷裡可以快樂。」猶太人一向認為，西布倫是經營事業、具有企業精神的代表，「出外」表示要逃脫傳統言行的限制。摩西祝福西布倫，說他注定要領導以色列子民經營事業與從商，知道必須用什麼方法，打破目前的限制。

其中的教訓是，要隨時做好準備以應付變化；預期會有意外的事發生，做好計劃從中獲利。在跟創造財富有關的事情中，千萬、千萬不要預期現狀會一直維持下去；你明年的工作應該跟今年不同，如果相同的話，不是你的老闆不發達，就是你在公司的職位不安全，不管是哪一種情形，你的來日都不多了，如果事情進行順利，你應該要做不同的事情，或是做更多事情，或許你會應用目前還不存在的工具與機械，或許你應該做好準備，迎接這種日子。

摩西死前祝福西布倫的話中，有一句話很有趣：「他們要吸取海裡的豐富、並沙中所藏的珍寶。」我記得在一九六〇年代時，一位當教士的長輩告訴我，「海」是旅行與貿易的隱喻，還說，聖經中神祕地提到「沙中珍寶」，暗示未來大家會用沙子製造很複雜的產品，創造驚人的財富，他解釋說，上帝指引人類減少對物質的依靠，增加對心靈的依賴。因此上帝的目的是要告訴人類，財富不止存在稀少而昂貴的黃金中，也存在豐富而低廉的砂子裡，問題是沙子必須要由人類的創造力利用。一九六二年時，如果有人告訴你，在二十世紀結束之前，會有一家叫做英特爾（Intel）的企業興起，從幾乎由沙子製造的晶片中創造無數的財富，你會有什麼看法？如果有人告訴你，世界上最富有的一個地方外號叫做「矽谷」，沙子是矽最主要的構成因素，你會怎麼想？

變化越劇烈，越要仰仗不變的東西

如果西布倫跟創造財富有關，他跟兄弟以薩迦合作的意義是什麼？從摩西的祝福可以看出其中的意義。猶太人一向把西布倫與以薩迦兩兄弟的關係特別看作是一種互相依賴的關係。上帝所做的一切總是跟增加人類和平與有利互動的能力有關，要達成這個目的，方法之一當然是金錢。兩兄弟互相依賴的起點是西布倫提供經濟力量，支持他兄弟以薩迦，以薩迦可以免於金錢的煩惱，能夠獻身於他自己重要的目標，以薩迦扮演互惠的角色，成為道德與宗教基礎的寶庫，如果沒有這種基礎，西布倫的作為最後一定會失敗。

換句話說，企業要有成就，必須依靠變化、必須隨時準備迎接變化。然而，其中有一個很大、很大的問題，除非你堅決地以一套不變的原則為基礎，否則不可能真正自由自在地擁抱變化、同時成功地應付變化。《基業長青》（Built to Last）的作者詹姆斯・柯林斯（James Collins）曾經要求讀者，想像美國總統拿著一份備忘錄，上面寫道：「我們不再堅持這些不證自明的真理，不再堅持人生而平等的信念，我們必須嚴厲檢討人權法案，我們當然不能讓過時的價值觀妨礙我們，不能讓宗教自由、言論自由與陪審團審判權之類過時的觀念，妨礙我們進步，我們必須改變，適應時代的變化。」柯林斯指出，很多最成功的公司會推動大規模的變革和調整，卻從來沒有放棄過核心的價值。例如迪士尼幾近虔誠地維護健康娛樂的核心價值觀，迪士尼決定生產不符合本身價值觀的產品時，會成立一家公司或購買另一家公司，透過這家公司，行銷具有爭議性的娛樂產品，以免污損迪士尼的招牌。我不知道這個策略到底有多成功，但是迪士尼顯然了解忽略這個原則的危險。

波音是另一個例子，波音最近把總部從華盛頓州搬到芝加哥，卻沒有調整價值觀；也就是在航空科技與產品這兩方面取得優勢地位。波音的核心價值體系從一九五〇年代開始，就支持公司推動更劇烈的變化，當時波音的業務中，有八十%仰賴軍事採購，而且幾乎完全仰仗戰鬥機與轟炸機，波音堅持核心價值觀，因此能夠把整個公司的命運，大膽投注在發展商業化的噴射客機上；波音著名的七〇七客機誕生後，開啟了商業噴射客運的時代。二〇〇一年裡，波音賣給世界各國航空公司五百二十七架商業噴射客機，佔當年所有噴射客機銷售量的六二%。波音大膽地打破了固有的限制，卻堅持不變的原則。

企業永遠的核心

有時候人們會忘掉有些東西絕對不能改變，忘了企業的主要目標是獲利。在一九八〇到一九九〇年劇烈變化的年代裡，企業更應該依賴利潤不變的角色。

看看下面這個個案研究。一九七〇年代，以撒・葛尼威希（Issac Gniwisch）和太太利雅（Leah）在蒙特婁（Montreal）創立珠寶事業，開始從亞洲進口珍珠項鍊，相較於對手的八百美元，他們以一百美元的單價，賣給百貨公司。他們從創立第一天就開始賺錢。一九九九年夏天，「舊經濟」企業家的四個教士兒子，決定加入新經濟，創設了一家叫做購買珠寶（Buyjewel.com）的網際網路珠寶商店。

當時淘金熱瀰漫所有網路公司，因此，聽到高盛（Goldman Sachs）願意提供四兄弟一千萬美元做為發展基金，應該不值得訝異。但是他們拒絕了這個建議。到一九九九年十一月，他們碰到一些人，包括：電子商務大亨比爾・葛羅斯（Bill Gross）和他弟弟拉利（Larry Gross），以及加州巴沙迪納（Pasadena）高科技育成公司點子實驗室（Idealab）的其他經理人。他們見面那天，點子實驗室旗下的電子玩具公司（eToys）股價創歷史新高，漲到五二・五美元，隔天，點子實驗室旗下的票務公司（Tickets.com）公開上市，股價收盤比承銷價高出七・五美元。整個點子實驗室公司的氣氛令人陶醉，葛羅斯和他主持的公司意氣風發，以幾百萬美元的價格，買下購買珠寶公司的大部分股權。

二〇〇〇年四月，葛尼威希一家人搬到洛杉磯，公司改名為愛斯（Ice.com），設在裝潢模仿太陽系的點子實驗室豪華總部裡，處身在葛羅斯從太陽系中心經營公司的氣氛中。

葛尼威希四兄弟，從父母那裡學到經營企業時，事業上的精明與精神價值同樣重要，同時覺得辦公室好比精神訓練的教堂；他們的看法是：「對我們來說，事業和宗教是一體的。」這點可能幫助他們免於被網路狂潮所淹沒。例如，美國線上建議他們四兄弟拿出七千萬美元的「便宜」廣告費，在美國線上網站刊登橫幅廣告。他們沒有上當。梅爾・葛尼威希（Mayer Gniwisch）問道：「這些人怎麼這麼無恥，敢要這麼多錢？」戴比爾斯公司（De Beers）並沒有花七千萬美元做廣告，卻做幾十億美元的生意。不過，四兄弟像當時的網路新創企業一樣，每個月燒掉將近五十萬美元，營業額卻不到十萬美元。因為他們了解有些絕對不變的原則，知道其中有問題；他們對於花了四萬美元找一些不知名的模特兒，戴著公司的珠寶照相放在網路上，覺得特別懊惱。

二〇〇〇下半年，點子實驗室揮霍無度的文化，跟葛尼威希兄弟保守而虔誠的態度發生衝突。四兄弟喊破喉嚨一再主張：「我們必須賺錢！」卻沒有人理會。愛斯每個月的營業額提高到二十萬美元，卻仍然虧損連連。到二〇〇〇年秋季，愛斯的對手如米亞多拉（Miadora.com）與珠若（Jewelry.com）都倒閉了，葬送了將近五千萬美元的創投基金。兩家公司顯然比較不重視利潤，事實上，在這段瘋狂的歲月裡，幾乎沒有一家公司談到利潤。

大家認為談到利潤有點不太聰明，市場佔有率最重要，但是葛尼威希斯兄弟本著精神原則，知道變與不變的差別。

因此四兄弟把事業搬離洛杉磯，舉家離開飄飄然的氛圍回到蒙特婁的老家，辦公室搬進父母名下的一棟舊建築，換掉加州的程式設計師，改用加拿大的技術專家，燒錢速度降為每月約十萬美元，兩個月後，他們經營的事業首次出現利潤。四兄弟本著《摩西五經》中古老的猶太人智慧，記得「向投資人募來的資本」不等於「向顧客賺來的利潤」，拯救了公司，他們知道有些事情永遠不變，不能為別人創造價值的企業不會生存，而且不應該生存，獲利是衡量企業有多少用處的指標，這點永遠不會改變。

評估新狀況

世事有常、有無常。二〇〇一年九月十一日星期二晚上，大部分美國人都搖著頭，說世界再也不同了；他們當然錯了，但是這種錯誤可以理解。認為九一一攻擊改變了一切是個錯誤，攻擊改變了很多事情，卻沒有改變一切。暴行的規模如此龐大，的確壓倒了美國人分析後果的能力。要經過相當時間之後，大家才了解像空中運輸之類的事情會有變化，但像日用品銷售之類的事情仍然幾乎完全相同；大家總是需要購買食物，這點不會改變。九月十二日，航空公司高級經理人忙著重新設計空運模式，整頓公司，他們這樣做相當正確；而連鎖超級市場、割草服務公司、和除蟲服務業者，如果預期業務會有重大變化，就不對了。企業必須學會如何慎重考慮變化。了解什麼是根本、什麼不是根本，可以讓人更有效地應付突如而來的變化。企業與個人如果忽視不變的真理，久而久之一定會敗亡，誠實經營企業是不變的真理，二〇〇一年的安能弊案就證明了這一點。改變當然可怕，卻也讓人興奮，改變會創造新商機，讓企業創造財富，更重要的是，堅持不變的原則可以讓人毫無限制地創新。

人有時候不記得其實世事沒有什麼變化。造成這個問題的原因之一是科技；從第二次世界大戰結束以來，科技創新遠遠超過過去的千百萬年，很容易就讓人認為科技改變了一切。今天的人類，不像過去要看大自然的臉色，我現在就可以去看牙醫，上最新的麻醉藥，讓牙醫在我的牙齒上鑽洞絲毫不覺得痛苦，我可以跟半個世界以外的人隨意談話，可以在五小時內橫越美國；空調讓我很舒服，汽車隨時可以發動，開兩萬英哩不必整修，生活變得多麼美好，但是我的生活真的跟祖父母那一輩有什麼差別嗎？

科技的確改變了很多東西，但是從某些方面來看，科技造成的改變其實很少，只要想想就知道。我現在跟祖父一樣要出差，不錯，我現在出差時，舒舒服服地坐在噴射客機的皮椅上，他卻坐著馬車出差；我現在可以相當快、相當舒服地飛行很長的距離，他要到鄰近的城鎮，也必須辛苦奔波。但是我每個月離開家的日子大致跟他相同，他出差時會跟我一樣，想念家小和家裡的舒適，我跟他一樣，希望出差可以增加家庭的收入。雖然我睡在遠地高級旅館不熟悉的床上，遠比他睡在德國鄉間客棧的草堆上舒服；但其實我出差的情形，跟我祖父沒有什麼差別。

今天大部分人每天工作大約八小時、睡覺八小時，剩下三分之一的時間做生活中的其他事情，跟一個世紀以前的人幾乎完全相同。坐在電腦螢幕前工作，跟當年的工作情形差別有這麼大嗎？對，但也不對。現在的工作情形比以前舒服多了，但工作還是工作，表示你必須做該做的事，而不是做你喜歡做的事。如果你祖父回來看你現在的生活，他們很可能會驚訝，覺得世事幾乎沒有什麼變化，社會本身的變化可能比科技變化更讓他們驚訝。

總之，我們可能只看到表面的變化，沒有看出實際上變化不大。

致富之道

◎接受創新、擁抱變化。你有兩種選擇，不是接受創新、造成若干人的痛苦，就是拒絕接受，讓大家都陷入貧窮和痛苦中。你應該堅持不變的穩定基礎，抗拒這種基礎之外的動盪和變化，變化可能很可怕，也會讓人痛苦，但是，你無法扼止這種進步，你必須能夠放棄舊的東西，擁抱新事物。不會因此驚慌失措，會有很大的好處。

◎設法吸收改變與逐漸改變。每天早上撥出二十分鐘，做為「平衡壓力時段」。看些跟工作無關的東西，思考比較長期的計劃或是冥想。然後到體育館健身、吃早餐、或任何一天工作前的任何事情，這樣會幫助你輕鬆地開始工作，而不是突然開始。

◎盡最大力量，避免生活中同時發生兩種以上的壓力變化。如果你計劃採取重大行動；例如，到另一個城市去，不要在同一時間裡安排婚禮。如果你意外地失去工作，要把你原本計劃的手術，延到你有時間吸收與適應事業生涯的變化後。

◎在電腦裡開一個文字檔案，或在記事本中特別定出一頁，列出、修改、和維持你認為永遠不變的東西。不論風浪多高、多大，這些東西是你保持穩定的基礎。

◎記住你的核心價值。不論是個人或企業，核心價值應該亙久不變。

金律七

不要猜測未來

要培養了解世事運作的能力，方法之一是經常分析因果關係，世界上很少有完全孤立的事情，只要稍微花點精神，分析因果關係最後會變成有用的習慣。

在我的事業碰到創立以來最大的挫敗之前，我只看到一片光明；很多投資人急著投資這家成長快速的企業，情勢看來再好不過。我們公司的成長率極為驚人，因此我毫不遲疑地違反了多元投資的原則，幾乎把所有的雞蛋放進同一個籃子裡。我把所有資產投入公司，認為沒有人會像我這麼認真地照顧這些資產。

接著出現一個令人深感興趣的併購機會。我請教一位我認為是加州最聰明的企業家，他聽了我的說明，大約花了五分鐘時間看我的報表，然後把所有東西還給我，往後一坐，開始說話。我對他的判斷極有信心，因此聽到他的話時，覺得好像被特快車撞上一樣。他說：「你的公司很快就會倒閉，」他一定有看到我臉上的震驚，繼續著：「我幫不上什麼忙，你的策略一定會徒勞無功，但是當你需要我幫你俐落結束一切的時候，我樂於幫忙。」

我冷冷地謝謝他，走出他的辦公室，更加決心完成我計劃中的併購。幾個月後，有史以來最嚴重的不動產衰退侵襲加州，加州經濟低迷不振，幾千、幾百家公司倒閉；包括我的公司。我完全沒有看出自己的惡運，覺得羞愧難當，而我尊敬的人好久以前就清楚地看出我即將面臨的惡運，這更是讓我十分難受。我設法從絕望中重新站起來，決心嚴格檢討自己為什麼犯下這麼致命的錯誤，沒有看清楚未來的狀況。

有些人比較善於預測未來，但是我要補充一點，這位明智而有遠見的企業人士只能看清企業的未來，卻沒有看出他兒子的婚事會以悲劇收場。涉及個人情感時，誰也看不出未來。因此學習看出未來的方法之一，是學會擺脫個人情感的束縛。這樣做很難，也是大多數醫師不替近親看診的原因；明智的醫師知道如果要診治配偶或子女的疾病，很難擺脫情感的束縛，因此他們寧可委託自己信任的同事診治。對同事而言，他的親人只是病人而已。

每個人預測未來的能力不同，就像每個人彈鋼琴或做蛋捲的能力不同一樣。但是預測未來的能力也同樣可以經由訓練和反覆練習大大地提昇。你可能永遠不會變成名演奏家或大廚，但是經過訓練後，能力會大為增加。

認清外在事物

你必須了解兩件事情：第一、有些事情可能造成真正的變化、衝擊你的事業，卻不影響其他企業；另一些事件不會影響你的事業，卻可能傷害其他企業。第二、面對第一種情形時，絕對不能拖延；面對第二種情形時，要拒絕隨波逐流。

紐特・金瑞奇（Newt Gingrich）就看不出其中的差別，金瑞奇在一九九四年踏入政壇變成美國眾議院議長前，原本是喬治亞州的教授，他對美國的教育問題非常感興趣。一九九六年網際網路開始影響美國時，金瑞奇告訴我網路會徹底解決美國的教育危機。他當然錯了，網路對提高中學生的學業成績毫無幫助，也不可能有幫助，如果他預測網際網路會造成美國經濟的重大變化，就像一八五〇年代的鐵路股一樣，他就說對了；網際網路對美國經濟造成重大衝擊，今後還會如此，但對美國青少年的識字率卻毫無影響。

換句話說，如果你在科技公司服務或經營科技公司，或是銷售科技公司需要的投資工具，又或者擔任科技公司的顧問，那麼你就應該關心網路造成的變化；如果你開計程車，你就不必這麼關心了。如果你從事乾洗業或汽車維修業，你應該萬分注意新的環保法規，如果你銷售的是軟體，你大可不必這麼在意。

擺脫情感

預測未來跟天生的技巧或智力無關，很多人受過高等教育，預測未來時卻十分失敗，有些人沒有受過什麼教育，卻似乎擁有類似超自然的預測能力。

自我是有效預測未來的大敵，學會克制自我，你預測未來的能力會大大提高。我認為，任何人都無法全方位地預測未來，卻可以靠著訓練變成善於預測一、兩個領域的未來。涉及個人或情感時，預測能力一定會受到妨礙，卻不是最大的妨礙。未來總是模糊不清，要看穿未來時，周邊的閃光也會妨礙你看清未來。晚上開車時，你會設法阻擋來車刺眼的燈光，預測未來時也必須這樣做。

安盛顧問（Andersen Consulting Co.）的喬治．夏欣（George Shaheen）就是個例子。他是聰明的企業家，從事企業預測已經三十二年，專門當企業的顧問，告訴企業應該怎麼應付未來的變化。他領導安盛在一九九〇年代每年獲利近一百億美元，如果說有誰能夠預測未來，這個人一定是夏欣。

但是他在領到豐厚退休金給付前一年不到，離開了安盛顧問，在一九九九年九月，加入新創的網路雜貨零售企業網路貨車（Webvan），獲得網路貨車上市前一千多萬股的認股權，加上其他豐厚的報酬和股票利益。不幸地是，光是在一九九九年上半年，網路貨車就虧損三千五百萬美元，還像其他網路公司一樣，宣佈在可預見的未來，營運都會虧損。

網路貨車倒閉的速度令人震驚，二〇〇一年春季，夏欣卸下執行長的位置，工作沒了，只剩下一大堆毫無價值、形同作廢的認股權，而且不論他有沒有留在網路貨車，公司承諾的終身年薪也都化為泡影了。那年夏季，網路貨車申請破產保護。夏欣說：「我只能告訴你，我們已經盡了最大的力量，整個網路事業遭到沈重打擊，誰也沒有料到會發生這種事。」

錯了！雖然大部分的人沒有預測到；但不帶感情、放空網路股的人就預測到了，對他們來說，這家公司只是另一檔股票而已，他們沒有跟網際網路談戀愛，只是注重精確的投資分析，也擋住了驚人市值所形成的眩目光芒。預測未來就像這樣，好比從光亮的屋內看黑暗的屋外，比較不容易看清楚；事後回顧，比較像是從屋外看著光亮的室內，比較容易看清楚。從亞里斯多德以來，就有人認為白天到井底就可以看到星星；實際上當然不行，但是這個理論並不瘋狂，只是認為擋住白天所有刺眼的光芒後，就可以看到暗淡的星光。幸運地是，要看出未來的蛛絲馬跡，擋住刺眼的光芒的確很有幫助。預測未來的水晶球為什麼會變暗？網際網路發出白熱化的光芒，讓很多經驗豐富又精明的企業家目眩神搖，夏欣只是其中一位，任何過量的光線都會讓人難以看清屋內黑暗的角落。

看清現在

時間迷人極了。人直覺地希望抓住現在，分享熱鬧的當下，但又珍惜回憶，希望靠著無數的影像和畫面保存記憶。無數的科學小說都幻想時間旅行，展顯時間迷人之處。體驗現在、回憶過去很好，但是都不像預測未來那樣讓人感興趣，能夠精確預測未來的人，不管是正確預測股價漲跌還是未來的事件，都會受到重視。

不管從事什麼工作，年齡多少，幾乎每個人都可以正確地猜出桌子甚至橋樑的長度，也可以相當準確地看出盒子的大小和重量。但是要估計從某一件事或某一個時刻到現在過了多少時間，卻難多了。對小孩來說，一年似乎永遠過不完，但是對他中年的父母親而言，一年的時間飛快流逝。你或許可以說，原因在於時間是相對的，對於年僅十歲左右的小孩來說，一年是他人生經驗的整整十分之一，但對大人來說，同樣的一年佔他人生經驗的比率卻小的多了，因此會覺得一年短多了。這種解釋可能正確，也很有說服力，但是談及時間的質與量時，卻不需要這種解釋；我處理企業或財務問題時，覺得時間漫長，同樣長短的時間用來享受期待已久的假期時，卻覺得時間飛逝。

人可以從目前的各種跡象中預測未來，只是要了解兩件事：一、在有限的範圍內，預測未來相當可能；二、預測未來的能力可以改善。牛頓的第一運動定律也可以當成預測未來的第一定律。一六八六年牛頓指出：動者恆動，靜者恆靜；如果一部車停在路邊，除非駕駛人發動引擎，開動車子，或是有人用巨大的力量推動車子，否則車子會一直停在那裡。同樣地，如果車子在高速公路上以時速六十英哩前進，車子會繼續前進，除非碰到空氣阻力和其他摩擦力，或者是司機踩煞車或油門增減車速，車子才會慢下來。如果沒有外力，車子理應以時速六十英哩，無限期地前進。

車子在急駛時如果突然煞車，車子會從前進的狀態變為靜止，但是車內的乘客通常會維持前進的狀態，因為沒有什麼東西阻止他們快速前進，除非擋風玻璃或安全帶把他們擋住。太空中沒有摩擦力和重力，天體運動完全符合牛頓第一運動定律。你可以運用這個定律改善預測未來的能力。如果事情穩定，除非受到外力作用，否則會繼續保持穩定。外力出現的可能性有多大？如果事情快速變化，代表已經受到外力作用，要找出並判定這種力量的可能行為。這種力量會持續嗎？會強化或減弱嗎？換句話說，往前看之前，先往後看。研究跟你有關的趨勢，一旦你發現趨勢，你必須自問趨勢是否因為沒有外力影響，而一直這樣表現，或是因為受到某些事物影響，才呈現這種樣子。

例如近年來的金價都相當穩定，通常大家認為會發生通貨膨脹或動亂時，金價會上漲。金價維持穩定，可能因為是沒有什麼通貨膨脹，也幾乎沒有什麼動亂；但是即使有通貨膨脹或動亂，某些外力也可能阻止價格上漲，因而維持穩定；只要略為研究，就會發現俄羅斯忙著出售龐大的庫存黃金，以提高外匯存底，然而這些黃金流入市場，壓低了原本因為通貨膨脹應該上漲的金價。了解外力造成金價穩定的假象後，聰明的投資人會認為，俄羅斯人賣到一定程度後就能滿足需要。聰明的投資人既然預測到這種狀況，就會做跟黃金有關的投資，以從中獲利。通貨膨脹確實沒有消失，而俄羅斯也的確不再出售黃金；當這兩種情形出現時，金價就會開始上漲。

影響力遍及全球的加拿大企業家保羅．雷奇曼（Paul Reichmann）知道，要預測未來時，借用過去有多重要，他善於利用過去，好像先知一樣預測未來：

他會回顧過去，看看古人怎麼做，然後再看看自己的行為對後代有什麼影響，他的遠見是年輕時培養出來的特質，現在仍然靠著研究《摩西五經》繼續改進。「我仍在學習，但是不會認為自己是學者，古代文化中有很多可以學習的智慧；我發現中國企業家仍然把幾千年前的哲學應用在今天的事情中，西方人比較少這樣做，因為他們受到現代科技的迷惑，變得有點盲目，你希望磨練自己的心志時，會忘掉可以從別人的教訓中學到東西，如果你想了解明天，你必須了解昨天。」檢討過去可以為未來提供指針般的原則。猶太人最著名的警語《傳道書》（Ecclesiastes）中說得很清楚：「已有的事，後必再有；已行的事，後必再行。太陽底下沒有新鮮事。」

了解時間型態

沒有人知道日曆是怎麼出現的，但可以相當確定地假設，古代有一些人看著日出日落，陰影一天一天地前進，斷定有一種延續大約三百六十五天的天文型態存在；他們也看出，月亮的周期為三十天，因此能夠創設一種叫做日曆的數學模式，說明時間可以分為一段比較長的期間，其中包含十二個比較短的期間，日曆使時間變得遠比過去更能掌握。

使用日曆後，讓人類有幸發現農業、建築、與航海的驚人利益，把季節看成三百六十五天循環的一部分，就能夠大致預測雨季何時開始，暴風雨什麼時候會取代和風。對於不能透徹觀察時間的人來說，使用日曆的人可能像魔術師一樣。但是他們所做的事只是找出型態。辯認出型態跟智力很有關係，大部分的智力測驗都會評估一個人辨認型態的能力，可能會問受測者：以下的圖形中，有哪一個不屬於同一類型，或是以下的數字中，有哪一個屬於同一系列的數字。

有些人投資時，是以個股或類股的歷史波動型態為依據，這樣做不是很高明，這是把價位當成某種智慧型態，但價位畢竟只是衡量股票受大家歡迎程度的系統呈現。從看到的股價型態中得出具體的結論，可能有一點輕率；但是從比較大的社會趨勢中得出有意義的結論，卻是明智的行為，比較大的趨勢型態很可能也影響股價，了解比較大的趨勢背後的原因總是很重要。

時裝流行似乎也像鐘擺一樣，從一個極端擺向另一個極端，但是熟悉時裝工業的人能夠相當精確地看出未來幾年的流行，他們研究趨勢時，可以看出一再出現的趨勢和重複的型態。根據統計，今日的男性和女性都比父母親那一輩晚婚，這種現象會延續嗎？可能不會，到了某一個時間，平均結婚年齡又會開始下降。能夠看出轉折點的人會知道怎麼因應，從中獲利。

時代的變化通常有一種可預測的趨勢，用比較長期的觀點評估二十世紀下半葉的人，可以發現三種文化趨勢，包括物質的擁有、精神的追求、與文化的衰落。

物質取得時期

經歷二次世界大戰的人回歸正常生活後，很多人仍然記得大蕭條時期的痛苦，希望補償過去犧牲掉的歲月；第二次世界大戰結束後的歲月裡，美國人開始愛上物質，住的地方越來越大，浴室坪數增加的速度更快，很多家庭擁有兩部車，廚房裡擺滿了家電，存款大幅增加，物質的取得開始變成一種價值觀，這段期間的確可以叫做物質擁有的時代，也為下一個時期播下了種子。

精神追求時期

大約在一九六〇年代，所謂的嬉皮運動誕生了。不必進行大規模的社會調查，就可以看出其中的基本型態，他們穿著父母親會捐給慈善機構的破爛衣服，拒絕接受傳統學習、就業、與事業生涯的型態。不論從哪一方面來看，嬉皮顯然希望用某種形式的精神追求，取代他們父母一輩的物質主義，他們喜歡的音樂逐漸從一九六〇年代初期披頭四（Beatles）的「我希望握住你的手」（I Want to Hold Your Hand），轉變成應許精神涅槃的奇異東方教派音樂。

我認為，物質世代的子女越來越沉溺於毒品，也是精神追求的一環；看看喝烈酒的邏輯，就可以得出適用於迷幻藥的結論。大部分愛喝烈酒的人，情況跟喜愛美食大不相同，食物可以說是為了滿足身體的需要，但是酒跟食物不一樣，除非你有酒癮，否則身體不需要酒，你喝酒時，是為了滿足精神上的需要。我根據自己的信仰以及其他沈迷喝葡萄酒的人，得到這種看法。烈酒和人的精神之間，顯然有一種強烈的關係，大家喝酒，是因為精神上的需要，對某些不幸的人來說，烈酒變成精神上的麻醉劑，能減輕生活中的精神痛苦，很多人過著十分舒適的物質生活，卻都有這種毛病。

一九六一年一月，著名的心理學家卡爾．榮格（Carl Jung），從瑞士住所寫了封信給匿名戒酒協會（Alcoholics Anonymous）的創辦人比爾．威爾遜（Bill Wilson），提到一個叫做羅蘭（Rowland H.）的病人：「他對烈酒極度熱愛，等同於精神上渴望完滿的低層次需求，用中世紀的語言來說：他希望跟上帝結合。」榮格擔心在科學和治療狀況中，提到上帝的問題，接著說：「今天我們用這種語言來說明這種看法，怎麼可能不遭到誤解？」榮格接著解釋說，不先承認酒與人類下意識追求精神和諧的欲望有關，就不可能討論酒的問題，最後他斷定：「在拉丁文裡，酒的意義是精神，你們用相同的字，說明最高層次的宗教經驗以及最墮落的狀況。」當然，拉丁文的用法一直沿用到今天。

除了上癮的強迫性需求之外，我認為任何人刻意服用改變心靈的物品，一定是為了減輕精神上對生活的不滿和煩惱。奇怪的是，在物質環境幾乎沒有限制下長大的美國人，追尋慰藉所用的東西，是當時下層社會骯髒的河邊酒吧中經常可以發現的東西。

物質極度缺乏的世代長大以後，通常變得極為執著，想要把自己過去沒有的東西，供給兒女，卻忽略了把自己擁有的東西提供給兒女。透過這種無形的機制，交替物質充裕一代的，經常是追求精神的一代，不幸的是，這種精神追求本身沒有價值，經常帶來普遍的文化衰落。

■文化衰落時期

我們的確可以看出從嬉皮時期到二十世紀結束之際，有某種形式的文化衰落，從這段期間犯罪率的上升、單親媽媽的比率急速升高，可以看出發生了某種令人困擾的現象，除了用文化衰落說明之外，很難用其他字眼形容。這段期間出現過加油站大排長龍的景象，也有過兩位數字的利率，大家在公開場合的粗俗行為也驟增。雖然經濟中的很多部門欣欣向榮，屬於文明一環的文化卻不發達。

總而言之，我們總是可以肯定地說，物質主義、精神追求、與文化衰落三個時期會接連出現，除此之外，還有一些必須觀察和了解的型態和趨勢，你身為企業人士，必須十分注意這些趨勢，設法了解其中的根本原因。

如何利用循環判定趨勢

一九二〇年代，俄羅斯經濟學家尼古拉斯・康朵鐵夫（Nikolas Kondratieff）研究十九世紀的經濟、文化、和社會生活，斷定聖經中所說的五十年周期的確正確。在自由的社會中，這種循環會自然發生，英文裡用金禧年（jubilee）來形容，也就是慶祝任何重大事件的五十周年年慶。康朵鐵夫注意到，每種事情都有五十年的型態，連戰爭也一樣。雖然這種周期在數學上不精確，但大致的間隔卻讓康朵鐵夫和後來的研究人員驚奇不已。很多業餘歷史學家也困惑地發現，大約每隔二十五年，都會爆發一次戰爭，同時在比較長的五十年周期中，受歡迎的戰爭和不受歡迎的戰爭交替出現；我用受歡迎和不受歡迎兩個字眼，說明大家對某場戰爭的喜愛程度，這種情緒通常是事後看出來的，因此，受歡迎的戰爭是大家認為有利、事後通常會有點懷念的戰爭。看看過去一百五十年來的戰爭：

一九九〇年（受歡迎）　波斯灣戰爭

一九六五年（不受歡迎）　越戰

一九四〇年（受歡迎）　第二次世界大戰

一九一五年（不受歡迎）　第一次世界大戰
一八九〇年（受歡迎）　美西戰爭
一八六五年（不受歡迎）　南北戰爭

各次戰爭和大家所說的康朵鐵夫波浪之間的關係，讓國際政治經濟學者深感興趣，熊彼得在一九三〇年代支持這個觀念，卻讓很多學者深感困擾，因為其中暗示了人類不可能避免戰爭。康朵鐵夫長波理論像很多其他循環理論一樣，具有相當大的爭議。經濟不像戰爭那麼令人困擾，但是，無法避免的景氣週期循環仍然讓人極感興趣。

雖然年數並不精確，從一八〇〇到二〇〇〇年間，美國躉售物價指數和康朵鐵夫波浪之間，似乎有某種可靠的關連。經濟重大成長似乎也是間隔二十五或五十年，下表列出各種科學技術與工業發展普遍應用、開始協助創造財富的大約年份：

二〇〇〇年　網際網路
一九七五年　電腦
一九五〇年　塑膠

一九二五年　廣播
一九〇〇年　汽車工業
一八七五年　電話

很多人認為固定循環好像「主導」人類活動，這個念頭本身就很怪異、甚至不吉祥。不幸的是，康朵鐵夫的老闆是史達林，不太能夠接受三千年歷史的聖經中包含了可能有助於現代俄羅斯經濟發展的遠見，於是在一九三八年下令處死康朵鐵夫，但是康朵鐵夫波浪讓一代又一代的觀察家入迷。你可能覺得康朵鐵夫波浪或其他循環理論很有趣，也可能很排斥；但身為企業人士，你不應該擁抱極端，任何循環理論都不能照亮過去和未來的一切，成為可靠的指路明燈。然而，你也不應該完全否定人類活動中循環與週期的概念，這種觀念確實存在，而且具有某種意義。看看下列型態：

＊地球每隔二十四小時，以南北極為中心，自轉一次，促使太陽每天早上幾乎固定從東方出現。

＊月亮大約每隔二九·五天，繞著地球運行一次；地球大約每隔三六五·二五天，繞著太陽運行一次。

＊每隔二十八年，太陽與月亮會回到相同的相對位置。
＊每隔九三四〇八年，太陽系會完成一次完整的循環，所有的行星會回到相同的相對位置。
＊海水大約每隔十二．五小時漲潮和退潮一次。

氣候也受較長期的日月循環影響：
＊太陽的溫度每隔十一年起伏一次，由太陽黑子表現的電磁波活動也一樣。
＊月亮的重力似乎每隔十八．六年變化一次，地球的平均溫度與壓力似乎每隔二十年變化一次。

最後，看看下列自然界的型態：
＊挪威旅鼠每隔三．八六年，會從懸崖峭壁跳進海中。
＊燕鷗每隔九．七個月，會聚集在南大西洋的亞欣森島（Ascension Island）孵蛋。
＊至少從一七三五年有記錄之後，加拿大山貓的數量固定每隔九．六年會增減一次。

我們能夠知道上面的一些事實，要感謝愛德華．杜威（Edward Dewey）的發現，杜威在一九二〇和三〇年代，在美國商務部擔任經濟學家。他對企業、銀行、勞動力、與商品生產明顯的循環深感興趣，收集了數量驚人、超過三千種以上的循環與相關記錄。美國的湖泊水位、結婚數目、蚱蜢數目（每隔九．二年）、與住宅的建築速度都有循環；工業債券殖利率、汽車銷售量、與乳酪消費量也有很明確的循環；鋁產量、空運旅程、與精神健康狀態也有一定的循環。沒有人知道這些循環彼此是否相關，認為蚱蜢生育率跟財星五百大企業的營業額有關，似乎相當奇怪。然而，從統計學家的觀點來看，這種情形根本不能用巧合來解釋，類似循環之間的關係太普遍，不能只用偶然來說明。

因此你應該接受循環與趨勢的可能性，但是不能因此變得盲目，循環與趨勢應該是你評估未來發展時的一個因素，但是也僅只是一個因素而已；你應該賦予適當的份量，不該太少、也不能太多。或許你正在考慮購買出租用的不動產、投資職業婦女學前教育計劃、或是挑一檔值得投資的好股票，不管你做什麼，試著看出未來都是明智的作法。

要培養了解世事運作的能力，方法之一是經常分析因果關係；只要稍微花點精神，分析因果關係會變成有用的習慣。世界上的事情很少是完全獨立的，你判斷各種事件時，應該要認定這些事件具有連鎖關係；連現代氣象學都要研判遠地的颶風對本地的氣候有什麼影響。常常問「為什麼發生這種事情？」與「這件事會造成什麼結果？」的人，會逐漸變成聰明人。

精明的投資人每天早上打開電視或報紙看新聞時，都會這樣問：發生了什麼事？遙遠的某個地方有一條管線爆炸，這件事有沒有可能引起輸送物資短缺？有人剛剛發明了具有放大效果的小型液晶顯示器，有助於操作機械時必須盯著電腦螢幕的人，誰會因此獲利？新總統比即將卸任的總統對軍方更有好感，可能打算增加軍事支出，一些生產現代武器的廠商可能獲利。我住的城市日漸擴大嗎？擴大的原因是什麼？往哪個方向擴大？我應該在大家似乎準備搬過去的地方，購買一些不動產嗎？

不論是什麼情況，資訊都已存在，猶太文化把這種資訊叫做「已經生出來的蛋」，至於蛋什麼時候會孵化，會孵出什麼生物，完全由你決定。

撥出時間來預測

你有沒有半夜躺在床上，凝神傾聽過屋裡的聲音？你會聽到屋樑、屋頂、甚至窗框因為天氣變化而膨脹或收縮，發出輕微的裂聲。如果你仔細聽，你會聽到廚房裡冰箱啟動又關閉的聲音，你上次在白天聽到冰箱啟動又關閉的聲音是什麼時候？冰箱在白天跟晚上一樣，都會開開關關。你有沒有在白天，聽過屋裡裂開的聲音？你很少聽到，但是白天裡，一樣有這種聲音。

我的意思是，你的感覺器官如眼睛和耳朵，受到大量強而有力的刺激轟炸時，對於輕微、細緻的聲音和現象會變得比較不敏感。你可能會從共進晚餐的女伴身上，驚訝地聞到淡淡的微香，或是聞到餐廳桌上的花香。現在你跟女伴帶著這些鮮花，走進氣味強烈的餐廳廚房，我跟你保證你什麼都聞不到，只聞到大廚快鍋熱炒的味道。

未來的事件的確會發出輕微而細緻的信號，但是幾乎每一個人都忽略了，因為很少人會撥出必要的沈潛時間注意這些跡象；如果聽出冰箱開開關關的聲音對你十分重要，你一定會支開大家，關掉收音機和電視機，阻絕所有的噪音。如果聽出未來趨勢輕微的腳步聲對你極為重要，你一定也會這樣做。你必須撥出時間，排除其他比較強力的刺激，只有這樣，你才能夠看出這些微小的跡象。

企業家摩里斯・謝巴德（Morris Shepard）觀察趨勢並從中獲利，他從俄亥俄州的鄉下高中退學後，加入美國空軍，愛上了密碼學。後來他得到大學學位在多所大學任教，包括賓州州立大學（Penn State University）、西北大學（Northwestern）、和橋水大學（Bridgewater）等等。他喜歡教書，不善於從事跟升等與終身職有關的政治遊戲，學生崇拜他，因為他會用眾多剪報、文章、和收集的故事，作為上課的補充教材。他換工作時，會帶著眾多的補充教材，補充他認為學生使用起來極不合適的教科書。一九九五年，他五十八歲，剛結束一個教職任期，傷心地思考在各個學校間的短期任職有什麼前途。

某個夏天早晨，他坐在樹蔭下靜靜思考，因為沒有任何外在干擾，他翻閱《紐約時報》時，無意間在財經版上看到一篇跟全錄（Xerox）新型影印機有關的消息，這種影印機可以在很短的時間內複印整本書。因為他不受噪音和外界事物干擾，未來變得很清楚，他知道教科書越來越貴，大學書店在開學前，越來越不能吸引學生去買書，他認為新科技可以讓他為特殊的課程，生產專用的書籍，他覺得自己的背景比較不適於實際教書，但生產這些專用的教材卻適合多了。

因此謝巴德把房子拿去抵押，利用信用卡儘量借錢，購買了必要的影印設備，再跟各個大學的教授建立關係，開始經營事業。他為影印所需的每一部分取得版權許可，影印並裝訂每位教授課堂上的所有相關材料。三年內，他生產超過二千五百種課程的教材，公司員工增加到三十八人。他不必再忍受討厭保守的學術環境，不必再忍受教職的不確定性。他看到了未來，因為他在微小訊息能夠呈現的環境中思考，他清楚地看出訊息、採取行動、建立起興旺的事業。

幾乎每個人都可以用這種方式看出未來。這種方式出自猶太傳統，記錄在十誡的第四誡中：紀念安息日。雖然很多人認為，安息日似乎是由一些不協調的原始規則制定，但真正的目的卻是要在時空中，創造一個寧靜的綠洲，讓人可以有效地思考未來。猶太人每星期有二十五小時必須拋開所有跟工作有關的事情和活動，也不可以發動任何機械。事實上，所有協助猶太人跟外界聯絡的設備，都不能碰，也不能進入。這二十五小時裡，猶太人禁止自己從事日常的活動，也不允許接觸外界；因此自我限制，不再成為積極的主導者，反而變成承受外界事物的接受者。因為無法把創意發揮在外在環境上，猶太人因此變得比較能夠吸收環境所提供的東西。每個禮拜七分之一的時間不但變成極為珍貴的享受，也成為另外六天創造性思考時不可或缺的幫助。猶太人每星期有一段固定時間，把自己定在「接受模式」，而不是「輸出模式」。

不管你決定撥出哪些時間，停止所有的創造活動，強化預測的能力，都應該遵守三個原則：

一、定出固定的時段比定出很長的時段重要多了。換句話說，這種時段應該短暫而定期，不應該偶爾一次、一次定出很長的時間。例如，可以定出每星期一和星期四的一小時，或是每兩星期定出一個早上。記在行程表上，就像約好時間去看醫生或見律師一樣。

二、在這段時間裡，什麼事情都不應該做，不應該運動、聽音樂、吃零食，這樣才可以把自己轉變成「接受模式」。

三、神智清楚與深入思考應該交替進行，避免心思漫無紀律的地遊蕩。

例如，你可以設法判定剛剛拿到的新事實對未來的影響，或是一串數字的意義。你要放鬆心神，設法讓自己進入接受模式。感受曬在手臂上的陽光，聽著蜜蜂飛過時的嗡嗡聲，或是聽著頭頂樹葉沙沙作響。不要思考，只要看、聞、和感覺，讓自己進入思考模式，思索你認為可以啟發你的事實或數字，讓這些事實和數字在心頭徘徊，意識集中在這些資料上，設法從每一個角度看穿這些東西，要從上面、下面、甚至從資料的內部往外看，頭腦受不了時，恢復沒有思慮的接受模式，只管感覺和吸收。重複這種過程好幾次，如果你從這種「休息時段」中得不到任何突破，不要失望，突破可能在幾小時後、甚至在一兩天後出現。

很多人常在淋浴時得到啟發，那是因為淋浴已經變成幾乎不用頭腦的機械動作，什麼事情都不做，用同樣的方式和順序沖洗身體。同時，刷刷的水聲阻隔了其他所有的聲音和干擾，難怪很多人在淋雨時，對於鑽入腦海裡的微小想法特別敏感。固定安排「安息時段」，創造一種「虛擬的淋浴情境」，是強化預測能力、從中得到財務利益的方法。

還有一點要注意。這一點你可能很難接受，但是我建議你，在開始定期「吸納未來的聲音」之前，至少二十四小時、最好四十八小時內，不要接觸電影或電視娛樂。我知道電視無所不在，人無時無刻不看電視，很難想像有一段時間不看電視，但是看電視通常會讓人遲鈍、產生溝通障礙、被動、和昏昏欲睡，而且影響會殘留很久。如果你吃了一些難以消化的食物或有毒的東西，身體可能要花很長一段時間，才能擺脫這些負面的影響。

真正的問題在於螢幕上的影像非常有誘惑力，你接觸這些影像後，除非經過相當長的時間，否則不可能擺脫影像的影響。強而有力的影像會在你的腦海裡，傳達影響情緒的震波。因此在大銀幕或小螢幕前一、兩個小時後，你對細緻、微小的事情會變得遲鈍。此外，這種形式的娛樂會讓你變得更被動，文字學家洛伊．貝思飛（Lloyd Billingsley）指出，英文中，字首多一個「a」，通常代表著與字根相反的意思；「娛樂」（amuse）的相反詞是「深思或思考」（muse），就像「無神論」（atheist）的相反詞是「有神論」（theist）一樣。換句話說，娛樂通常會妨礙思想或深思。

電視或電影會傷害你預測未來的能力，主要有三個因素：

一、映入眼簾的光影具有催眠效果。這讓我們想到一句話：「她站著動也不動，就像被大燈照到的麋鹿一樣。」你看實際的影像時不會直視光源，太陽會照在四周，照亮一切，然後光線會反射到你的眼睛裡，眼睛會把影像光波變成神經脈衝。但是看電視時，由二萬五千伏特電力激發的映像管直接對著你的面孔，發射電子波，電子波打在螢幕上，再發出光線直射你的眼睛，這種方式不會在自然界看到，這樣得到的影像通常會在記憶中留下強烈的印象，對思想的影響遠超過反射的光源。

相形之下，你閱讀時能夠自由決定要不要吸收。影像會衝擊你的情感，可能造成暫時性的情緒失衡。因此，購物頻道利用電視，卻不利用收音機。推銷員在你眼前拿著一串閃動人的項鏈晃來晃去，比用收音機說明，更有機會促使你拿起電話訂購。直銷目錄通常印滿了顏色亮麗的圖片，很少印說明文字。因此，當你需要所有的洞察力發揮最大的心智功能時，當然不需要強而有力的影像打進腦海中，破壞你深入思考的過程。

二、電視影像變動很快。一般電視場景經歷的時間不會超過二十五秒，影像用快速的方式傳達，會讓你的頭腦習慣立即的滿足。實際上，你最有建設性的思考過程運作沒有這麼快，預測未來時，你需要用合乎實際生活的步調吸收資訊。從某方面來說，電視通常會讓你不耐煩，對於看出和分析未來趨勢不大好；但用閱讀的方式吸收資訊，速度會慢得多了，對你比較有利。

三、電視會讓你的想像力變遲鈍，而閱讀或聽別人談話，會培養這種重要的力量。預測未來時，想像力是十分重要的功能。方法很簡單，一開始時，謹慎地評估過去，充分了解造成現狀的內在和外在因素，然後考慮目前的狀況以及你能夠掌握的資源；最後，配合各種未來的情境，自由發揮想像力。你所得到的結果中，有些你會立刻放棄，剩下的結果中，你會發現有些東西讓你驚奇，有些讓你害怕，有些會吸引你，也有一些會讓你討厭。

關鍵在健全地發揮想像力，想出一系列的可能性，以便深思熟慮。閱讀或聽別人敘述某些事件會激發你的想像力，看原著改編的電影令人失望，原因通常就在這裡，至少你知道電影跟你看書時的想像大不相同，看書會刺激你會想像角色和場景的樣子；看電影時，你會注意到差別很大，銀幕上的影像剝奪了你想像的自由。

有目標才有未來可言

我熱愛機車，有幸接受加州公路警察機車教練指導過幾天，雖然我騎機車的歷史很久，很多年前還曾經騎著一部舊車遊歷非洲，但技術都是自己摸索出來的；實際訓練的第一天，我才知道自己有的東西太少了，才了解到自己以前對機車的基本技巧有多麼無知，騎車冒險居然能夠生還，簡直是奇蹟。也因此了解到，騎機車在很多方面很像經營事業。例如，在某種情況，可以利用「反操縱」把龍頭暫時偏離你想去的方向，經營企業也一樣，通常必須暫時偏離目標，目的正是用最快的方式達成目標。

更受用的是大彎道安全駕車的技術，這點跟我當初自學的技巧大不相同。我學會要看著彎道的盡頭，還記得教練大聲的喊著：「別看你要去的地方，看你想去的地方！」這個命令後來救了我好幾次；他還用很有遠見的方式，進一步解釋身體會下意識的地引導機車走向你看的地方。知道這一點之後，你會清楚地看著目標，並從中得到好處。看看馬戲團走鋼索的專家，他們也知道同樣的教訓，所以不會看著鋼索，而是清楚地看著盡頭小小的平台。

在事業生涯中，同樣的原則仍然適用，但是通常會因為目標不具體而變得比較複雜，這時看透未來就變得相當重要。聖經裡常要大家「敬畏上帝」，提醒大家「看到」看不見的東西多麼重要，因為在希伯來文裡，用在「敬畏上帝」中的動詞，就是「看見」。換句話說，聖經告訴信徒，如果你能夠實際「看出」上帝，那麼你自然也會「敬畏」他。

但大部分人根本不敬畏看不見的東西。在二十世紀初，很難讓大家相信輻射的危害，事實上，很多人跑到鐳礦裡待相當長的時間，希望得到可疑的「療效」。很多年後，這些病人才表現出可怕的輻射傷害病徵，但是當時他們不相信看不見的東西可能造成傷害。不論你對宗教還是對事業有信心，有信心的意義就是能夠察覺還看不到的東西，就好像這些東西擺在你眼前一樣清楚。

無論你想要投資還是開創新事業，信心都極為重要，如果你不能清楚地看出計劃成功之後的樣子，你最好延緩，到你能看清楚為止。如果你正要拿起電話，向對方推銷，或是提出一宗交易案，你需要具備看透未來的能力，如果你事前花片刻時間，積極想像跟潛在客戶對話、達成目標的景象，你成功的機會會大大增加。

我為什麼要你花一點必要的精神，積極思考？在人類基因組解碼計劃進行時，有很多附帶的發現，其中一種發現讓我最驚奇：根據加州克萊蒙（Claremont）彼薩學院（Pitzer College）心理學家大衛・穆爾（David Moore）的說法，思想可能造成荷爾蒙的分泌，荷爾蒙會跟去氧核糖核酸結合，使基因「開」或「關」，人腦和猩猩頭腦不同的地方，不是擁有不同的基因，而是哪些基因打開，哪些基因關閉。

會發現這點，是因為其中一位科學家到一個與世隔絕的偏遠小島，住了好幾個星期。

他注意到，當他準備回到文明世界和家人團聚前兩天，鬍子長得特別快，他覺得奇怪，於是告訴同事；他們都知道，性活動會造成身體大量分泌睪固酮，這種荷爾蒙會像肥料一樣，影響鬍鬚的生長。研究人員還發現，不但性活動會刺激鬍鬚生長，光是想像也有同樣的效果。想想看！你的思想可能影響遺傳外表。花一點時間，積極預期成功後的結果，臉上帶著微笑，品味成功的滋味，實際上會影響你的身心，你會準備好創造你渴望之至的成功。

假設你準備參加會議，試圖說服別人相信一些事情。首先，你必須花片刻時間，利用想像力清楚看出理想的結果。你準備對扶輪社友或一大群華爾街分析師發表演說嗎？先花些時間安靜地獨處，清楚想像成功的演說，也想像最微小的細節；想像聽眾鼓掌的樣子。請記住我機車教練的警告：人會走到自己望著的地方。看到好結果，是培養預測未來能力最有用的特點。

要習慣從歷史的眼光，以明天為目標，分析今天的事情。你看報紙或電視新聞時，要問自己：「基本原則是什麼？」如果像二〇〇一年下半年一樣，新聞報導有人發明了轟動一時、讓人難以相信的都市機車，可能徹底改變都市計劃，你要想一想，這種東西滿足了人類的什麼基本需要。在你安靜獨思的時候，你會看出大家希望克服時間與空間的限制。

「沒有人能同時佔據兩個的空間」是科學對這種期望的描述，人類總是認為自己跟動植物不同，總是期望旅行，而且希望快速地旅行，進而接近克服不能同時在兩個空間的限制。這個原則促使大家預測，豪華郵輪會逐漸被快速卻不舒服的噴射客機取代。人類希望在任何方面都不受限制，是人在精神上的期望。

我前面談過，在人類歷史中，有些事情會改變，有些事情根本沒有變過。不管人類是用弓箭還是用戰略核子武器作戰，不變的事實是：人類會打仗。不論騎駱駝、駕獨木舟、開著凱迪拉克（Cadillac）還是搭乘協和號（Concorde）超音速客機，不變的事實是：人類極為渴望旅行。

一九六五年，快捷半導體（Fairchild Semiconductor）的年輕科學家戈登．摩爾（Gordon Moore）提出著名的摩爾定律（Moore's Law）。很快就被人看成是先知。他預測矽晶片的功能和複雜性每隔十八個月會增加一倍，如果一種東西每隔一年半增加一倍，連續三十年，倍增二十次，增加的倍數會超過一百萬倍。到一九九五年，摩爾定律仍然十分正確。一九九五年的四個百萬位元晶片功能，是前身電晶體的四百萬倍。一九六八年摩爾跟快捷半導體的老同事羅伯．諾斯（Robert Noyce）創立了英特爾，不到三十五年，英特爾變成年營業額超過二百億美元的大企業，摩爾是先知嗎？不是，他其實只是知道怎麼預測自己未來領域中的狀況。

致富之道

◎認清哪些外界事物會影響你的企業或生活，哪些完全沒有影響。有些未來的事情可能造成本質上的變化，衝擊你的事業，卻不影響其他企業，另一些未來的事件不會影響你的事業，卻可能破壞其他企業。面對第一種情形時，絕對不能拖延，面對第二種情形時，要拒絕隨波逐流。

◎擺脫情感，預測事件。預測未來跟天生的技巧或智力無關，有些人受過高等教育，預測未來時卻十分失敗。自己是有效預測未來的大敵，學會克制自我，你預測未來的能力會大大的提昇。

◎先往後看，再往前看。如果事情穩定，除非受到外力作用，否則會繼續保持穩定。如果事情快速變化，代表已經受到外力作用，要找出和判定這種力量的可能行為，這種力量會持續嗎？會強化或減弱嗎？要研究跟你有關的趨勢，了解趨勢到目前為止的影響。一旦你發現趨勢，你必須自問趨勢是否因為沒有外力影響，一直這樣表現，或是因為受到某些事物影響，才表現這種樣子。

◎注意型態。要經常設法去觀察和了解比較大的型態和趨勢，身為企業人士，你必須特別注意這些趨勢，應該設法了解其中的根本原因。

◎你應該要接受循環與趨勢的可能性，但是不能因此盲目。循環與趨勢應該是你評估未來發展時的一個因素，但是也只是一個因素而已。

◎要聽出未來趨勢的輕微腳步聲，必須排除所有外界「噪音」刺激。你必須撥出時間，排除其他比較強而有力的刺激，只有這樣，你才能夠看出這些微小的跡象。

◎描繪未來。無論你想要投資還是開創新事業，信心都極為重要，如果你不能清楚地看出計劃成功之後的樣子，你最好延緩，到你能看清楚為止。如果你事先花片刻時間，積極想像跟潛在客戶達成目標時的景象，你成功的機會會大大增加。

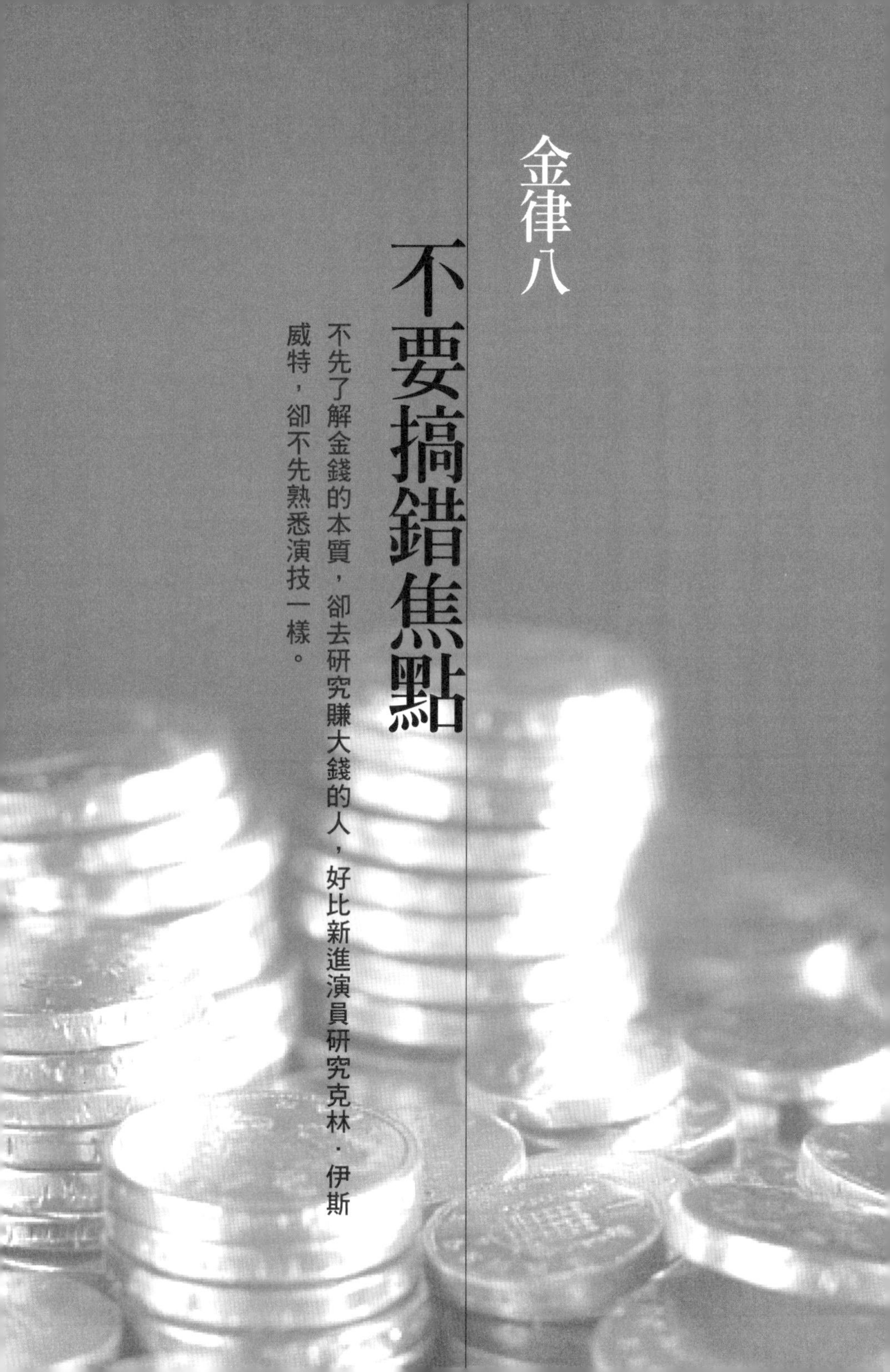

金律八

不要搞錯焦點

不先了解金錢的本質，卻去研究賺大錢的人，好比新進演員研究克林．伊斯威特，卻不先熟悉演技一樣。

某一年夏天，我在溫哥華島（Vancouver Island）一個壯麗的海灘釣魚時，得到一個教訓。那天我釣上一條看來頗肥美的大鮭魚後，舔著嘴唇，期望晚上跟家人共享的烤鮭魚大餐。年長的導遊澆了盆冷水，平靜地說：「你已經失去這條魚了。」

我可以在捲線時，感覺到魚在另一端掙扎，我急忙告訴好心的導遊，說他錯了。他一轉頭，指著海岸外大約二、三十碼樹頂的大老鷹，只說了一句：「牠看見你的魚了。」老鷹懶洋洋地張開八呎寬的翅膀，飛到空中。接下的一分鐘裡，我瘋狂地收線，想要趕過老鷹的速度，這隻猛禽輕鬆地撲向我的鮭魚，閃電般伸出利爪，抓起鮭魚，擺脫釣鉤，回到樹頂上享受大餐。我可以想像，牠每隔幾分鐘，就帶著嘲笑的表情看著我。

這是一個活生生的教訓，我學到什麼？我知道了解獵物很重要，但現在我體會到其中的意義；我需要導遊跟我說在汪洋大海中如何尋找鮭魚、用什麼魚餌，也需要導遊告訴我誰跟我競爭；換句話說，如果我真的想釣鮭魚，我必須知道鮭魚一切的知識。

在我二十年的教士生涯中，我建議過很多想結婚、卻不知道怎麼結婚的單身男女。釣鮭魚的經驗有助於我提供建議。我對男士解釋，要讓女人跟你結婚，光是想還不夠，你必須了解她。她希望在情感、性、社交、身體、或經濟方面獲得保障，想知道你能不能照顧和保護她。如果是這樣，你必須從她的觀點，不但讓她知道你的現在和過去，也要讓她知道你與她攜手同行，最後可能變成什麼樣子。設法真正去了解女人，是贏得她芳心唯一的方法。我對女生也提出類似的建議，你必須盡可能了解男人，知道他能給你什麼，也需要知道他需要你給他什麼。妳應該要知道他心裡想什麼。我還會給單身男女很多建議，但是你應該知道其中的重點，如果你想吸引和獲得某種東西，首先你必須儘量了解這種東西。

想要增加收入，卻不先了解金錢的本質，好比新進演員研究克林伊斯威特（Clint Eastwood），卻不先學習演技一樣。同樣地，你也可以研究艾倫．葛林柏格（Alan Greenberg）怎樣從小職員起家，變成大型投資銀行貝爾斯登（Bear Stearns）執行長的傳奇故事。你也可以了解蓋瑞．威尼克（Gary Winnick）興衰的故事，威尼克的祖父移民來美國，曾經在紐約的下東城（Lower East Side）推著車子兜售，威尼克的祖父曾經給他二十五美元，讓他投資，他卻捨不得花用，威尼克後來創設環球電訊（Global Crossing），成為光纖電纜通訊鉅子，然後看著公司債臺高築，終致倒閉。

你也可以看看化妝品大亨雅詩．蘭黛（Leonard Lauder）怎麼教導兒子，讓他了解企業最重要的就是關係，知道她為何跟潛在客戶見面後一天內，會寫封親切感人的謝函。知道尼曼馬克思百貨（Neiman Marcus）創辦人的故事也很有意思；史丹利．馬克思（Stanley Marcus）從父親那裡學到：當你賣東西時，賣的其實不是香皂、皮大衣或香水，你賣的是滿意。

但是，你我不是他們，只能做自己，他們的教訓很有意思，也很有啟發性，但是我們必須了解最基本的原則，培養獨一無二的賺錢能力，才會有更好的表現。如果你希望多賺錢，首先必須深入了解錢是什麼。

錢是什麼？

打開皮夾，你會看到花花綠綠的鈔票和大小不等的硬幣，這就是錢了嗎？不對，皮夾裡的支票不也是錢嗎？不只這樣，一張一張的信用卡也是錢。看看銀行裡每個月寄來的對帳單，你可能以為錢只是金融機構電腦硬碟中的一串數字而已。或許你擁有一些讓人心動的股票，股票代表你擁有一家公司的部分所有權，但是如果這家公司倒閉，你會發現你只擁有一些舊辦公家具和舊設備的部分所有權，不值得高興。鈔票、信用卡、和證券其實都不是錢，可能只代表錢而已，錢是什麼的問題還沒有解答。

我的錢其實就是我，你的錢其實就你，這樣說可能過於簡化，你可能會說，你的生活不只是錢而已，但是實際上，你的錢跟你的生活沒有差別，你銀行裡的存款跟你的生活密不可分，是生活的函數。心理學先驅威廉・詹姆斯（William James）說過：

把意義擴充到最大時，人的自我是所擁有的一切加在一起的總和，不只包括身心力量、也包括衣服、房子、妻子與兒女、祖先與朋友、名聲與工作、土地與車馬以及遊艇和銀行存款。這一切都給人相同的情感，人發跡時會得意洋洋，陷在困頓的情況中會覺得心情沮喪，程度不見得相同，但大致上相同。

猶太人對錢的看法

猶太人早就知道錢就是自己，也知道其中的意義。《摩西五經》推衍以色列人始祖雅各（Jacob），與神祕客的故事時，暗示過這些觀念。雅各準備了禮物，要去跟疏遠了的哥哥以掃（Esau）復合，他在渡河時碰到一個可怕的敵人，於是和敵人摔跤直到黎明，大腿因此受了傷變成瘸子；《摩西五經》說，雅各纏住這個人，是因為他希望取回失去的一些財產。古代的聖賢說，其中的意義是聰明人把錢看得把身體還重。

這種說法似乎有點奇怪，實際上卻是人跟錢建立健全關係的基礎，這種觀念造福了世世代代的成功猶太企業家。人發明的東西中，錢是計算創造力最有效的方法，也是衡量人的時間、尊嚴、技術、健康、經驗、與毅力最方便的方法。《摩西五經》的意義是人不是只有身體發揮功能而已，而是身體跟創造力一起發揮功能，然後其中的一部分會化為金錢。人不只是手腳眼耳構成的東西，聰明人珍惜自己的創造力。詹姆斯說的對，所謂的自我除了身體之外，還有更重要的東西，就是我所擁有的一切，我所擁有的一切不只是金錢而已，但是金錢代表我的整個自我。

錢跟信任有關

幾乎任何人都可以創造金錢，不只是政府而已，你開支票給修理屋頂的工人時，你就是在創造自己的金錢。修理屋頂的工人接受你的支票離開前，不是很清楚你銀行帳戶裡的存款有多少，夠不夠兌付這張支票，他也不知道這家銀行是否存在，他接受你的支票，完全是因為他相信你不是那種開空頭支票的人。他信任你。

同樣地，他可能會在你的支票上背書，把支票交給孩子的鋼琴教師當學費，老師可能把支票又交給第三人，最後會有人把支票存進銀行，從你的戶頭裡提出票面所開立的金額。在這段期間裡，這張支票像正常貨幣一樣流通，但是每個接受支票的人都必須信任開票人，支票跟鈔票一樣，都是債權憑證。

大家都會排拒不肯清償債務的違約國家，二〇〇一年下半年，阿根廷通知債權人，不再清償超過一千三百億美元的債務。銀行、企業、或個人要經過很久之後，才會再度接受阿根廷政府所發行的貨幣。開空頭支票的人在社區裡也會碰到同樣的情形，不用多久，本地商家的結帳櫃檯就會把這個人的名字，列在收銀機旁的黑名單上，說明大家再也不能信任這個人，也不能接受他開的支票。

很多國家的人民對本國貨幣缺乏信心時，美元會變成日常交易的貨幣。阿根廷披索一不穩定，幾乎所有不動產貸款和其他長期商業的合約都會改用美元，這表示阿根廷人對於發行和控制本國貨幣幣值的機構沒有信心。

貨幣的本質是交易工具，其信用絕對不容破壞。有兩個猶太裔的企業家顯然了解這點，一位是創設福祿達康（Flooz.com）的羅伯・李維坦（Robert Levitan），另外一位是創設賓斯達康（Beenz.com）的查爾斯・柯恩（Charles Cohen）。這兩家公司在二〇〇一年年中倒閉前，都嘗試創造網路貨幣。你可以用一般信用卡，購買福祿的「福祿幣」，然後在接受福祿的某些網站上購買商品。賓斯發行的貨幣「賓斯」也一樣，還可以在某些網站收到回饋的賓斯紅利（你甚至可以用賓斯來購買福祿）。

雖然這兩家公司最後都倒閉了，但發行某種形式的網路貨幣仍然希望濃厚，只是發行機構可能會變成比較傳統的金融機構，因為金融機構已經擁有知識技術與基本架構，最重要的是，他們得到大家的信任。只要信任制度存在，幾乎每個人都可以創造貨幣，如果沒有信任，大家不會接受你的福祿、賓斯、或支票，到最後，甚至不會接受你的鈔票。

不管是那種形式發行的私人貨幣，關鍵都在發行人。假設你賣一筆資產給瓊斯先生，他可以開一張阿爾巴尼亞某某銀行的支票給你、可以在餐巾紙上寫一張欠條給你、也可以告訴你，他明天一早就派人把錢送來。這三種方法你都可以接受，是私人貨幣的典範。你會發現，這三種付款方式你都可以利用，只要你的債權人知道瓊斯先生的名聲，都會接受這三種方式中的任何一種，問題在於信用與名聲。

大家怎麼判定這種債權憑證發行人的誠信？網際網路發展出一種有效的方法，判定交易者的誠信，不管你上網買舊書還是在拍賣網站上買全新的運動器材，網站都會要求你評估賣方與交易品質，這種評等會成為交易者在網際網路上永遠的記錄，對於賣方以後能否繼續從事交易極為重要。這種評斷好比誠實企業在小鄉鎮中發展出來的名聲，只是以電子方式表現，卻同樣有效。

錢是無形的

福特汽車前任執行長傑克．納瑟（Jacques Nasser）花了九十億美元，買下兩個完全無形的品牌「積架」（Jaguar）與「富豪」（Volvo），再度提醒大家，錢其實是相當無形的東西，只是其他東西的象徵。兩個品牌名稱價值九十億美元嗎？沒錯，工廠不必從英國或瑞典搬到底特律，也不需要從大西洋對岸把車運到美國，這兩個品牌的主人只要答應把品牌賣掉，就可以拿到錢。如果交易完成前一天，世界四分之三的人口患了失憶症，這筆交易還會進行嗎？當然不會，因為品牌的價值在於多年累積的名聲，如果大多數顧客忘掉積架代表性能，富豪代表安全，這兩個品牌就會喪失價值。

再看另一個例子，為什麼像可口可樂這樣的股票，本益比有時候超過四十倍，而且遠高於淨值？因為大家已經了解金錢的精神意義重於實質，可口可樂有價值，不光是因為擁有工廠和裝瓶廠，也因為公司經營階層的誠信與品牌認知，這些東西都極難量化，也是金錢經常被人誤解的原因。

還有一個例子可以說明；一九九四年十二月，上奇廣告（Saatchi & Saatchi）的董事會經過一番政治鬥爭後，開除了公司的創辦人摩里斯．上奇（Maurice Saatchi），根據標準會計準則，解雇上奇兄弟之一跟公司的資產負債沒有關係，但是上奇的股票在紐約證券交易所，報價從原本約九美元立即跌到四美元。市場知道，沒有了上奇敏銳的頭腦和絕佳的事業關係，上奇股東只擁有辦公桌椅和舊機器。

我舉這些例子，目的是要讓你知道，沒有無形關係形成的架構，金錢就不存在。

我也要警告你，所有過於簡潔的定義也可能造成誤導，我可以指著美味、長形的黃色水果說，那是香蕉，卻不可能針對抽象的概念，提出知性的定義。例如，設法跟受虐兒童說明愛的定義吧。在最好的情況下，經過一段時間，這個傷心的小孩可能會了解愛的意義，但是一開始，誰也不能告訴他愛的定義，讓他了解其中的意義。指著紙鈔或硬幣說是錢，同樣沒有抓住重點。

你現在會看這本書，原因之一是希望了解金錢有什麼意義。金錢是數字上的呈現，代表你怎麼經營人生與為人服務的總和。金錢代表你人際關係的力量，金錢跟沼澤或森林不同，沒有了人，錢就不會存在，錢是債權與承諾的綜合體，是無形的東西，只有無形的信任網路把大家結合起來，錢才有用，錢是一種請求權，你可以向別人請求你需要的商品與服務，錢也是承諾，別人承諾供應你商品與服務。

共同價值體系創造財富

一九九一年，大型債券交易商所羅門兄弟公司（Salomon Brothers）的母公司所羅門公司（Salomon, Inc.），被人指控以詐欺手法標購政府公債而陷入危機，可能失去參與政府公債標購的權利，危害公司最重要的業務。惡行遭到揭發讓公司難堪，也危及公司的生存，重要職員開始認為必須另尋高枝才有前途，訴訟急劇增加，大家認為公司岌岌可危。

這年夏天，擁有所羅門公司十六％股權的巴菲特出面，同意擔任臨時董事長，撤換大部分高級經理人，說服美國財政部長尼古拉斯．布雷迪（Nicholas Brady），不要撤消所羅門公司參與政府公債標購的權利，也說服很多重要職員留任，協助大家恢復信心。巴菲特一個人獨力挽救了一家公司，這種情形足於說明財富的根源是精神，不是隨便什麼人都能夠讓所羅門公司起死回生。要拯救所羅門公司，所需要的不只是了解和矯正財務上的錯誤，也需要精神力量。要說明財富的根源，精神力量可能是最好的說法，精神力量聽起來脆弱無力，但同時代表了權力與力量。

債權聽起來似乎也沒有什麼大不了，但這是誤解。你想想看擠兌的時候、或是一九二〇年代德國發生的超級通貨膨脹，買一條麵包，要帶一整袋的鈔票才能買到；可以看出除非具有極為重要的信念，否則債權和承諾都沒有價值。整個貨幣制度會存在，完全是因為大家對皮夾裡帶著的貨幣象徵——不管是信用卡還是現金——有信心，知道自己想要用錢時，別人會尊重。如果沒有信任，整個制度會瓦解。有史以來最強大的經濟體在貨幣上印著「我們信任上帝」，不是沒有原因的。

在一九一二年美國參院一場聽證會中，改革派律師薩姆爾・文特雷爾（Samuel Untermeyer）主張只有富人才可以獲得資本，他對銀行家皮爾朋・摩根（J. Pierpont Morgan）說，他堅持商業信用的基礎是財產和金錢。摩根指出他錯了，品行才是最重要的。摩根說：「我不信任的人，即使拿來全基督世界所有的公債，也借不到我的錢。」

如果社會上沒有一種無形的信任制度，不可能發展出貨幣制度，信任制度一定要比貨幣制度先發展出來，你很難想像如果彼此之間沒有信任，貨幣怎麼流通。假設貨幣制度已經存在，大家怎麼決定每一種物品或服務的價值？要用多少錢才能買到一磅乳酪或一包羊毛？誰決定一雙鞋應該賣多少錢？

價值如何計算？

新型富豪價值多少？在汽車經銷商展示間的富豪車窗上貼了一張紙，說明廠商建議的零售價格是四萬二千一百五十美元，這就是這部車的價值嗎？如果碰到一位愛殺價的顧客，經銷商以三萬九千八百五十美元把這部車賣掉，這個數字就是車子的真正價值嗎？如果接著有一位不愛殺價的顧客進來，用四萬二千一百五十美元的價格，買走另一部相同的車子，富豪新車的價值提高了嗎？

任何物品的客觀價值都很難說明，通常要看在什麼地方、對什麼人而定。對第一位顧客來說，這部車的價值顯然超過三萬九千八百五十美元，否則他根本不可能付這麼多錢買車，如果對這位顧客來說，這部車的價值正好是三萬九千八百五十美元，他不會急著買車，因為從經濟觀點來看，這筆交易對他是中性的交易。因此，這部車的價值是三萬九千八百五十美元，加上他對車子的需要和車子的吸引力所代表的額外價值。你買東西時，付出的價格通常低於你認定的價值，不然的話，你為什麼要買？

這部車不管是在美國，還是在叢林裡，同一部車的重量大致都一樣，長度和顏色也一樣。但價值不是這樣。如果把這部車空投在婆羅州山區的叢林裡，這部車的價值是多少？

那裡沒有道路，也沒有汽油，一．六噸的富豪沒有多少價值，原始的部落民族碰到這種從天而降的禮物，頂多只能把車子當成家一樣，或是當成堡壘對抗敵人的弓箭；用什麼東西可以讓他交出這部車？大概七個馬鈴薯就夠了。

同樣地，大冰山在北大西洋沒有什麼價值，但是拖到波斯灣，放在巴林的乾船塢溶解，可能會變得很有價值，冰山溶解出來幾百萬加侖的淡水，價值遠遠超過還在格陵蘭時的價值。

希伯來文如何界定價值

我記得有一次站在萊因河畔，看到兩艘幾乎完全相同的駁船，載滿煤炭分別向上下游開去，我問家父為什麼兩艘船不乾脆停在原來的地方，他解釋說，兩艘駁船中的每一艘都是兩個人簽定合約，買賣煤炭的結果，這兩組交易者彼此不認識，也不知道本地有一船煤炭可以供應，這是通訊不良造成的異常結果。

家父告訴我，如果溝通不足的情形改善，所有交易者彼此都能連繫，本地煤價應該會降低，反映價格中扣除的運輸成本，這樣對消費者有利，付出的能源成本會降低，對交易者也有利，因為他們或許可以賣更多煤炭，對駁船的工作人員可能不好，但是也不見得，他們購買的煤炭和其他商品成本也會下降，因此一切會變得很好，總而言之，他們還是會忙於運輸本地沒有的產品。

你可以說，通訊增加會讓每一個人都省錢，每一個人的財富都可以增加。我從那天起，開始了解知識可以增加價值。此外，我也開始了解沒有一本百科全書可以讓人了解所有事情的價值，要決定價值，至少要由兩個人和當時時空環境的其他事情決定。

先了解價值

你可能會奇怪，你真正的目標是增加收入，為什麼需要了解這一切？那是因為價值跟其他量度方式都不同，看到舊玻璃罐，我很容易判斷罐子的重量，我只需要一台精準的秤就夠了。如果有尺，我可以量出罐子的高度，要計算罐子的容量，也不需要很高深的數學，不管我把罐子放在哪裡，放在地球的什麼地方，我得到的數字都很正確（如果是計算質量，放在太空中也一樣）。

但是玻璃罐的價值卻大不相同，除了由人特別形成的市場之外，沒有任何儀器可以衡量玻璃罐的價值。即使玻璃罐是著名玻璃藝術家創作的產品，要是由不重視藝術價值、只重視裝水這類實用價值的人持有，價值也會很低，這種人要是找到更大或更堅固的罐子，甚至可能把玻璃罐丟掉。然而，對藝術收藏家來說，這個玻璃罐可能很有價值，如果玻璃罐是由他所愛的人為了表示愛意送給他的禮物，價值會更高。價值跟東西的實際長寬高不同，比較具有無形或精神上的價值，只能由觀點來決定。

人們常常不解何以東西的質量不必增加，價值卻可以增加。如果駁船中的小麥增加了五十噸，你會知道這船的價值增加了，其中沒有什麼好神祕的。然而，購買這船小麥的人如果剛好知道某個地方穀物奇缺，使這船小麥的價值增加，這筆交易似乎就帶有神奇或欺騙的味道。

這點可能是大家對交易商又嫉妒、又討厭的原因之一。在二次世界大戰前的英國，說別人是「商人」帶有看不起的意思，大家多少都認為這些暴發戶能夠跟貴族交往，是因為他們用別人不了解的神祕方式，累積了大量財富。倫敦經濟學院（London School of Economics）教授、二十世紀奧地利經濟學家菲特烈．海耶克（Friedrich Hayek）說：「不管東西跟人的關係如何，價值不是東西本身的特性或物理性質，完全是人在決定東西的用途時，對別人有更好利用可能的一種考慮因素。」

懂了嗎？你發現別人願意出多少錢換取你擁有的東西時，才知道這樣東西的價值。在偏僻的鄉間遊盪，購買舊家具，可以拿回城裡開設的古董店裡出售賺錢，原因就在這裡。農人寧可把東西賣給你，也不願意把所有舊家具運到城裡，不知道賣不賣得掉，是否必須再把東西載回家。

在海耶克一個世紀之前，維也納大學的經濟學家卡爾．孟格（Carl Menger）提過，價值，「是經濟人對自己所擁有能夠維持生活與福祉的東西，具有多少重要性的判斷。」說得好！價值就是一種判斷。但是並非所有的人對東西的價值總會有相同的判斷；否則的話，就不可能有交易。因為對你或對我來說，如果一種東西或商品的價值完全相同，那就沒有交易的理由。我們為什麼要交易？重點是不同的人在不同的時空環境中，對東西的評價不同。

這種經濟上的創意和人類的獨特關係，在猶太文化中是確切不疑的觀念。在聯邦調查局用指紋獨特性辨認歹徒之前一千年，猶太聖人就問過：為什麼上帝決定把人類獨一無二的特徵，放在指尖上？上帝宣稱，他會照他的形象，創造人類。「照他的形象」是什麼意思？猶太學者認為，這點表示人類會在兩個重要的方面像上帝：一是在世界上的所有生物中，只有人像上帝一樣，擁有創造東西的能力；二，是每一個人都應該像上帝一樣獨一無二。要把人類跟上帝類似的這兩點結合為一，有什麼更好的方法？有什麼方法勝過把獨一無二的特徵指紋，放在人類用來創造的器官上。

一五七〇年，著名的猶太學者耶胡達．羅烏（Yehuda Loew）解釋，所有東西的價值要看東西跟人的關係而定，也要看空間與時間而定。換句話說，人類對東西的評價也要看東西所在的時空而定，羅烏解釋說：時間與空間結合成一種觀念時，最容易了解，他寫這句話的時候，正好是愛因斯坦提出特殊相對論三百年前。而且赫曼．明可夫斯基（Herman Minkowski）指出，唯有把時間與空間看成一種合而為一的現實，愛因斯坦新的宇宙觀才有道理。「從今以後，空間與時間注定會消失在陰影中，只有兩者結合能夠保存獨立的現實。」這種時空關係在猶太文化中深入人心，讓猶太人隨時可以利用，難怪猶太人會以這種觀念作為商業策略的基礎。猶太人知道，只有滿足人類獨一無二的特性以及其他形式的創造活動，才能增加價值。

體力勞動不是以有創造性的方式，操控時間與空間唯一的方法，因此不必每個人都從事塑造、製模、開採、種植、生產、運輸、與儲藏東西的工作，人也可以用資訊與交易，有效地操控空間與時間，因此，人只要跟別人交易，就可以增加價值。

財務記錄保存大家都同意的東西

哈林籃球隊（Harlem Globetrotters）跟已故的喜劇演員兼鋼琴家維特・波基（Victor Borge）有什麼相同的地方？他們都證明了如果你希望利用非傳統的東西，先徹底了解傳統的東西，對你會有幫助。哈林籃球隊最重要的地方，是每個球員都是打籃球的專家，波基發現讓別人高興可以得到更多報酬之前，是著名的古典鋼琴演奏家。

同樣地，一旦深入了解大家接受的觀點，用不尋常的方式看待金錢會變得比較容易。換句話說，了解常見的記帳方法很有用，但如果你已經看得懂財務報表，你就佔有優勢。如果你看到一堆數字就怕得不想看，我建議你奮力採取必要的作法，就像對付害怕電梯的人一樣，最好的矯正之道就是不斷地搭電梯，一直到克服恐懼症為止。

你必須培養樂於與善於處理數字的能力，這樣會有三種好處：

一、你會習於精確地思考與談話，會樂於問正確的數字，不接受含糊的說法如「足夠生活的工資」、「買得起的房子」以及「適當的薪資」。你會變得簡捷且明快。

二、你會培養信心，相信自己對某件交易的判斷，不再依據本能、聽天由命。聰明的超級市場採購人員幾乎可以在片刻之內，把每罐美乃滋的價格簡化為每英兩的價格，以便正確評估品牌與包裝的成本。同樣的，能夠精確掌握數字，就能夠更善於評估交易與投資。

三、你跟所處環境的關係加強後，會覺得更有活力，我不是建議你當會計師，而是建議你熱愛數字，把數字當成溝通的語言，讓無趣的東西變得比較有趣。

有時候，公司年報中可以看出最初步的財務惡化跡象，你必須對財務報表有足夠的了解，能夠評估和吸收所有資料，不要只看資產負債表，也應該研究財務報表的其他部分，如現金流量表，這樣可以警覺存貨增加速度比銷售還快的危險狀況。

在正常情況下，產品交貨後，可能要六十天後才收到貨款，這時企業記錄的營收就相當重要。現金流量表會說明實際上收到多少現金，如果你注意到公司的營收增加，盈餘飛躍上升，收到的現金卻遠遠不足，你看到的可能是呆帳危機的徵兆。

你不必精通財務會計的細節，但是我建議你深入了解財務會計，當成致富的重要工具，這樣會為你帶來上述的三種好處，也會讓你有能力處理另一個重要任務，一旦你精通數字，你隨時可以精確地整理和保持自己的財務記錄。今天當然有很多進步的軟體，讓不懂會計的人做帳，但是如果你真的了解數字的意義，而不是只知道按鍵，你直覺判斷的能力會增加。

精通記錄金錢的傳統方法後，你必須考慮比較不常見、卻同樣可靠而有用的方法，了解金錢與價值的意義。

互動＝財富

假設有個年輕人在購物中心閒逛，口袋裡正好只有二十美元，卻極為渴望買到一雙每踏出一步，後跟就會閃閃發亮的運動鞋。他一心一意，只想著要是能夠找到他極為熱愛、同時也買得起的鞋子。他走進一家鞋店，老闆親切地招呼他，聽完他的說明後，老闆走進倉庫，拿來一個紙盒蹲在年輕人腳前，替他套上這雙很眩的鞋子，這位年輕人很滿意，愉快的雙手奉上老闆要的二十美元。

在情感上的財務報表中，這筆交易有什麼效果？老闆把二十美元放進現金箱時十分高興，賣出這雙鞋或許讓他達到了今天的銷售目標。不了解商業的人或許會認為他這麼高興，一定是因為他剝削了顧客。這位年輕人也沒有因為買了東西而後悔，他散發出愉快的自信，因為他知道自己穿了一雙讓人十分羨慕的鞋子。

在真正的財務報表中，這筆交易應該怎麼記錄？假設我們把這筆交易當成迷你系統，假設這位年輕人所有的財產只有二十美元，為了簡化起見，我們假設這雙會發光的運動鞋是店裡唯一的存貨，那麼在這種模式中，老闆擁有多少財富？他擁有一雙會發光的運動鞋，是從製造商手中，用十美元買來的，對他來說，鞋盒裡的東西價值有多少？當然超過他付給廠商的十美元，否則他不會付錢買下來，他認為，他賣出的價格會超過進價，他雖然希望賣到更好的價錢，卻也願意用十五美元的價格賣出，如果他要做財務報表，他會把自己的資產記錄為：

存貨：一雙鞋，價值十五美元。

根據一般公認會計原則的傳統記帳方法，老闆應該根據存貨的進價，把自己的資產記載為十美元，甚至應該記載五美元，因為他可以在跳蚤市場中，用五美元的價格把鞋子賣出去。然而，只要他相信顧客會不斷地擁進購物中心，只要他相信自己預測流行趨勢的能力，根據預期出售價格，記錄他所擁有的資產，就會變得比較有道理。

雖然大家普遍應用一般公認會計原則，但是在某些情況下，這些原則會迫使大家低估實際資產的價值而造成誤導。一九九〇年代中期，美國線上（AOL）支出龐大的成本，爭取顧客，每次你打開信箱，就有很多免費的軟體光碟掉下來，這種光碟無所不在，到了酒吧用來當杯墊的程度。美國線上列帳時，主張寄送千百萬張的光碟費用是投資，不是費用；公司宣稱，投資這些錢，是為了爭取寶貴的資產，也就是大量用戶，每個用戶每個月大約會付給美國線上二十美元，因此他們認為，把爭取客戶的費用列為資本支出合於邏輯。但會計師和分析師宣稱這樣是把費用資本化，只是為了人為的虛增盈餘，大家的不滿迫使美國線上重新編製財務報表，把四億美元列為費用；理所當然，美國線上申報的盈餘就減少了四億美元。

到底誰才正確？到一九九〇年代結束時，美國線上的市值大約達一千五百億美元，因此引起紛爭的這筆金額只佔公司總市值的〇．二五％；分析師也沒錯，但是我會認為，根據他們的數字，很少人會投資美國線上，所以他們也不對，有時候，因為無形因素的關係，很難估計一種資產的價值。

這些無形因素中，有一點是對明天的信心。如果世界被一個無法阻止的隕石擊中，在一小時內會毀滅，你的資產現在值多少錢？正確答案很可能是零。如果你和身邊的人都會永生，你的資產價值多少？光是靠複利的力量，就可以使財產大為增加了。對大多數人來說，壽命應該是從下一分鐘到享完天年為止，因此，大家評估資產價值時，很少會認為價值只比跳樓拍賣高一些，大家通常認定目前的情況會延續下去，他們可以用有秩序的方式、甚至不讓人知道自己迫切需要賣掉財產，用有利的價格賣掉。

用整體經濟角度計算商品價值

回頭看一下之前的年輕人，他走進購物中心時，資產負債表應該是這樣的：

現金二十美元。

這個微型經濟體的總值應該是鞋店老闆的財產十五美元，加上年輕人的財產二十美元，總共是三十五美元。

現在你必須編製一份交易完成後的財務報表。在這次友善的交易之後，鞋店老闆的收銀機裡，有一張二十美元的鈔票；這個年輕人有多少財產呢？應該是他眼中這雙鞋子的價值，要了解這種價值的方法之一，是知道如果他把鞋子拿去車庫拍賣，應該可以得到多少錢，會計師可能主張這種方法，但位年輕人卻無意把鞋子賣掉，因此車庫拍賣價格不能精確說明他的財務狀況。

實際上，用傳統的估計方式，每一次購物都會讓人變窮，因此合理的對策是永遠不要買東西。你當然知道從經銷商開走一部新車後，就拿不回你付出的車款，如果你當時發現你必須把車子換成現金，你會發現擁有這部新車一小時，就讓你損失了一大筆錢。在這種情況，你的財富會因為買了一部新車而大為減少，資產負債表會顯示，買車讓你變窮了。然而，買車之後必須立刻把新車賣掉，可能是你的計劃能力很差，買了一部你負擔不起的車子，不然就是經濟突然轉壞，你需要把新車換成現金購買食物。

請記住信心的重要性，你不會因為世界即將毀滅才進行投資、購物、或結婚，你為將來儲蓄時，是根據明天會更好的信念。因此，你估計新車的價值時，不會根據舊車商的價格評估，而是以這部車在你生活中的價值。古代猶太人告訴我們，這是評估財產相當正確的方法，大部分人不會在買了新車之後立刻把車子賣掉，而是樂於開著這部車子，對於擁有這部車很滿意，花費很多精神照顧車子。這種記帳方法顯示，要計算你的財富時，要問你應該接受什麼代價，才肯讓出新車。

你可以用同樣地方法，簡單的思想實驗，評估這位年輕人的財產。假設你在他走出購物中心時走到他前面，問他：「你願意用二十美元，把這雙閃閃發光的鞋子賣給我嗎？」他拒絕了！他為什麼要賣？他希望擁有這雙鞋子。因此你提高價格。「我出二十五美元，你願意賣嗎？」年輕人會認為不值得，五美元不值得他花費時間和精神，回店裡再買一雙，或許老闆已經沒有這種尺碼的鞋子了。但是你堅持下去。「三十美元賣不賣？」他動搖了，他可以賺到十美元的利潤，幾碼外的鞋店非常可能還有另一雙存貨。但是他心想，如果你這麼想買我的鞋子，或許願意多付一點錢吧？他可能說：「好吧，賣給你，但是要三十五美元。」你很可能不想付三十五美元。說真的，你根本不想要，請記住，你只是在進行實驗，你已經完成了實驗，發現在他的資產負債表上，這雙鞋的價值是三十五美元。

現在你必須計算這個微型經濟體系中交易後的總價值，應該是鞋店老闆收銀機裡的二十美元，加上這個年輕人認定這雙鞋子的價值三十五美元，合起來一共是五十五美元。

下表顯示迷你經濟體系交易前後的財富：

在這筆交易中，顧客增加了十五美元，鞋店老闆增加了五美元，這個微型經濟體系增加

	顧客資產	鞋店老闆資產	合計
交易前	20	15	35
交易後	35	20	55

（單位：美元）

的財富一共是二十美元。請記住，情感上的滿足也具有價值。顧客喜歡新鞋子，但是對鞋店老闆來說，這雙鞋子是存貨的一部分。因此重要的是，對顧客來說，商品的價值經常比銷售商品的供應商認定的價值高。然而，如果供應商愛上存貨，不願意脫手，交易的誘因就消失了。

猶太人如何評估財產的價值

兩千多年前，教士以撒（Isaac）就告訴過猶太人分辨個人財產和存貨的重要性。以撒說：「人應該把自己的錢分為三部分，三分之一不動產，三分之一商品，以及三分之一現金。」到今天這個建議還很適用。首先，擁有一些不動產在經濟上是明智之舉，對個人的成長也有幫助。上帝會讓人口繼續增加，卻不會創造更多的土地，對不動產所有人來說，不動產增值會建立一種命定的歸屬感。

其次，把一部分資產投資在可交易的動產上是健全行為。今天有無數的人所得增加，靠的就是深入了解維多利亞時期的瓷器人像、舊槍械、古董傢俱、以及其他幾乎包含所有的物品，他們在遺產拍賣會或廉價拍賣會中，購買這些東西，然後在網路上、市集、和跳蚤市場中賣掉賺取利潤。把一部分資產放在這種可以交易的商品上，除了可能獲利之外，也經常提醒你自己是企業人士，很多人一開始時，把這種閒暇時間的交易活動當成嗜好，最後增加很多財富。

第三，把一部分資產以現金的方式持有，可以讓你應急，也可以利用意外的機會。以剛才的鞋店為例，想像有好多位年輕人擠到店裡，都爭著要買最後一雙讓人心情愉快的運動鞋，老闆可能認為，判斷誰能夠買到鞋的方法，是看誰最想要、願意出最高價。在這種情況下，價格可能會超過二十美元。再假設老闆決定把拍賣結果延到明天，這些愛鞋的人不滿意地離開鞋店，卻保證明天會再來，鞋店老闆在夜裡評估自己的財產時，一定會認為，光是這些需求，就會使他的財產增加。

這個例子跟股市投資沒有太大的不同，投資人持有的個股買盤強勁時，通常會愉快地高估自己的持股價值。連總市值這種重要的數字，也要看很多投資人對這檔股票的看法而定。假設地球上突然有很多人死亡，結果一定是股價大跌。你可以看出來，只要你習於從這種宇宙真理的觀點看事情，就可以看出人際互動可以創造財富，只是這種看法的確有一點不尋常。

eBay 是最成功的網路企業之一，營運模式很簡單，就是要成為電子仲介商，結果營運相當成功。想像舊時代穿街越巷的走販，從某一個家庭裡買下一張舊桌子，這張桌子擺在地下室已經很多年，對這家人來說是垃圾，因此他們很愉快地收下走販給他們的十美元。走販後來把這張桌子賣給另一家人，這家人正好需要這種大小的桌子，不在乎舊桌子的傷痕，他們不必付六十美元買新桌子，認為自己用二十美元買到一桌子幸運極了。

現在再計算這個走販創造的價值，第一個家庭增加了十美元的財富，第二個家庭不必花這麼多錢買新桌子，銀行帳戶裡留下了四十美元，走販增加了十美元。走販只是促成一筆交易，就使這個村子的財富增加了六十美元。現在你想像一下 eBay 促成的無數交易，就可以輕易看出這家公司在創造價值方面有多麼成功。

擁護金錢流通

錢從一個人手中流到另一個人手中，會創造額外的財富、如果因為焦慮的關係，大家把所有的錢都藏在草蓆下，整個經濟體系會開始衰弱、衰退、甚至發生更嚴重的問題。錢必須不斷流動，我必須交易，讓別人做我做不好的事情，這樣我可以為每個人創造價值。

我再舉一個例子，說明金錢流通的重要性有多高。一九九五年十二月，大火摧毀了麻省一家生產戶外服飾的布料工廠。七十歲的老闆亞倫．費爾斯坦（Aaron Feuerstein）沒有把三億美元的保險理賠納入私囊，停止營業，卻繼續養這些員工，同時重建廠房，新廠落成起用時，費爾斯坦祈禱說：「感謝仁慈的上帝重建工廠和員工的生命與靈魂。」重建的工廠是他們的「生命與靈魂」嗎？沒錯！費爾斯坦說對了，謀生跟生命與靈魂密不可分，金錢是關鍵，要在創造財富的高貴行為中成功，你必須了解金錢的一般意義，也要了解金錢的特殊意義。

矛盾的是，金錢像愛一樣，斷絕徹底擁有的欲望，是得到金錢和財富最好的方法，越迷戀金錢與愛的人，似乎越難得到金錢與愛。就金錢而言，至少有一個方便的補救之道，就是經常行善，正式放棄你掌握的金錢，如果行善的觀念不存在，追求財富的人必須創造這種觀念，行善對創造財富的重要性，就像花的綻放需要陽光一樣。稍後會談到。

致富之道

◎不管你過去的表現如何，你必須開啟新頁，開始培養誠信。信任是任何貨幣制度和創造財富的基本因素，要避免輕諾寡信；換句話說，為別人做的事情總是要超過別人的期望，這樣會讓別人驚喜，也會為你提高經營事業的效率做好準備。回應家人和同事的要求時，必須慎重而明確，有些人用含糊其詞的方式，回應別人的要求，而不是直截了當的拒絕，希望延緩不愉快的衝突，家人或同事會誤以為這種含糊的回答表示同意或讓步，以後你打算澄清時，別人會認為你逃避責任、不值得信任。自認誠信跟別人認為你值得信任一樣重要，你必須認為自己是正直的人，只有你真的值得信任時，你才會有這種感覺。

◎學會看財務報表，至少要比以前更了解財務報表，在你的行程規劃中，今後幾個月內，要花一些時間精通這一點。看一些如何看懂財務報表的好書，你對財務報表的了解應該會大幅增加，你可能會忽略這一點，認為自己又不想當會計師；這樣就錯了，精通這種重要的技巧，有助於你認為自己是成功的企業人士。研究完書中的材料、做過練習後，要向幾家上市公司索取年報，什麼公司其實不重要，但是如果是你有興趣的行業，會比較有意思。要確定你收到了現金流量表，而且瞭解其中的內容，上市公司每季都要發佈現金流量表，要深入、慎重的研究，了解其中所涵蓋的一切，這樣並不難，只要你能掌握觀念，就只是算術而已，如果你無法了解，找一位熟識的會計師，有必要時，到當地大學上夜間會計課程。

◎用整體經濟角度行銷你所能提供的商品與服務。我認識一位牙醫師，他把診所賣掉，準備花幾年時間，駕船環遊世界，他原來希望在航行途中繼續執業，以增加收入。不幸地是，大部分偏僻小島都沒有電力，他帶的高科技工具與儀器都派不上用場。此外，島民對他專長的牙齒矯正毫無興趣，但是他很快地發現，他擁有的另一項技術有價值多了。他的嗜好是潛水，在他停泊的小艇碼頭上，他可以在水底做修船的工作，也可以替其他小艇主人拿回掉在海裡的船錨。回到西雅圖後，潛水根本不能讓他賺錢維生，在南太平洋群島上，他的牙醫師執照毫無用處。你也擁有一些價值沒有真正表現出來的技術、才能和經驗，先決條件是你要看出哪一種「商品」對別人最寶貴。

金律九

不要吝惜財富

慈善捐贈可以確保你認為自己是施予者，而不是佔有者。當動機是創造成就時，你會更有耐心、生活的熱情會大為增加。

漢娜・班迪斯（Hanna Bandes）是專業說書人，她用自己的表演技巧，激起大人和小孩對猶太歷史與傳統的興趣，為了增加業務，她擬出通訊錄，定期寄廣告給猶太教會和宗教學校，她第一次在本地的猶太教會中支薪說故事，這次的經驗失敗之至，她把這個教會的地址刪除，知道這個教會以後絕對不會再請她去。漢娜說：「藝術家的生活可能很不安定，我除了說故事之外，也做一些臨時工，賺些生活費用，每個月都還過得去，我知道《摩西五經》中要我們捐出所得的十分之一，只是有時我會難過，以我的財務狀況來說，我不知道自己怎麼有能力捐出十分之一，於是就合理化地認為，我為猶太慈善機構表演，雖然沒有捐錢，卻捐出了時間。」

然後某天晚上，有一個人說明捐贈所得十分之一的價值，讓她得到啟發，她當場決定，下一次她說故事賺到的費用，要捐出十分之一。她也這樣做了。幾天之後，她接到一通電話，打電話來的是她第一次說故事失敗之至的教堂，電話中那位女士告訴她：「我們蓋了一座新教堂，要舉行開幕儀式，你願意在我們的開幕儀式上說故事嗎？我們只能給這麼多錢……」這位女士說的金額遠比漢娜要求的報酬多多了。

這件事情可能是巧合，漢娜卻認為不是。她說：「這不是唯一從天而降的工作，我決定把說故事所得捐出十分之一後的幾星期，我的所得就倍增，隨後幾年的情況證明這個原則正確，我只要捐出十分之一，自由說故事的所得就會固定，要是我忘了捐贈，所得就會枯竭。」

所有宗教傳統都強調慈善捐贈的重要性，但是猶太教因為獨一無二的看法，對信徒的影響特別大。例如《箴言書》（Book of Proverbs）的注釋堅持：「如果你看到有人捐錢做慈善事業，你一定要保證他的財富會增加。」猶太神祕教派晦澀難解的《光明之書》（Zohar）說：「捐錢做善事的人會變得更富有，因為這樣做開啟了上帝祝福他的通路。」這些古代的信念對現代企業人士有什麼價值？價值是：這些信念流傳下來，成為活生生的口傳文化的一環。其中的意義是，這些信念通過了可信度的考驗。

當大家走在人行道上，看到前面一個梯子架在面前時，最直接的路是走過梯子下面，但是你會發現，大多數行人都避開這條路，寧可繞到梯腳外面狹窄的人行道上；因為每個人都迷信、知道從梯子下走過會帶來惡運嗎？我不認為這是正確答案，大多數人不從梯子下走過，真正的原因不是迷信，而是常識。迷信跟隨著事實，並非迷信造成事實。這麼多年來，有很多人從梯子下方經過，被上方粗心的工人掉下來的工具砸傷，也有很多人不理會長輩的勸告，要從梯子下經過，結果頭上滴到油漆，大概經過幾百年後，文化逐漸吸收了這種教訓，從梯子下方走過的確會帶來惡運。

怕黑貓的人就少多了，因為理性的人經過多年的觀察，發現黑貓和惡運之間沒有因果關係，只有少數瘋狂又迷信的怪人怕黑貓，但是幾乎每個人都怕從梯子下方走過，原因很清楚。

同樣地，幾百年來、其實是幾千年來，大家看出慈善捐贈跟財富增加的關係，古老的猶太智慧並非說明行為，而是描述事實。捐錢會增加捐贈者的財富，用口頭傳播文化的人知道這一點正確，有太多偶發的證據不斷出現；很多猶太人今天成長時仍然受到教導，知道慈善捐贈不但是好事，對於有野心的人來說，也是精明的行為。如果你去找從事慈善行為的朋友，你也會聽到大家談到慈善捐贈帶來財富的神祕因果關係。

捐贈不理性，為什麼大家仍然捐贈

羅徹斯特大學（University of Rochester）經濟學教授史帝文．藍斯柏格（Steven Landsburg）曾經針對慈善捐贈，寫過一篇文章。調查顯示，美國大約三分之二的家庭，捐款給慈善機構，而且通常捐給很多不同的慈善機構。表面上，這種作法有點不合理，因為捐贈跟投資不同，多元化毫無道理。捐贈者如果把所有捐款捐給他們最相信的機構，可以增加其影響力。不過這樣雖然看來不合理，但大多數人仍然這樣做，原因是他們做決定時、尤其是經濟相關的決定時，不是純粹根據理性。

想了解人跟金錢怎麼互動，理性不是很好的工具。假設一位大廚師想要知道自己的爐子好不好，用鋼鐵廠使用的溫度計，因為這種溫度計只能記錄一千到二千五百度，放在四百度的爐子上當然動也不動。大廚師以為爐子壞了，但他的爐子當然好好的，只是他用錯了儀器。再想想另一個例子：一位工程師想要判定無線電波是不是能穿透隔絕電波的房間，他可能帶一台普通的調幅收音機到這個房間裡，因此認定從五百千赫到一千六百千赫的無線電訊波進不來，但是只有這台收音機，是不能讓他了解其他頻率的無線電波能否穿透。

要解答謎題和矛盾，理性很方便，但要解釋人類行為卻相當沒有用。《富比世》的專欄作家丹・賽里曼（Dan Seligman）曾經問藍斯柏格教授有沒有樂捐，連藍斯柏格都說：「有，只是我不知道為什麼要這樣做。」有趣的是，過去在大學裡，經濟研究屬於宗教研究，而不屬於科學。我認為這樣很恰當，因為宗教很可能比科學更能夠深入了解人類行為。人類不是機器人，完全是無法預測的人，大家今天把經濟學當成一門科學，卻稱之為「憂鬱的科學」（dismal science），研究經濟學讓科學家難過，因為他們無法了解人類難以預測的用錢方式。

很多研究強調人類行為不理性。我們看其中一個研究，法國經濟學與統計學年報（Annales d'Economie et de Satatistique）刊出一篇研究報告，叫做「人類是否樂於支付金錢以減少他人之所得？」這項實驗把受測者分為四人一組，每個人都得到相等金額的錢，四個人必須在隨機的電腦遊戲中賭博，電腦遊戲經過安排，因此每一回合賭博後，總是會有兩個人贏錢，兩個人輸錢。遊戲結束後，不管每個人變得比較富有還是變得比較窮，都會得到機會，可以動用自己的一部分錢，減少其他受測者的財富。這樣做不但不會讓這個人變得更有錢，還得動用〇．二五美元，才能毀掉其他受測者一美元的財富。

研究人員很有信心，認為理性的人不會花錢摧毀別人的財富，卻驚訝地發現，即使要花〇．二五美元，摧毀別人一美元的財富，都有六十二％的受測者願意花錢，讓其他受測者變窮。這個實驗有一個很明顯的結論，就是財富是相對的，在這個封閉的遊戲體系裡，燒掉朋友的財富會讓你相對的比較富有，只要花〇．二五美元，就可以摧毀朋友一美元的財富，看來便宜之至。

另一個比較重要的結論是：人用錢時，的確似乎無法預測，而且經常不理性，就像處理愛情一樣，因為愛情極為主觀，其基礎是人類獨一無二的特質。金錢也是這樣，金錢的精神意味遠遠超過實質意味，每個人都用自己獨一無二的特別方式處理金錢，在某些方面，大家的行為類似，很少人實際上會把錢丟到火裡燒掉，但是很多人花錢的方式跟燒錢相比，好不到哪裡去。

慈善捐贈嘉惠捐贈者

猶太人捐錢不是因為捐錢合乎理性，而是因為捐錢是好事，捐錢是美國傳統生活方式的一環。大家經常搞錯因果關係，誤以為美國人比其他國家的公民多捐很多，是因為美國稅法允許捐贈抵稅。正好相反，美國稅法會這樣訂，完全是反映公民抱持的基本信念，宗教性質的慈善行為不應該課稅。今天美國人把大約一半的善款，捐給宗教性的機構。基督先賢在建立美國時，是以聖經中創世紀的觀念為基礎，也就是約瑟（Joseph）在埃及七年豐年以及隨後七年荒年時，主管埃及經濟事務時的原則，約瑟為了刺激生產力，不但把稅率降為二十%，也免除了所有祭司的稅賦。

搞錯因果關係的另一個事例，是誤以為有錢才能捐贈善款，很多人的確認為，美國因為是世界最富有的國家，因此也是最有善心的國家。實際上，慈善捐款有助於創造財富，實際的情況很可能是因為美國文化中，有著根深蒂固的好施習慣，才變成歷史上最富有的國家，這點不但在國家的層次上這樣，在個人的層次上也是如此。任何人如果希望增加財富，必須建立最重要的一個習慣是捐錢。這似乎矛盾；累積金錢最快的方法，應該是把你得到的每一分錢都緊緊抱著，而不是遵循上述不理性的建議，這個建議可能不理性，甚至可能違反直覺；但這的確是一個好建議，下面會說明這種原則實際的運作方式。

捐贈要超出能力

假設你開始認為自己是企業人士，也找出一些領域，希望在這些方面能夠對同胞的福祉有所貢獻；假設你已經有效推廣，以便其他人需要你時可以找到你；也假設你開始找出方法，讓自己變成兩倍的價值和用處；假設你相信企業確實合乎道德，你渴望領導，對未來也有敏銳的感覺，很難否認你已經吸收本書所列出的教訓。就在你認為一切都已經安排好，就在你期望財富像尼加拉瀑布一樣滾滾而來時，你卻聽到自己應該把一部分的財富捐出去，有什麼事情比這樣還違反直覺？

■捐錢會吸引更多錢回流

大家通常不會跟急切的人做生意。你偶爾會碰到一個極為渴望、非常希望成交的業務員，除非你同樣迫切地想要得到某種產品或服務，我敢說你不會跟這位業務員交易。表現急切之情的人讓人不安，急切之情也使別人懷疑交易的價值，不動產經紀人寶貴的地方，就是隔開了買方和急著想賣房子的賣方，買方跟沒有感情牽掛的人打交道，會覺得安心多了，每天做業務的銷售專家比起難得賣車或房子的一般人，更善於掩飾渴望成交的意願。

大家對於過度友善的人也會覺得不安；還不熟就叫人家名字，或是沒有經過提示，就叫別人的綽號，可能有同樣的效果。有些人可能是你可以打交道的對象，你可以替他兼差工作，用你的工作技巧，解決他面臨的一些問題，你們或許可以成為事業夥伴，由他出資金，你出知識與工作。不管是什麼，如果你不表現出迫切需要的樣子，你跟別人建立關係會有更多的機會，讓他安心地說「或許我可以跟這個人打交道，得到好處」。

而克服迫切態度最好的方法，是覺得自己富有，如果你富有，有一個交易很好，卻不是非要不可，別人應該也對你有這種看法，這樣別人才會想：「他可以幫我做什麼事？」然而，如果你表現出迫切渴望的樣子，對方可能說：「他是不是有求於我？」

暗示時機迫切是最常用的銷售技巧，原因如出一轍。例如「大拍賣今天截止！」或是「這種顏色的西裝我們只剩下最後一件。」這樣會讓情勢逆轉，現在不再是業務員急著銷售，急著要把東西賣掉，反而是顧客會變得很急切，希望好心的店員幫你得到你想要的東西。你突然間會變得配合，業務員會變得比較重要，變成可以幫忙你，而不只是要你掏錢的傢伙。

同樣地，你也有一些好方法，讓你變成比較重要、比較不迫切、比較像施惠，而比較不像受惠的人。如果你真心的認為自己比實際重要，你對自己的看法會改變，這樣實際上會讓你變得比較重要。要讓自己覺得重要，花錢是常見的方法。買東西會讓人覺得愉快，就是因為花了錢，畢竟每個人都知道顧客是對的，一到店裡掏出花花綠綠的鈔票、或刷卡，會覺得自己像施主，店員匐伏在你腳下，讓你覺得自己像國王一樣。買東西的確會讓人有控制一切的感覺，覺得很愉快，尤其是你對自己沒有信心的時候，買東西會讓人有一種自尊自大的感覺，回到家放下新買的東西，會覺得自己變得比較重要，也滿足了追求新奇的欲望和佔有欲，覺得愉快而滿足。

唯一的問題是，靠著買東西讓自己覺得重要的感覺很短暫，隨之而來的一定是挫折感，興奮與新奇的感覺類似毒品造成的快感，很快就會消失，因為買來的東西新不了多久，覺得自己重要的感覺也會消失，因為在你內心深處，你知道剛才只是欺騙自己，你知道真正重要的人不會這樣大買特買。買禮物的感覺則大不相同，買禮物給別人獲得的真正快樂，遠遠超過買東西給自己。年復一年，無數聽眾打電話到我主持的電臺節目，說他們最喜歡耶誕節可以買禮物送親友。

除了購物還有什麼方法，能夠讓你產生尊嚴與自重的感覺？方法是讓別人把你當成公平無私、精神崇高的施主，而不是絕望的小人物，最好的方法是定期捐錢給慈善機構。這樣不論是實際上，或是你給人的觀感，都會變得比較重要；你會覺得自己變得重要、仁慈、而且心胸開闊，不是絕望、卑屈而無足輕重的人。

有時候，每個人都會有沈重的經濟壓力，很自然地開始討厭比較沒有這種壓力的人，你可能會發展出一種心態，只注意自己和自己的需要，不在意別人和別人的需要。你很容易淪落，別人也很容易看出來，這樣會讓你在事業上較不受歡迎，你必須採取行動，才能避免陷入精神上沈淪至以自我為中心的困境，要克服這種危險的傾向，捐錢是最有力的行動，會讓別人希望跟你互動。

捐錢不只是行善，也會增加財富

我不是因為希望你協助窮人和有需要的人，才請你發揮更大的耐心；也不是說捐贈會讓上帝滿意，用財富報答你；而是因為捐贈是增加自己財富最有力、最有效的方法，我的意思是，慈善捐贈會為你招徠所得，會讓你大吃一驚。我已經指出，慈善捐贈會讓你覺得自己變成比較好的人，也會讓別人對你有比較好的觀感，你怎麼看自己，一定會影響別人對你的看法。如果你覺得絕望，可能因此表現出有點只顧自己的樣子，別人對你的看法可能正好也是這樣，大家不喜歡跟看來自私的人做生意或密切交往。如果你不希望別人把你看成微不足道的小人物，你必須注意自己不能有這種感覺，這說來容易做來難，在你覺得壓力沈重時，怎麼避免讓自己覺得像微不足道的小人物？方法是捐錢。

你現在可能認為可以找到比較便宜的方法，調整自己的心態，進而改變別人對你的觀感；幾千年的經驗顯示，你找不到這種方法。捐錢會提升你的精神，讓你收入增加的程度超出捐出的金額，這樣做還有另一種奇妙的好處。捐錢之後，你很難不跟其他人互動，我敢說，你也會找出方法，協助窮困而孤獨的朋友，或是以無名氏的方式，捐錢給迫切需要協助的同事。但是你必須找出一種有條理的方法，別忘了，你不是主持慈善基金會，你好比一人公司，要管理自己的事情，沒有時間不斷尋找值得捐助的對象，有效的運用這筆金錢，你要管理自己的事情，因此你需要別人的幫忙。

還好你可以找到很多種方式，協助你發揮愛心，有宗教、教育、文化、醫療、與公民服務機構，還有很多其他非營利組織。透過非營利組織動用你的慈善捐贈，還有一個很大的好處；猶太先賢曾經把慈善捐贈分類排名，層次最高的捐贈是讓受贈者自行經營事業，進而不再依賴別人。排名第二的是捐贈者和受贈人都不知道對方的身分，可以維持完整的尊嚴。如果你參與慈善機構，你知道這個機構決定幫助哪些人，卻很可能不知道受贈者的身分，同樣地，受贈者可能知道自己得到你們的幫助，卻不知道好心人的身分。

加入一個你願意積極參與的組織；投入時間和金錢，選擇一個有定期集會、你樂於認識的團體；要知道每個機構有哪些積極參與的會員不難，要了解他們的身分。加入一個最能夠推展你事業目標的團體時，不要覺得良心不安。這樣自私嗎？當然不是！我談的是為你的慈善捐贈定位。捐贈也會為你帶來好處嗎？當然會！你認為我為什麼說這番話？我的重點是，上帝已經做好一切安排，讓人與人之間的互動為所有的人帶來好處。

假設你加入扶輪社，加入本地醫院的志工組織、人道組織、教會神職人員的募款部門、藝術博物館、和其他機構，你已經繳出了高昂的入會捐款——這些捐款當然可以抵稅。

現在你必須出席會議、加入委員會、做所有讓你變得有用、有幫助、和受人注意的事情，你會發現自己認識很多新朋友，如果你遵循本書第二金律的建議，你會相當清楚地說明自己的職業身分，這樣新朋友會知道你能夠為他們做什麼，這點很重要。

同時，這一切來往都是在無私的環境中發生；大家會參與，是因為關心別人，這樣使氣氛變得溫馨，也是慈善活動興盛的原因。人不為己的時候，會展現出最好的一面，在這種活動中，通常不會推動業務，而且也應該這樣。然而，慈善活動時的接觸偶爾會帶來很多跟事業有關的餐敘。我跟你保證，不久之後，你就會因為參與慈善活動，得到從中而來的交易、合夥、或合作機會。請你精確的計帳，你會發現你從這些活動得到的收入，遠遠超過你捐出的金錢。

另外，慈善活動可以協助訓練自己變成有效率的投資者。我指的投資跟賭博不同，差勁的賭徒期望每一把都贏，如果你希望每次投資都獲利，投資不會有效果。投資、事業、和人生其他領域都不是這樣運作的，不管是投資、建立事業、或從事人生中的其他活動，你都必須抱持著不需要贏、卻知道自己終究一定會贏的態度，這樣才能夠從失敗中重新振作，繼續參與。

有些人因為怕虧損，根本不能從事任何投資，不能安心地投資股票、債券、或任何證券，也不能投資自己的事業，同樣無法捐出慈善捐款。難怪美國城市中代表慈善事業的大部分建築物，例如醫院、藝術博物館、大學建築，幾乎都是由企業所有人、而不是由員工蓋的。你或許會說，他們有錢蓋這些建築，不錯，這就是重點，促使他們捐這些錢，蓋這些建築的內在因素，正是一開始讓他們賺到這些錢的原因，如果你有捐錢的慷慨心態，你也會有勇氣拿錢去冒險，追求利潤。

你一定會碰到事業擴大，需要拿錢去冒險的時候，不管是花少許錢印名片或宣傳品，還是簽下金額龐大的租約，租下辦公室；總之，你會碰到這種時候，這時，你必須把錢投入你有信心的地方，同時也是考驗的時刻，你是否能夠拿出錢來，把大部分的財產丟在桌上賭一賭？把辛苦賺來的錢拿去冒險違反直覺。同樣地，盯著時速六十哩飛過來的球也違反直覺，但是這樣才有機會擊中球。掏錢出來冒險也違反直覺，卻是增加財富的最好方法。投資股票或債券比投資自己的事業容易多了，因為你對於大型制度化的公司比較有信心，對自己比較沒有信心，然而，投資自己的事業有時候正是你必須做的事情。

促使你拿錢出來，投入自己的事業去冒險的內心素質，正好跟你拿錢出來捐給別人的因素相同；在兩種情況下，你都樂於把錢從安全的地方拿出來，交出去，說再見。從事慈善捐贈時，我把錢捐出去，跟自己說：「這些錢有一天可能會大量回到我身旁，也可能不會，其中沒有保證，但是沒有關係。」自行投資時，我也對自己說：「總有一天，這些錢會回到我身邊，但是也可能全部都不會回來，不過我還是要這樣做。」

這是相同的行為和魔法。你有方法、有規律地捐錢給慈善機構，會變成愉快而高雅的人，能夠把錢拿出來投資，輕鬆地跟錢說再見，相信自己做了最好的決定。之後，該來的一定會來，你不再緊盯著錢，慈善習慣改變了你的心態。

善行讓你置身世界

如果你把慈善捐贈視為促使現金流動，會比較輕鬆；你的目標是促成身邊的資金流動。每個人孤獨地生活、與世隔絕，會讓人覺得悲從中來，你孤零零來到這個世界，又孤零零地離開，但是在這段過程中，一切價值的流動要看你對抗這種孤獨有多成功、跟別人交往有多成功而定，如果你退縮到自己的天地裡，基本上等於逃離現實世界。

《摩西五經》為了突顯這一點，強調傲慢之類的性格可能讓你脫離現實世界，古代猶太人明智地指出，行為傲慢會讓你跟別人隔絕，別人也很有理由排斥你，結果你一定會退縮到自己的世界裡，更依賴自己的力量。上帝賦予你生命時規定的條件之一，就是你有義務結束孤獨，跟別人建立關係。錢不斷流動會把人結合在一起，錢的流動會維持關係，關係會刺激錢的流動，你讓錢流動時，一定會建立關係，有了關係，就會有更多的錢流動，錢像任何流動的東西一樣，需要有流通管道，這點表示你的任務是挖出能夠讓錢流向你的管道。有什麼方法可以開鑿金錢的流通管道？要建構這種管道，唯一的方法是把錢投進去，讓錢流到外在世界，這樣做會創造出流暢、有用的管道，即使在你捐出善款，流向外在世界之後，這些管道仍然暢通，可以讓現金反向流動。

善行會提升德行與滿足

樂捐對你還有一個好處，就是讓你對自己滿意。你可能會說你對自己已經很滿意了！告訴你，人類是神奇的動物，我們很難欺騙下意識，你可能說你已經很滿意自己，但是在下意識半信半疑之際，你該找出更好的理由，說明你對自己為什麼這麼滿意。

不管你擁有什麼，你都必須學會儘量利用自己所擁有的一切；不論是天生美妙的歌聲、絕佳的記憶力、還是運動才能，你都應該把這些才能用在事業上，如果你經常不著痕跡地利用，你會變得更有吸收力，大家會更容易記得你、喜歡你，此外，還有一個很有價值的資產：你的下意識。下意識可以幫助你，也可以妨礙你，是助力還是阻力，要看你是否瞭解如何把下意識變成夥伴而定。

成功最大的障礙之一，是你內心深處懷疑自己配不配擁有這種成就，你必須由衷覺得自己應該獲得好結果，否則下意識很可能會破壞你所有努力，如果你不是真的相信自己應該獲得驚人的財務成就，下意識會成為你幾乎無法克服的障礙。定期把所得捐給慈善機構，是一次徹底說服下意識、說你值得享有未來一切最好成果的方法，這樣不但可以終結下意識的破壞力量，也會開始積極協助你達成目的。

■是創造者不是消費者

可惜的是，大家經常用污名為彼此貼上標籤。速食業惡意地把顧客稱為「食客」（grazer），這樣其實會認為自己服務的人像畜生一樣，只憑著直覺，把東西狼吞虎嚥的吃下去；而不是做為人類的優秀創造者，習慣受到幽雅的環境和美味的食物吸引。

其他行業經常把顧客稱為「消費」者，財經報導經常談到消費者產品。即使你說這種名稱沒有其他意義，你怎麼看待別人，怎麼稱呼別人，最後會影響你跟這個人的關係。例如，如果有人經常把太太叫做黃臉婆，最後一定會在不知不覺中，逐漸認為太太就是黃臉婆。心靈是奇怪的東西，通常會相信嘴巴說出來的東西。一旦你對別人有某種看法，你一定會照著你的想法表現出來。這就是你對陌生人不會有相同反應的原因，碰到陌生人時，你的腦海會從他的服裝、言行、和職業等方面尋找初步跡象，得到結論，照著你的招呼和互動方式，跟陌生人打交道。把顧客稱為食客和消費者，一定會破壞業者的目標和任務，你一定會問，叫消費者有什麼不對，你只要深入想一想，連動物都不是純消費者。一頭乳牛每年可能吃掉三百美元的草料和飼料，卻很可能生產價值一千二百美元的牛奶、牛油、和乳酪，你不難看出連乳牛都是生產者。

人能夠創造的價值差異大得多了。主動、忙碌、有創意的人所產生的價值，遠遠超過他們吃的食物和住的地方，人根本不是純粹的消費者。連員工得到的全部薪資，都遠遠不及實際生產的價值，員工在薪資之外額外創造的價值，就是雇主的好處，而這種好處，就是員工受雇的原因。有創意的員工創造的價值超過薪資，超過雇主得到的價值；不只如此，透過賦稅系統，員工也為大眾提供額外的價值，把每一個人的貢獻加在一起，結果就是寬廣的馬路、良善的下水道系統、公園、高聳建築、和創意城市中的一切成就。人根本不只是消費者，人是創造者。

人類天性喜歡施予，不喜歡奪取，在施予時的表現遠比奪取好多了，人喜歡認為自己是樂善好施的人，從施予中得到的滿足遠超過奪取。舉例來說，大部分的父母都認為，不要成為子女的負擔，為什麼不應該成為子女的負擔呢？畢竟子女長久以來，一直都是父母親沈重的負擔，這點其實跟公平沒有關係，子女當然應該盡孝道，但是有誰希望成為別人的負擔，甚至成為子女的負擔呢？父母親快樂、驕傲地照顧子女，卻不想由子女照顧。人比較喜歡施予，比較不喜歡奪取。

慈善捐贈可以確保你認為自己是施予者，而不是佔有者，你的動機是創造成就，你認為自己是施予者，而不是佔有者時，耐心和對生活的熱情會大為增加，建立終生定期慈善捐贈的習慣後，你一定會把自己看成施予者。

致富之道

◎不要為捐獻尋找理性的原因。善行不是理性行為，卻會為捐贈者帶來很多好處，你捐獻不是因為捐錢合乎理性，而是因為這樣是正確的行為，是美國傳統生活方式的一環。

◎捐贈是增加你的所得最有力、最有效的方法。捐錢後，有機會在支持慈善事業的網路中與其他人接觸，會帶來很多跟事業有關的餐敘。我跟你保證，不久之後，你就會因為參與慈善活動，從中得到交易、合夥、或合作機會。

◎請記住，捐贈像投資一樣，會讓你得到更多的回報。從事慈善捐贈時，你把錢捐出去，認為這些錢有一天可能會讓你得到大量的回報，卻也可能不會，其中沒有保證。把金錢和精力投資在自己的事業上時，也是同樣的情形，將來有一天，你的投資可能產生極高的報酬率，卻也可能全部都拿不回來，不過你還是要這樣做。捐錢讓你充分練習投資能力，為未來的機會做好準備。

金律十

永不退休

把退休當成人生目標非常具有破壞性。好像精神上的病毒、或是扭曲影像的鏡片，會影響你所有的想法、破壞你的人生觀，讓你採取錯誤的行動。

麥特．陶森（Matel Dawson）在福特汽車已經服務約六十年，早就可以退休，他現在七十八歲，仍然開著堆高機，在公司許可的範圍內，儘可能地加班。他每小時賺基本薪資二三．四七美元，外加每天工作十二小時的加班費。由於年資很深、經驗豐富、工作紀律良好，他每年賺將近十萬美元，大部分都捐了出去。

一九九九年四月十三日，陶森捐給路易西安納州立韋恩大學（Wayne State University）二十萬美元，五年來，他捐給韋恩大學的錢超過一百萬美元。他也捐給聯合黑人大學基金會（United Negro College Fund）將近二十五萬美元，捐給路易西安納州立大學（Louisianan State University）二十萬美元。但是在一九四〇年，陶森離開雪瑞夫波特（Shreveport）到底特律時，只念到國一。他從來沒有贏過官司賠償或樂透彩，他的錢都是靠工作、加班、儲蓄、和投資賺來的，雖然他早就應該退休，他卻說他不打算退休，希望留在福特，只要身體健康，他希望能夠繼續工作和捐錢。

不該把退休當目的

大家聽到陶森的事蹟時有兩種反應：第一種是讚歎；覺得陶森十分難得，這麼熱心工作。但是有第二種反應；暗自懇切盼望自己到了七十八歲時，不必每天工作。

這兩種反應哪一種比較健康？通常介於兩個極端之間都相當健康，我當然不希望到了七十八歲，還要像今天這樣努力工作。但是，我也不希望到了七十八歲時變得一無是處，我希望多花一點時間照顧孫子，也可能希望比現在多遊覽一些地方。

但是我一定希望在龐大的經濟體系中出一點力，我可能會每個禮拜為我真正喜歡的慈善機構做一點義務工作；但是我不會欺騙自己，只是在養老中心裡讓自己瞎忙，認為自己很有用。換句話說，雖然我可能希望不要花這麼多的時間工作，卻也不希望完全不能賺錢，因為賺錢可以確定我所做的事情對別人還有價值。

你可以把退休比喻成高爾夫，假設有人教你打高爾夫，你所有的辛苦練習和訓練目標，當然是在揮桿擊球那一刻，把球高高地打出去向果嶺前進，你高興地聽到唰的一聲，看著球落在球道上，或許會以為自己的任務已經完成，但實際上不是這樣，球雖然落在球道上，你仍然必須專心一致，用完美的擊球方式，把球送進洞裡。

你可能像大多數人一樣，認為後續動作很重要，因為你已經把球開出去，不管你後續的擊球是好是壞，都不會改變球的去向。矛盾的是，如果你把開球當成最後目標，你開球方式會有嚴重的問題。然而，如果你把開球當成達成目標過程中的一件事，即使你不看，你擊中球之後，球也會落在球道中央。如果你把退休當成目標，你的生涯會有嚴重問題，你絕對無法創造原本可以創造的東西。然而，如果你把有創意的事業生涯，當成令人滿意、無盡期的持續過程，你就不會限制自己的潛能。

再打一個比方，假設有人把你當頭肥羊敲詐，你準備給他鼻子狠狠一拳，有一個要點要放在心上，要把你拳頭目標對準對方鼻子後方約九英吋，如果你把他的鼻子當成目標，在拳頭到達鼻子附近時，心裡會讓你把拳頭慢下來。然而，如果你把他的鼻子當成拳頭擊中目標之前的障礙，你擊中對方的鼻子時，拳頭仍會以最大的力量前進。

想像一位奧林匹克短跑健即將奪牌時，會不會在衝過終點之際突然停住？當然不會，他一定要衝過終點線後才會慢下來。事實上，他不會把終點線看成目標，你也不應該把退休日當成終點線，要把這種想法清除得一乾二淨。

思想影響行動的程度超過你以為的情況，大家很少因為新發現的事實才戒菸，幾乎沒有人說：「我不知道抽菸不健康，我發現了這個令人震驚的事實，我最好戒掉一天兩包菸的習慣。」大家會戒菸，通常是因為想法改變，知道自己確實受到吸菸之害，可見與大家所知道的事實相比，觀點對生活的影響比事實大多了。

「退休是人生的目標」，這個想法本身非常具有破壞性，似乎是精神病毒，會影響你所有的思想，退休的念頭好比扭曲影像的鏡片，會破壞你的人生觀，使你採取錯誤的行動。如果你認為有一天你不再「必須」工作，你在下意識裡就已經放慢了步調，如果你的目標是在某個年齡退休，等你到達這個年齡時，你的財富會比沒有退休想法、到達這個年齡時少多了。

猶太人在追求經濟成就時，一向不把退休當成重要因素。猶太人難道不退休嗎？當然有些猶太人會退休，但是很少人把事前決定的退休日期，當成人生規劃中的一環。有很多猶太人把事業賣掉，得到一筆龐大的財富然後無事可做。如果你現在還有工作，我建議你永遠不要退休，如果你已經退休，我建議你把這本書放下來，找份工作或是替自己想出一個工作之後，才回頭看完這一章。

人在死前都很有用

莫特．湯瑪斯（Myrtle Thomas）從一九二〇年代就開始教書，當時教書只要高中畢業。現在當然要大學畢業。因此他一百歲時，拿到奧馬哈（Omaha）內布拉斯加大學（Universuti of Nebraska）文憑。

九十歲的伍迪．桑瑪斯（Woodie Somers）在加州沙加緬度（Sacramento）開理髮廳，每周工作四天，他說所有退休顧客都希望自己沒有退休，而桑瑪斯看著他們的情況一天比一天差。大家都知道，如果他的理髮廳還在營業，他一定會在。他還說：「我們到死之前都很有用。」

九十一歲的查爾斯．賀夫曼（Charles Hoffman）仍然是阿拉巴馬州的墨比爾市（Mobile）的執業律師，業務相當興隆。他說，九十多歲還能執業，好處之一是能夠繼續動腦，能夠賺點錢也不錯。

艾蓮娜．藍波特（Eleanor Lambert）在一九三〇年代，從印第安納州的小鎮來到紐約，創設事業推廣流行服飾。她現在九十歲了，仍然主持自己的企業，每年仍然親自主導一九四一年他開創的年度最佳服飾名人調查。問她考不考慮光榮地結束事業生涯？她的回答是：「我這種年齡就要退休？太可笑了吧。」

九十歲的華爾特．華森（Walter Watson）博士是喬治亞州奧古斯塔（Augusta）大學附屬醫院的婦產科主任。大部分的日子裡，他六點半就到球場，跟美式足球校隊一起踢球、教導大家怎麼踢球，然後才到醫學院上班。他計劃繼續行醫，到不能夠行醫為止，到了那個時候，他說，「我會回去當球隊教練。」

九十四歲的菲立普・詹森（Philip Johnson）是紐約建築師，作品包括紐約西格拉姆大廈（Seagram Building）、美國電話電報公司（AT&T）總部大樓、加州水晶教堂（Crystal Cathedral）以及印度孟買的國家表演藝術中心（National Center for Performing Arts）。他的銘言是建築物如果不能呈現歡樂，就不要蓋。要找出年滿九十歲能帶給人什麼歡樂，一開始的確很困難，他說：「如果我要享受一切，我也要享受年老，對不對？」

哈柔・賀華德（Hazel Howard）在麻省林蒙市（Lynn）的麥當勞工作。九十一歲的她說，她喜歡跟速食餐廳裡的人在一起。每次上班，她要做出五百份薯條。她仍然開著一九八六年的野馬（Mustang），每周上班四天。跟十一個孫子同住在一棟大房子裡，她說，她準備一年後退休，馬上又改變主意：「我剛剛才換了新的駕照，在我九十五歲之前，駕照都還有效。」

哈蘭德・桑德斯（Harland Sanders）一生中最令人驚訝的是，他經營一家餐廳多年後，發現自己身無分文。他退休下來，收到第一張一五〇美元的社會福利支票，他看著支票，下定決心不要坐在安樂椅上，等著政府的支票。他跳上車，巡迴到全國各地賣炸雞，一開始時，炸雞的配料是他媽媽在他十歲時告訴他的，由十一種香草和香料構成，桑德斯上校滿八十歲時，已經把肯德基炸雞變成全國性的企業。

山姆．華頓四十四歲時，還在阿肯色州紐波特（Newport）的富蘭克林（Ben Franklin）一元商店工作，到了這個年齡，其他人都開始想到退休，但因為老闆拒絕了他折扣企畫的建議，於是華頓開始創業。最後，他的零售觀念推廣到建材、書籍、和錄影帶等行業。雖然他極為成功，一九八五年《富比世》把他列在美國四百大富豪中的首富時，大部分人還沒有聽過他的名字。一九九一年，沃爾瑪超越席爾斯（Sears）。華頓繼續努力擴大沃爾瑪，到一九九二年去世為止。

■愛別人

梅約診所（Mayo Clinic）健康計劃主任唐納．韓斯魯德（Donald Hensrud）說：「生活以關係為中心，會表現在老化上，維持密切關係的人比較長壽、比較健康，這樣說聽起來有點老掉牙，不過關心別人的確有助於我們關心自己。」努力生產表示你關心別人，退休基本上是自私的，你退休時，表現出你主要是關心自己，就很難跟別人維持密切關係。

有些人最密切的關係表現在工作場所和同事之間，這並不奇怪，互相依賴是創造出密切關係最理想的狀況，而且在工作中，大家會體會到彼此互相依賴。如果你去工作，你一定知道自己所做的事情至少對另一個人有意義、有價值。退休的人找不到任何可靠的指標，可以證明自己對別人還有用處。韓斯魯德醫師說：「在我們工作的歲月裡，我們很忙碌、心情激昂，而且覺得別人需要我們，有些人把退休當成回報的時刻，可以看著玫瑰盛開，可以閒散地過日子，但是在我的經驗裡，這種人的心理和身體狀況都不會好。

我可以告訴你一個故事，很久以前，在一個遙遠的地方，有一位善良農夫提供村民乳酪、奶油、和鮮奶，每天晚上他從田裡或是市場回家，會幫忙太太餵小孩，吃完晚飯後，他會拿出書來，說奇妙的故事給小孩聽，然後看著全家人入睡。

有一天，他被邪惡的公爵抓走，用莫須有的罪名把他關進監獄，守衛強迫他從早到晚、一圈又一圈地推著一根厚重的木柄，汗水從他的眉梢落下，他肯定另一邊是一座磨坊；守衛問他為什麼這麼愉快地接受命運。「我在這邊努力推動木柄，會讓牆壁另一邊的大磨石轉動，各地的農人可以把小麥拿來，因為我努力工作的關係，村民都有麵粉可以做麵包。」

守衛哈哈大笑，無情地嘲笑：「牆的另一邊沒有磨石。」幾天之內，農夫意志消沈。不久之後，又打起精神，他想，牆的另一邊或許沒有磨石，但是一定有座旋轉木馬，小孩子坐在上面愉快地轉來轉去。守衛又嘲笑著糾正他：「另外一邊沒有旋轉木馬，也沒有小孩。」農夫滿懷希望的問道：「或許我是在推動水車，吸起河水來灌溉農田吧。」

守衛解開農夫的枷鎖，帶他到外面讓他看清楚，這麼久以來一直推動的木柄外頭，完全沒有接上任何東西，只是一根木柄而已。這位農夫痛哭失聲，躺下來不久就死了。

我無意引起大家的不快，實際上，人生的意義跟剛才的小故事正好相反，有非常多的人努力工作，同時卻有一種沒有價值的想法，認為努力沒有目的或意義。他們的生命一點一滴的消失，他們對工作價值的懷疑會降低努力的效果，有些人跟牢裡的農夫不同，真的相信他們日復一日推動的木柄外頭，沒有接上任何東西。

沒有什麼事情如此地乖離真相；你自願為一些有價值的目標付出時，通常相信自己的努力會產生真正的好處，然而，你永遠無法確定。大多數的組織會負責任地運用義工，但是也有一些組織認為，不能讓義工閒著沒事。這就是何以大家做義工時會這麼謹慎的原因，大家不希望被人看成是理所當然的，想知道自己的所作所為的確有用。好的機構會發展出有效的方式，也會讓義工知道自己多麼有用。你工作領薪時，知道自己在比較大、創造財富的無形人際合作網中，扮演不可或缺的角色。明智的老闆會協助員工，看出自己每天扮演的重要角色，每個人都需要這種有用的感覺。

有用和被需要的感覺極為深刻，甚至會影響人的性能力，尤其是男性；男性失業後，經常出現性功能障礙，失業好比族人和整個社會對你說：「你已經沒有用了，我們不再需要你了。」你的整個人生是以大家需要你的程度為基礎，而退休的觀念很不實際，目的是要讓你知道，到了某一天，如果你夠幸運、如果你的財務規劃很好，你就不必替任何人做事，可以真正地享受人生。

退休觀念侵害堅忍心性

約翰・亞當斯（John Quincy Adams）說過：「勇氣與堅忍是神奇的護身符，一切困難、一切障礙都會消失。」薩姆爾・約翰森（Samuel Johnson）也說過：「傑出的成就不是靠力量、而是靠堅忍。」很多研究一再指出，成功跟堅忍的關係最密切。堅忍，是大家一再告誡自己，卻也最難形成的性格。堅忍能夠讓你擺脫失敗，加倍努力，堅忍可以讓你從失敗的地方重新站起來，向目標再度前進，可以讓你對抗痛苦、甚至對抗羞辱；要不屈不撓，一心一意達成任務，需要更驚人的堅忍。

有什麼方法可以增強堅忍？堅忍表示你有能力聽從腦海的指示，而不是聽從內心或身體的指示。假設你腦海中假定，如果你遵守節食與運動計劃，生活會改善；又或者你已經下定決心，每天上班要打十通電話，增加銷售量；你也可能想做別的事情，像是完成辛苦的夜校課程，讓事業更上層樓。你的內心會不斷鼓勵你，晚上應該跟朋友鬼混，身體也會經常告訴你，應該上床睡覺。每一次你克服這種誘惑，遵守計劃，就更接近目標，更重要的是，你已經強化自己的堅忍力量。

每次只要你屈從內心或肉體的要求，不但達成目標的時間會延後，也會削弱堅忍的力量，下次要對抗誘惑時就會變得更難。堅忍像任何運動一樣，需要時間和力量培養，重要的是要瞭解堅忍是一種精神力量，精神力量可以像體力一樣增強，如果你希望增強耐力，你可能會決定每周跑幾英哩，逐漸增加跑步的距離。如果你希望增加某一部分肌肉的力量，你會開始規劃培養這部分肌肉的健身計劃。

培養精神力量的方法沒有什麼不同，你必須設計出能夠逐漸增強堅忍的計劃，要從可以克服的挑戰開始，訓練初期碰到失敗並不要緊，然後你可以逐漸提高堅忍能力，最後你會相當肯定，當你碰到自己要完成的目標時，你會遵從腦海的指示，不理會內心與身體的要求。

從小到大，你有很多機會培養或削弱堅忍力量；例如每次你父母要你先做完功課，才能看電視，就是協助你培養堅忍力量。等到你開展事業生涯時，你已經培養好相當高的堅忍力，否則，你不會有什麼重大的成就，此時同樣重要的是，要避免從事損害堅忍力量的活動與態度。例如，假設你希望把體重減到合宜的程度，你顯然要依靠堅忍的力量，遵守節食與運動計劃，一旦你達到目標體重，你必須避免讓體重再度增加，你可能決定不喝含糖的汽水。同樣地，在培養堅忍力量方面，也有類似汽水的東西，會破壞既有成就。

退休的想法就是破壞堅忍力量的主要觀念。即使在下意識裡，想到跟退休有關的東西，例如想到退休後的財務規劃，有時候都可能傷害堅忍力量。請注意，我不是阻止你的財務規劃，但是財務規劃師問你什麼時候想要退休時，你要堅決的回答：「我絕不退休！」你可能也希望在某個年齡前，儲蓄了一定金額；但是你一定要了解，這個年齡跟退休年齡大不相同，而且到了這個年齡要退休的想法很不好。

退休迷思

以下是鼓吹「退休很好」的三大謊言：

謊言一：工作本身沒有價值

第一個謊言是：你所有的努力和人類的創造都有結束的時候，工作本身沒有價值。你接受這種謊言後，就會相信你只能工作到別人不再需要你工作的時候。愚蠢的人認為，等到終於不必再汲汲營營、無意義地工作時，日子就會很快樂，這種人認為工作是為了維持生活，而不是認為活著的目的是要能夠工作，這種人一周工作五天，目的是為了過剩下兩天的周末生活，或是忍受白天可怕的工作，目的只是要過晚上的生活。

退休的想法會促使你接受一種心態，接受工作的目的只是為了維持生活。實際上，你活著的目的是要工作，沒有工作成就的人，一定常常需要透過心理醫生才能肯定自己。教宗若望保祿二世（Pope John Paul II）在談到跟工作有關的通諭（Laborem Exercens）中，提到下述反映古代猶太人智慧的觀念：工作對人、對心都是好事，因為人透過工作，不但可以改變自然、滿足需要，也可以達成人類追求的完滿境界；工作可以傳達和增加人的尊嚴，讓人可以養家活口，跟鄰居建立關係，更可以增加鄰居的財富。

如果你真的討厭你的工作怎麼辦？別人經常建議我們找一個喜歡的職業，這種建議通常很不務實，你不太可能靠你喜歡的工作賺錢，過好日子。例如我喜歡駕船，想以駕船為職業，結果可能很慘。不可否認，不少人靠著跟船有關的工作，賺到相當多的錢，但是這種人幾乎不駕船，有些人經營世界最大的小艇造船廠，有些人經營的不動產事業中涵括小艇碼頭。能夠靠著只做自己喜歡的事情賺錢生活的人很少，比較好的建議是學習愛上你做的事情，選擇職業時，絕對不能以喜不喜歡為依據，這樣違反了企業的核心假設：經營企業要成功，必須不自私。只注意你喜歡做的事情不是經營企業的成功之道。

你應該注意別人有什麼需要、你能滿足別人的什麼需要。換句話說，要跟著錢的流向走，找到一些報酬很好的項目，這顯示了別人的需要，也是金錢流向那裡的原因；實際的意思是說：「沒有人來供應我們的需要嗎？我們真的有錢，也願意付錢。」找出你能夠進入、而且看來蓬勃發展的行業，把這一行當成你樂於工作的行業。

怎麼樣才能讓自己喜歡某種事情？答案很簡單：精通它，而且從中得到一些成就。只要你精通而且獲得成就感，你就會開始喜歡一種事情。大家十分需要成就感，因為成就感代表他們對別人有用。大家需要別人感激他們，報酬是衡量感激程度可靠的方法。

身為野心勃勃的企業人士，你應該牢牢記住，你所做的一切，對別人和自己都有好處，你踏入這一行，目的不只是要得到你想要的東西，也是要讓別人得到他們想要的東西。真正成功的企業人士絕對不會只關心自己的好處；退休迷思會鼓勵你，讓你相信工作的目的，只是要你工作到不再需要繼續工作為止，這樣完全破壞了你對別人的貢獻。

謊言二：老人沒有生產力

退休迷思助長的第二個謊言，是年紀增加後身體會比較虛弱、比較不能賺錢，如果我越來越接近退休年齡，每過一天，我賺錢的能力就會減少一些。這看來似乎是不證自明的事情。事實上，卻是謊言。

事實上，每多過一天，我就更善於創造財富，我這樣說是因為賺錢要靠關係，隨著時間過去，每一個人的關係應該會越來越多，隨著時間過去，你應該認識更多的朋友，應該變得比較不自我為中心，變得更善於培養和維持友誼，情緒和心理會更成熟，會更善於溝通，比較不衝動，會變得比較堅強、比較有彈性、比較有經驗應付一切。你會經歷過比較多的興衰起伏，知道世事不會永遠順利，因而知道如何壓抑同事的興奮之情；你也知道世事不會永遠困頓，因此你能夠提振同事的精神。最後，隨著時間過去，只要你不常轉業，你的技巧和專業能力會變得更廣為人知。

猶太教叫人敬老，但是大多數人認為，年齡增加後，一切都會開始慢下來，走路、開車、甚至思考都會慢下來。如果你的組織裡有年紀比較大的人，你可能會認為，應該用比較年輕、新進、和健壯的人來取代老人，某些工作的確需要有比較好的體能，但是大部分的機構如果找出方法，保留隨著年紀而來的經驗和智慧，應該會更好。

像郵購服飾巨人天涯海角（Lands End）之類的公司到年終歲末時，經常會雇用年紀比較大的人，應付採購熱潮；很多公司發現年紀比較大的員工擁有的工作紀律與客服熱情，在比較年輕的員工身上根本找不到。

人真正的經濟價值在於精神，不在於體力，你可能是挖水溝的工人，可能有某些經濟價值對大家有幫助，但這只是你真正價值中的一部分。亨利．福特曾經抱怨過，他真正需要的只是一雙手，卻得雇用整個人。今天任何成功的企業家，都不會願意雇用只能提供一雙手的人，都希望雇用能夠奉獻整個身心的員工，只有身心完全合一，又認真做事的人，才能發揮全部創意。

想到自己再過十五年就可以退休，或是想到只要再工作十年，甚至在下意識裡有這種意識，都會讓你相信自己的精力日漸衰弱，創造收入的能力逐漸下降。換句話說，每多過一天，你會認為自己對別人越來越沒有用，沒有什麼事情比這一點還背離事實。

如果你服務的公司有強制退休規定，你不可能不想到自己還有幾年。但是即使在這種情況中，認定退休的日子應該是你轉換職業、卻不是停止工作的時機。最好是早在退休的日子來臨前，你就準備好下一個出路；或許可以買下一家小公司，或許可以創立顧問公司，繼續在自己擅長的領域中經營，只是現在獨立經營，而不是全職員工。

我對很多人做過這種轉型的建議，其中很多人跟過去的雇主談成顧問合約，雇主因為這些員工仍然很有活力，也樂於借用他們的能力。不管你怎麼做，都要記住你總是可以自我調整；肯定年齡增加的助益、而不是更沒用的事實，連運動生命短暫的球員或拳擊手，變成教練或顧問後，可能都有更輝煌的歲月。

謊言三：人們只消費

退休迷思造成的第三個謊言是：包括你在內的所有人，都是消費者、不是創造者。在你退休之前，你占了食物槽中的一個位置，因此經過一段適當時間後，唯一適當的是讓出位置，讓別人有機會吃。在這種情況中，退休是人在經濟體系中輪替最公平的方法，也是極多企業規定強制退休政策的道德基礎。你已經佔住最高的位置十六年了，現在該輪到別人了，如果你不退休，不讓出位置，他可能離開我們公司，為對手效力，你已經輪過好日子，現在要乖一點，照規矩下台！

如果這種說法正確，任何公司都沒有理由併購其他公司，因為花這麼多錢，只是攬下餵飽幾千、幾百人的責任。一個國家征服和佔領另一個國家時，不是因為強國有利他的衝動，要餵養幾百萬的人口。在這兩種情況中，精明的領袖知道，地球上所有生物中，只有人類能夠創造出遠超過本身需要的價值。假設企業設法調整，讓每位員工以最高水準，發揮創造力與生產力，那麼員工越多、公司越大，生產力和利潤會越高。

人可以創造財富，而且創造財富主要是靠著精神過程，不是靠著物質過程。人老化時，精神力量可以繼續提高，人創造財富的潛力沒有截止的時候。這就是人口減少讓政客擔心的原因；例如一九八六年時，法國的總生育率降到一．八個，遠低於補充人口的最低要求二．一個；法國政府宣佈鼓勵生育的計劃，讓生三個以上的母親，領取「臨時育嬰薪水」，每個月大約三百美元，連續領三年；西德總生育率為一．三個，英國和斯堪地那維亞國家也碰到同樣的人口危機。一九八六年擔任法國總理的傑克．席哈克（Jacques Chirac）說過：「以人口來說，歐洲正在消失。」如果大家只是把人當成需要餵養的動物，人口減少應該是好事，而不是問題。

連美國的總生育率都遠低於補充人口的水準，其結果是二〇三〇年時，可能只有一．五個工作者支持每一個領取社會安全給付的老人，而不是像今天這樣，有三．五個工人支持一個老人。大家把這件事當成問題，顯示人是具有創造力和生產力的資產。美國企業研究所（American Enterprise Institute）的資深研究員班．華登博格（Ben Wattenberg）在很多年前，就開始針對這個問題發出警告：

人口多寡跟國家力量有關係，比利時不可能生產七四七客機，盧森堡不可能推動星戰計劃，近年來只有美國和蘇聯製造出航空母艦，因為只有人口眾多、稅收龐大的國家，才有錢支付這種極為昂貴的武器與科技。現代民主國家的人口占世界人口約七分之一，二次世界大戰結束時，民主國家的人口大約占全球人口的四分之一，如果目前的趨勢下去，到二〇五〇年，西方國家人口占全球人口的比率會降到十分之一或二十分之一。一般而言，當人口占世界十五分之一時，想要主導文化，會遠比四分之一的時候難多了。文明的歷史由不同國家與文化的茁壯與衰微組成，什麼事情能夠保證我們的民主國家集團會永續生存。我跟生產棒球手套的一家廠商說：你不必瞻望很遠，只要看五到十年，就會發現青少年的市場大幅萎縮。

退休迷思繼續存在，會促使大家誤認自己是消費者，不是創造者，因此經營企業最好的方法是儘量減少消費人數。更糟糕的是，如果在你的人生計劃中，退休是不可或缺的要素，你在下意識裡，更可能認為自己是消費者，不是創造者。如果你在內心深處，你認為自己只不過是需要餵飽的皮囊，你想出創造性構想的可能性會大為降低。退休助長一種物質迷思，認為創造財富唯一的方法是靠體力，除非我採礦、製造、或種植，否則我不能創造財富。根據這種說法，體力衰微的人不可能有任何貢獻，不能為社會增加共同財富，甚至無助於滿足自己的需要，社會必須照顧這種人。

事實上，如果八十四歲的約翰花了一早上，在咖啡廳裡協助遊說中年的湯姆出錢，讓年輕的狄克買下老哈利的汽車修理公司。如果約翰賺到一筆介紹費，就創造了相當多的財富，他直接增加了自己的財富，也讓另外三個人的財富增加，同時間接增加了整個社區的財富。事實上，約翰在這個早上悠閒的談話中，所創造出的財富很可能超過他早年整個月創造的財富，當時他在一家傢俱工廠工作，需要有力的背部和銳利的眼睛，組合高品質的辦公室家俱。現在他身體的活力可能降低了，卻靠著高度發展的精神技巧，創造出遠超過他所消費的價值。心裡想著退休是人生道路的下一步，你就比較不可能成為創造的源頭。你下意識裡會想到退休的期限，這樣會壓抑你的生產力，對人生形成人為的限制。

工作的真義

上帝把人放在伊甸園裡開墾，猶太教告訴大家，這種工作是人類滿足的來源，人靠著創造行為，會完成自己身為造物主夥伴的命運。人透過工作，會證明自己的確是根據上帝的形象創造的，因為人是地球上唯一能夠跟造物主一樣創造的生物。亞當的工作生涯中，沒有時間或年齡限制。後來《約伯記》（The Book of Job）一再提到：「人生下來就是要工作」，強調人的滿足和工作之間的基本關係。

你工作不是因為你需要工作成果，而是因為工作本身具有真正的意義與價值，你工作可以造福別人，就展現出這種意義。一再強調這個重點並不會過分，企業想要成功，要靠你努力造福別人，造福顧客、員工、和社區，這一點應該是你的基本動力。

其中有一個明顯的問題：「我怎麼知道自己會造福別人？」或許我在鄰居的牆上彩繪長頸鹿，確實為沒有鑒賞力的本地居民帶來好處和美感，其中會有報酬和利潤。報酬和利潤會告訴你，你供應了某種需要，滿足了別人的欲望，金錢不是你工作的動機，是你工作的證明。

《摩西五經》的故事中，荷尼（Honi）的故事很有名，具體說明了猶太企業家千百年來的看法。有一天，荷尼走在路上，看到一個老人在種植角豆樹，問他：「這棵樹要多久才能結果？」老人告訴荷尼，大約要七十年，荷尼就問他：「你以為你會吃到果實嗎？」老人回答說，他出生時，就看到成熟的角豆樹，等著他去採摘，「就像我的祖先為我種樹一樣，我為子孫種樹。」

這個故事強調的重點是：你的努力能夠帶給別人什麼好處，好處今天就可能顯現，也可能要到未來才能顯現，但是工作具有合乎道德、仁慈、與關愛的意義。

從另一方面來說，退休好比故事還不應該結束時就結束，為什麼要提早結束令人欣喜的旅程？抵達目的地的意義通常不如旅程本身，結束創造性的事業生涯好比關掉引擎，因為你已經到達目的地了。羅伯．史蒂文森（Robert Louis Stevenson）說：「帶著希望旅行勝過到達目的地。」繼續從事企業活動是帶著希望、繼續走在人生旅途上最好的方法，這樣你可以繼續累積金錢，更好的是，還可以協助別人富裕。

致富之道

◎別訂出一個特定日子、把退休當目標。別把工作當成暫時或僵化的功能，認為自己總有一天要停止工作。工作的價值遠超過賺錢，工作讓你生氣勃勃，積極生活、成為社區與其他人中的一分子——這一切都是生存和長壽的祕訣。

◎很多人到了黃金歲月之後很久，還一直過著很有生產力的日子。山姆．華頓到四十四歲才創立沃爾瑪，桑德斯上校到六十五歲「退休」後，才開始賣肯德基炸雞，桑德斯不喜歡退休，接下來的十五年裡，是他漫長人生中最成功、最有生產力的歲月！

◎退休其實是自私的行為。有生產力的工作表示你關心別人，退休顯示你只關心自己，這樣很難跟別人維持有意義的關係；如果你做了什麼事情，得到報酬，你可以肯定自己的所作所為，至少對另外一個人具有意義和價值，退休的人沒有可靠的指標，證明自己對別人有用。

◎記住！退休會侵害堅忍的心性，堅忍是成功最重要的因素之一。擺脫失敗與加倍努力需要堅忍不拔；從跌倒的地方重新站起來、重新出發，需要有堅忍不拔的心性；要對抗痛苦、偶爾還要忍受羞辱、要一心一意專注使命，需要有驚人的堅忍力量，堅忍會讓你逐步達成目標。

◎不要相信退休迷思中潛藏的三種謊言。首先不能相信工作只是達成目的的手段，應該體認工作具有價值，你活著是為了工作，你應該享受工作。其次，不要相信你老化後，會變得年老力衰，比較不能賺錢，事實正好相反：你對自己的技能或專業領域更了解，認識更多的人，這些人可以幫助你，或是從你的工作中得到好處，你變得更成熟，能夠處理逆境。第三，不要理會那些鼓吹你只是消費者的錯誤觀念，要認為自己能夠創造有用、有價值的東西。

結語

人生就是事業，事業就是人生，學會其中一種，你也學會了另一種。

我叔叔在世的最後幾年，開著勞斯萊斯在塵土飛揚的鄉間道路上奔波，表現傑出。早年他創設了一家公司，進口和維修歐洲與日本的高檔音響設備，他在無意之間，奉行本書所說的十條金律，變得很有錢；他的業務興隆，後來他把日漸成長的公司賣給一家企業集團，拿到很多錢。因為他不願意違反金律十，也不願意違反競業條款，開設另一家公司，因此深感煩惱。然後他想到，併購合約中沒有一條能夠阻止他為另外一家公司或幾家公司工作，於是他去找製造商、進口商、和總經銷商，表示願意在路上奔波，到比較偏僻、其他業務員不願意去的偏遠地區，向零售商銷售廠商的產品；當時我還在念神學研究所，注意到他成功地開創了事業第二春。

當時我心裡想，我是否應該放下尊嚴，克服知識份子對商業的少許鄙視，問他我有沒有機會為他工作。有一天我試探性地問他到底在做些什麼，他的話讓我震驚，因為我知道他真的相信他所說的，他說：「我幫助全國幾百家商店老闆賺錢、過好日子。」那時我想到，他工作的目的不是為了能夠開勞斯萊斯；他開著極為名貴的汽車，是希望能夠協助大家得到他們想要的東西。我的眼神裡一定透露出內心的困惑，因為他像對小孩般繼續跟我解釋：「我供應客戶的顧客們真正想要的東西。」然後他慷慨地讓我當臨時工，為他工作。

他把我們代理的各種產品型錄和說明書交給我，也給我一張名單，要我去拜訪這些遠地的孤立商店。我開了七百英哩的路，回來時沒有拿到任何訂單。當我準備長篇大論，向叔叔解釋自己為什麼沒有賣出任何東西時，他和善地打斷我的話，「你不必告訴我全部事實，因為我很會拼湊整個過程，你只要告訴我數字，我就會告訴你過程，你拜訪了幾家商店？在每家店裡停留了多久？店裡有多少外人，他們是顧客還是其他業務員？你展示了多少種產品？簽訂了多少訂單？」我再度體會到，身為企業專家的叔叔教我《摩西五經》中的一個教訓。在希伯來文裡，書記、學者、和計算專家都是同一個字，也就是精通數字的人（sofer）。如果你在現實生活中不能夠以數字為基礎，永遠不會成為有成就的學者。故事可以讓你發揮想像，不受物理法則的限制，數字卻很真實，比故事更快、更精確地反映事實。我想財務報表的價值跟報表中故事與數字的比率，可能有一種反比關係，有了數字，就不需要太多的文字來解釋，只要告訴我數字，我就可以想出全貌，數字反映現實狀況，企業要依賴代表現實狀況的數字。

我叔叔很快找出我成績不好的原因。我提到商店老闆因為接待顧客讓我等很久，當時我很不愉快；我心想，畢竟我跑這麼遠來，讓你看最新的立體音響設備，他卻讓我呆坐在那裡超過一小時！叔叔罵我說：「你去那裡不是為了你自己，是為了他。」商業的意義就在這裡，就是要協助別人。

我認為，要在企業界獲得長期成就，你的行為必須合乎倫理、道德、與禮貌，我相信整個《摩西五經》和猶太人的經驗都支持這種觀點。如果你投身企業，成功的先決條件是你所做的一切事情幾乎都要滿足至少另一個人，你必須記住，除非你是最高法院大法官，或是大學的終身職教授，否則你都是在企業界工作。我認為現代職業中，只有這兩種職業完全不必滿足顧客或客戶，奇怪得很，法官、教授、甚至大學生，都脫離現實很遠。

沒有高深學歷的企業人士，表現經常超過有高深學歷的人。這或許不值得訝異，二〇〇二年《富比世雜誌》五百大企業中，將近三分之一的執行長沒有碩士學位，這些公司為股東創造的價值超過排行榜上的其他公司。學校經常獎勵勤奮用功，學生學得不好，也可以得到不錯的成績。但是在現實世界和企業界裡，具體成果的重要性遠遠超過用心或藉口。你如果有心割草、修車、或送比薩，不如你實際去做。跟學校相比，企業界更能讓人做好準備，應付現實世界。

在很多場合中，大家鼓勵別人注重自己的感覺，根據感覺行動，大家把這種情形叫做誠實。但是在現實世界裡，你的行為經常必須謙恭有禮，偶爾甚至要對你討厭的人表示尊敬，這是國際外交與市場的基礎，大家對你的外在實際行為會有良好的反應，而不是對你的感覺反應良好。企業應該可以提醒你，大部分的人對你的感覺並不感興趣，大家注意的是你的行為。

在現實世界裡，你不可能擁有你想要的一切，你的精力和資源有限，能夠換到的產品與服務也有限，因此你必須習於決定有哪些東西是你真正想要的，有哪些東西是你準備放棄的。企業是各種文化機制中，少數能夠教導大家了解現實世界的地方，讓你知道誰也無權任意取得任何物質或其他人的勞力，只能靠著你提供的東西，換取這些東西，然而，你能夠提供的東西卻很有限。美國文化崇拜娛樂與運動明星，強調個人主義，但是在現實世界裡，合作才是成功的關鍵，這是企業的祕密。一個蘋果加另一個蘋果等於兩個蘋果，但是一個人加另一個人不等於兩個人，而是等於三個、四個、甚至可能等於二十個人，透過團隊運動與企業是學習合作最好的方法。

我在本書裡，提出了古代猶太人明智看待企業的經濟與哲學觀點，也陳述了學習這些觀點，會獲致什麼成果？學習世界最成功的民族之一，參照其歷經時代考驗的原則，當然比自行摸索聰明多了，你可以學習和運用這些原則，得到豐碩的成果。你現在就可以開始遵守賺錢的十大金科玉律，在財務上得到豐碩的成果，改善你的生活，更重要的是，改善你身邊每一個人的生活。

國家圖書館出版品預行編目（CIP）資料

猶太人致富金律／丹尼爾・拉賓（Rabbi Daniel Lapin）著；劉真如譯. -- 三版.
-- 臺北市：商周出版：英屬蓋曼群島商家庭傳媒股份有限公司城邦分公司發行,
2024.06
　面；　公分. --（新商業周刊叢書；BW0327X）
譯自：Thou shall prosper : ten commandments for making money
ISBN 978-626-390-123-0（平裝）

1.CST: 財富　2.CST: 金錢　3.CST: 個人理財　4.CST: 猶太民族
191　　113005121

線上版讀者回函卡

新商業周刊叢書BW0327X

猶太人致富金律

原文書名／Thou Shall Prosper: Ten Commandments for Making Money
作　　者／丹尼爾・拉賓（Rabbi Daniel Lapin）
譯　　者／劉真如
責任編輯／張曉蕊、鄭凱達
版　　權／顏慧儀
行銷業務／周佑潔、林秀津、林詩富、吳藝佳

總編輯／陳美靜
總經理／彭之琬
事業群總經理／黃淑貞
發行人／何飛鵬
法律顧問／台英國際商務法律事務所　羅明通律師
出　　版／商周出版
115020台北市南港區昆陽街16號4樓
電話：(02) 2500-7008　傳真：(02) 2500-7759
E-mail: bwp.service @ cite.com.tw
發　　行／英屬蓋曼群島商家庭傳媒股份有限公司　城邦分公司
115020台北市南港區昆陽街16號8樓
讀者服務專線：0800-020-299　24小時傳真服務：(02) 2517-0999
讀者服務信箱E-mail: cs@cite.com.tw
劃撥帳號：19833503
戶名：英屬蓋曼群島商家庭傳媒股份有限公司城邦分公司
訂購服務／書虫股份有限公司客服專線：(02) 2500-7718；2500-7719
服務時間：週一至週五上午09:30-12:00；下午13:30-17:00
24小時傳真專線：(02) 2500-1990；2500-1991
劃撥帳號：19863813　戶名：書虫股份有限公司
E-mail: service@readingclub.com.tw
香港發行所／城邦（香港）出版集團有限公司
香港九龍土瓜灣土瓜灣道86號順聯工業大廈6樓A室
E-mail: hkcite@biznetvigator.com
電話：(852) 25086231　傳真：(852) 25789337
馬新發行所／城邦（馬新）出版集團 Cite (M) Sdn. Bhd.
41, Jalan Radin Anum, Bandar Baru Sri Petaling, 57000 Kuala Lumpur, Malaysia.
Tel: (603) 90563833　Fax: (603) 90576622　E-mail: services@cite.my

封面設計／萬勝安　　內文排版／深藍工作室
印　　刷／韋懋實業有限公司
經銷商／聯合發行股份有限公司　電話：(02) 2917-8022　傳真：(02) 2911-0053
地址：新北市新店區寶橋路235巷6弄6號2樓

■2005年3月初版
■2009年9月二版
■2024年6月4日三版1刷

Printed in Taiwan

定價：410元
ISBN: 978-626-390-123-0

城邦讀書花園
www.cite.com.tw

廣	告	回	函
北區郵政管理登記證			
台北廣字第000791號			
郵資已付，免貼郵票			

115台北市南港區昆陽街16號8樓

英屬蓋曼群島商家庭傳媒股份有限公司
城邦分公司　收

請沿虛線對摺，謝謝！

書號：BW0327X　　書名：猶太人致富金律　　編碼：

請於此處用膠水黏貼

商周出版

讀者回函卡

感謝您購買我們出版的書籍！請費心填寫此回函卡，我們將不定期寄上城邦集團最新的出版訊息。

不定期好禮相贈！
立即加入：商周出版
Facebook 粉絲團

姓名：＿＿＿＿＿＿＿＿＿＿＿＿ 性別：□男 □女

生日：西元＿＿＿＿年＿＿＿＿月＿＿＿＿日

地址：＿＿＿＿＿＿＿＿＿＿＿＿

聯絡電話：＿＿＿＿＿＿＿＿ 傳真：＿＿＿＿＿＿＿＿

E-mail：

學歷：□ 1. 小學 □ 2. 國中 □ 3. 高中 □ 4. 大學 □ 5. 研究所以上

職業：□ 1. 學生 □ 2. 軍公教 □ 3. 服務 □ 4. 金融 □ 5. 製造 □ 6. 資訊
□ 7. 傳播 □ 8. 自由業 □ 9. 農漁牧 □ 10. 家管 □ 11. 退休
□ 12. 其他＿＿＿＿＿＿＿＿

您從何種方式得知本書消息？

□ 1. 書店 □ 2. 網路 □ 3. 報紙 □ 4. 雜誌 □ 5. 廣播 □ 6. 電視
□ 7. 親友推薦 □ 8. 其他＿＿＿＿＿＿＿＿

您通常以何種方式購書？

□ 1. 書店 □ 2. 網路 □ 3. 傳真訂購 □ 4. 郵局劃撥 □ 5. 其他＿＿＿＿

您喜歡閱讀那些類別的書籍？

□ 1. 財經商業 □ 2. 自然科學 □ 3. 歷史 □ 4. 法律 □ 5. 文學
□ 6. 休閒旅遊 □ 7. 小說 □ 8. 人物傳記 □ 9. 生活、勵志 □ 10. 其他

對我們的建議：＿＿＿＿＿＿＿＿＿＿＿＿

【為提供訂購、行銷、客戶管理或其他合於營業登記項目或章程所定業務之目的，城邦出版人集團（即英屬蓋曼群島商家庭傳媒（股）公司城邦分公司、城邦文化事業（股）公司），於本集團之營運期間及地區內，將以電郵、傳真、電話、簡訊、郵寄或其他公告方式利用您提供之資料（資料類別：C001、C002、C003、C011 等）。利用對象除本集團外，亦可能包括相關服務的協力機構。如您有依個資法第三條或其他需服務之處，得致電本公司客服中心電話 02-25007718 請求協助。相關資料如為非必要項目，不提供亦不影響您的權益。】

1.C001 辨識個人者：如消費者之姓名、地址、電話、電子郵件等資訊。
2.C002 辨識財務者：如信用卡或轉帳帳戶資訊。
3.C003 政府資料中之辨識者：如身分證字號或護照號碼（外國人）。
4.C011 個人描述：如性別、國籍、出生年月日。

請於此處用膠水黏貼